古代歷史文化 研究輯刊

十二編

王明蓀 主編

第 4 冊

傳統中國之政治大辯論
——西漢鹽鐵之爭的政治經濟哲學思考

朱義明 著

國家圖書館出版品預行編目資料

傳統中國之政治大辯論——西漢鹽鐵之爭的政治經濟哲學思考／朱
義明 著 – 初版 – 新北市：花木蘭文化出版社，2014〔民103〕

目 4+218 面；19×26 公分

（古代歷史文化研究輯刊 十二編：第4冊）

ISBN 978-986-322-884-4（精裝）

1.政治思想　2.政治經濟　3.西漢

618　　　　　　　　　　　　　　　　　　　　103013891

ISBN-978-986-322-884-4

9 789863 228844

古代歷史文化研究輯刊

十二編　第四冊　　　　　　　　ISBN：978-986-322-884-4

傳統中國之政治大辯論
——西漢鹽鐵之爭的政治經濟哲學思考

作　　　者　朱義明

主　　　編　王明蓀

總 編 輯　杜潔祥

副總編輯　楊嘉樂

編　　　輯　許郁翎

出　　　版　花木蘭文化出版社

社　　　長　高小娟

聯絡地址　235 新北市中和區中安街七二號十三樓

　　　　　　電話：02-2923-1455／傳眞：02-2923-1452

網　　　址　http://www.huamulan.tw 信箱 hml 810518@gmail.com

印　　　刷　普羅文化出版廣告事業

初　　　版　2014 年 9 月

定　　　價　十二編 20 冊（精裝）新台幣 38,000 元

傳統中國之政治大辯論
——西漢鹽鐵之爭的政治經濟哲學思考

朱義明　著

作者簡介

朱義明，男，1975 年出生於湖南省邵陽市，南開大學經濟史博士後、哲學博士。現任中信銀行
總行資產託管部總經理助理，南開大學經濟史研究中心研究員，曾就職於嘉實基金管理有限公
司。有著豐富的金融從業背景與紮實的學術研究經歷，注重社會實踐與理論研究的互爲結合。
在學術領域，主要從事於經濟史領域的研究，以及政治經濟哲學領域的研究，在各類學術刊物
發表相關論文多篇。

提　　要

　　西漢《鹽鐵論》中所描述的鹽鐵會議是發生於漢武帝之後——這一西漢特殊歷史時期——
的重大事件，是中國歷史長河中罕見的政治大辯論。自古以來，西漢鹽鐵之爭就受到廣泛的關
注與評議，近現代諸多大家或以專著、或於專著中列出專章對西漢《鹽鐵論》從不同角度加以
評價，卻始終說法不一，通常局限於從鹽鐵之爭某個角度的認知來解讀其在歷史中的價值，或
多或少都歸於片面，難免有所不足。

　　鑒於《鹽鐵論》研究中的諸多遺憾，本書以鹽鐵之爭中最爲核心的經濟問題作爲對《鹽鐵論》
研究的出發點，將之置於中國的歷史演進與西漢社會現實發展的雙重背景之下，通過對西漢時
期經濟數據的實證分析，得出西漢經濟總量有限及社會財富流動趨勢不可逆的結論，進而由西
漢社會的經濟需求形成社會管理模式需求，從而推導出西漢社會的政治需求，並將政治經濟需
求與西漢以來思想文化的演進有機地契合起來，最終基於經濟哲學、政治哲學與文化哲學的多
維度、相互綜合的理論視角，系統地分析與探討鹽鐵之爭及其本質內涵。通過理論的構建得出
鹽鐵之爭的本質是儒家「道德理想主義」與「政治現實主義」之間對立的結論，並進而在此理
論基礎上就西漢黃老思想及儒家興衰問題、中國王朝更替問題、中國資本主義萌芽問題以及亞
細亞生產方式問題進行了深入的研討。

目

次

緒　論

一、選題意義

　　西漢漢武帝時期，在經歷了以黃老思想為指導的休養生息的「文景之治」之後，西漢王朝的社會政治經濟面貌得到極大改觀，社會生產力迅速發展，人民相對富足，國庫充盈，而「七國之亂」的迅速平息，使得西漢政權得到進一步的鞏固與強化，對於匈奴的侵擾也開始摒棄「和親」政策，轉為軍事征討。在這個背景下，漢武帝任用桑弘羊等人，制定和推行一系列新的經濟政策，如統一幣制，鹽鐵和酒類官營，實行均輸平準等，通過這些政策，加強了中央集權，抑制了地方豪強，提高了財政收入，有力地配合了對匈奴的軍事行動。

　　然而，隨著對匈奴戰爭的持續，鹽鐵專營等政策的長期執行，社會弊端也逐漸顯現出來：首先是官商製造的鐵器鈍而不利，鹽苦而不鹹；官商營業時間的限制，不方便民用；經營者徇私舞弊，將負擔轉嫁給平民；由於資源壟斷造成了物價上揚，需求不旺，不利於流通；主管官吏廢公法、謀私利，強徵農民冶鐵煮鹽等等。這些現象的存在直接貽害農民，加劇了農民與封建國家之間的矛盾，嚴重危及了西漢社會經濟的發展。同時，面對武帝時期對匈奴戰爭的長期消耗，僅僅依靠鹽鐵官營等政策所聚斂的財物，是難以持續維繫的，以至於武帝晚年時，西漢王朝已是「海內虛耗，戶口減半」，劉向《新序・善謀》敘述道「（馬邑之圍）其後交兵接刃，結怨連禍，相攻擊十年，兵

凋民勞，百姓空虛，道相望，車相屬，寇盜滿山，天下動搖。孝武皇帝後悔之。御史大夫桑弘羊請佃輪臺，詔卻曰：「當今之務，務在禁苛暴，止擅賦。今乃遠西佃，非所以慰民也。朕不忍聞。」封丞相號曰富民侯。遂不復言兵事，國家以寧，繼嗣以定，從韓安國之本謀也」。漢武帝針對這種社會現狀，毅然調整了治國方略，對西漢的政治、經濟與外交政策進行了調整，從而在一定程度上恢復了漢初「休養生息」的政策。

不過，對於漢武帝在政策上的這一戰略轉變，西漢王朝統治階層內部並沒有形成一致的意見。漢武帝死後，大司馬大將軍霍光正式與車騎將軍金日磾、左將軍上官桀、御史大夫桑弘羊等人，成為漢昭帝劉弗陵的輔命大臣，共同輔佐朝政，而霍光實際掌握了朝政大權。時任諫大夫的杜延年，鑒於國政流弊，向主政的大司馬大將軍霍光獻策，徵召全國各地六十多位知識分子（文學、賢良），發動一次辯論，詢問民間疾苦所在。漢昭帝劉弗陵於始元六年（公元前 81 年）下詔批准，會議主持人是丞相車千秋（又被稱為田千秋），御史大夫桑弘羊及丞相史、御史多人參與辯論，會上雙方各抒己見，爭論激烈，這就是歷史上著名的「鹽鐵會議」。班固說：「所謂鹽鐵議者，起始元中，徵文學賢良問以治亂，皆對願罷郡國鹽鐵、酒榷、均輸，務本抑末，毋與天下爭利，然後教化可興。御史大夫弘羊以為此乃所以安邊境，制四夷，國家大業，不可廢也。當時相詰難，頗有其議文。至宣帝時，汝南桓寬次公治《公羊春秋》舉為郎，至廬江太守丞，博通善屬文，推衍鹽鐵之議，增廣條目，極其論難，著數萬言，亦欲以究治亂，成一家之法焉」〔註1〕。鹽鐵會議最終由桓寬擔任總記錄，編輯成冊，雙方辯論達十萬言，十卷，六十篇，這就是留傳後世的《鹽鐵論》。

《鹽鐵論》是中國文化史上第一次比較客觀的記錄了統治階級與民間學者關於國家大政方針的爭論，涉及社會、政治、經濟、文化、軍事等諸多領域，很多中國政治及文化史上的一些重大問題，諸如：本末、官營與私營、集權與分權、德刑、義利、禦邊等問題，幾乎都涵蓋其中。在整個會議過程中，由於雙方是以辯論的方式觸及很多社會問題，每個問題都缺乏深入的剖析與探討，問題與問題之間也沒有形成系統性的邏輯鏈接，往往局限在某個問題而分散展開，缺乏理論上的系統性與整體性，而且雙方也均有流於片面

〔註1〕　〔漢〕班固撰，顏師古注：《漢書·公孫田劉王楊蔡陳鄭傳贊》，中華書局 2000年版。（以下引用同）

之處與不合理爭論的存在。然而正是由於《鹽鐵論》涉及範圍之廣、問題之豐富、價值之重要，引起了後來很多學界大家的關注與研究，但也正是由於《鹽鐵論》中所涉論問題之分散、前後體系性不強、局部言辭論述模糊，客觀上造成了後學對《鹽鐵論》分析與研究的難度，使得學界對《鹽鐵論》本質的判定討論分歧很大，難以統一，先後有儒法鬥爭、儒家內部鬥爭、政治鬥爭、當權與不當權之爭等眾多觀點，時至今日也沒有能給「鹽鐵會議」一個較為中肯的評價，客觀上也影響了對「鹽鐵會議」歷史意義及其價值的深入挖掘。筆者認為，形成對《鹽鐵論》性質問題的研究難點主要因素大致源自於兩個方面：一是由於《鹽鐵論》涉及問題比較分散，使得部分學者深入局部問題而受制於中，難以形成對全文的整體理解與分析；二是由於《鹽鐵論》全文體系性不強，部分言辭指意模糊，使得在對全文本質研究的把握上存在很大難度。

　　本書意圖通過對「鹽鐵會議」的深入研究，澄清多年來學術界對《鹽鐵論》的諸多觀點與分歧，將「鹽鐵會議」置於中國自夏商周以來到西漢武帝時期連續的經濟、政治與文化演變過程之中，置於西漢武帝時期中國最終建立了以前始終沒有得以確立的影響中國長達二千餘年大一統中央集權統治模式的歷史背景之下，在歷史的起伏、演變與行進之中，將鹽鐵之爭所涉及到的諸多分散問題統一於這樣一個特殊的歷史發展時期中予以定位。本書不是單純地討論與分析《鹽鐵論》所描述的鹽鐵之爭本身，而是立足於中國特有的地理、歷史、文化與農業文明環境，基於相對封閉、自給自足、農耕經濟、大一統、中央集權的西漢王朝諸多核心要素，以鹽鐵之爭中所直接涉及的經濟問題為研究之基礎，由此推導並深入到西漢王朝社會政治現狀與政治需求，進而與西漢的社會意識形態相結合，構建出隱含於鹽鐵之爭背後的、基礎於宏觀時代背景下的社會經濟、政治與文化體系，並由此挖掘出鹽鐵之爭所表象爭議背後的最本質內涵。

　　筆者認為，鹽鐵之爭絕非是一次單純的西漢政治方針辯論，而應將其置於特殊的歷史情境中加以系統性的考察。鹽鐵之爭是中國經濟、政治與文化發展演變過程中所必然引發的一次社會大討論，並對後世的經濟、政治與文化路徑產生了廣泛的影響。鹽鐵會議是中國歷史上極具歷史標記的一次重要歷史事件，深入其中的研究，對於系統性地解讀西漢社會乃至於整個中國封建歷史中的諸多問題都大有裨益。

二、研究綜述

自漢宣帝時期桓寬編撰《鹽鐵論》以來，歷朝歷代以及近現代各個時期都有對文中所描述鹽鐵之爭的評論與解讀，但是側重點與觀點都相對比較分散，也大都散見於很多學者的其他著作中，涉及《鹽鐵論》研究的專著非常有限，甚至建國以來國內尚沒有一篇專題於西漢「鹽鐵之爭」的博士論文，也足見學界整體上表現出的對《鹽鐵論》極大關注與學術上對《鹽鐵論》研究相對薄弱的反差。對於《鹽鐵論》研究現狀之歸納，我們大致從歷史進程上分為三個階段，並就其特點進行簡要地闡述。

（一）研究階段

對《鹽鐵論》的研究從整個歷史階段來看資料相對比較少，缺乏系統性的研究成果。更多的是側重於對《鹽鐵論》經濟思想的研究以及對桑弘羊的研究與評價。以下基於瞭解到的相關材料，對國內《鹽鐵論》的研究粗線條地劃分為三個階段：

第一個階段：漢以後到民國時期。這個階段對《鹽鐵論》的評論就如鹽鐵之爭本身一樣意見不一。既有桓寬在編撰《鹽鐵論》中對文學、賢良的支持；也有司馬遷在《史記》中對桑弘羊等「興利之臣」的評價，以及後來王安石對桑弘羊的推崇，司馬光在《資治通鑑》中對桑弘羊的否定等等，在封建社會時期，由於儒家思想的正統地位，所以在社會導向上對鹽鐵之爭往往以指責桑弘羊政治經濟觀點的居於主流地位。民國時期出現了孫中山先生「桑弘羊起而行均輸、平準之法，盡籠天下之貨，賣貴買賤，以均民用，而利國家，若弘羊者，可謂知錢之為用者也。」〔註2〕的評價；但也不乏經濟學家馬乘風先生對桑弘羊「事析秋毫的用盡一切心計，去剝蝕大眾，把剝蝕的成果，一半供給統治階級，一半裝進自己的私囊中」〔註3〕的論語。總體而言，這個時期對鹽鐵之爭的評價往往局限於評論者自我政治主張前提下的一種意見，缺乏客觀的思想與系統的分析。

第二個階段：文革到改革開放初期。這個階段出於特定的政治鬥爭和社會環境的需要，對鹽鐵之爭的研究出現了一個比較熱鬧的景象，將鹽鐵之爭

〔註2〕 孫中山：《建國方略》，《孫中山全集》（第六卷），中華書局1985年版，第176頁。

〔註3〕 馬乘風：《中國經濟史》（二），商務印書館1937年版，第32頁。

置於儒法鬥爭的背景下加以分析和批判，取得了眾多的成果。這期間比較著名的學者有郭沫若和王利器，主要著作有郭沫若的《序〈鹽鐵論讀本〉》、王利器的《鹽鐵論校注》和《桑弘羊與〈鹽鐵論〉》，將賢良、文學一派指爲腐儒復古，而把桑弘羊一派引爲支持工商業發展的先進分子，基本上是批判儒家而弘揚法家。其主要研究成果在文革結束後基本上被學術界所拋棄。

　　第三個階段：九十年代以來，這個期間對《鹽鐵論》的研究主要是側重於經濟思想的研究，其原因應該說主要有兩個方面的因素：一方面對於將《鹽鐵論》歸於儒法鬥爭，學界基本持否定態度或迴避態度；另一方面由於改革開放導致商品經濟的發展，因此必然注重對經濟思想的理論探討，對《鹽鐵論》的研究於是更多地集中在了經濟思想以及歷史學的研究分析範圍內。這個時期出現了許多關於中國傳統經濟方面的研究成果，其中有胡寄窗的《中國經濟思想史》、趙靖的《中國經濟思想通史》、寧可的《中國經濟通史》等，但這個時期對於《鹽鐵論》政治與文化思想的專著鳳毛麟角，有關觀點大都散見於各種學術論文中，討論的環節也主要圍繞前人已經提出的儒法鬥爭、政治鬥爭等方面進行批駁和重新闡釋，總體來說對於《鹽鐵論》新的研究作品與成果都非常有限。

（二）研究狀況

　　整體而言，學界對《鹽鐵論》系統、全面性研究較少，相對來說對於《鹽鐵論》所涉及到的具體問題與辯論自身的形式等方面的研究反而多有涉及，尤其是對《鹽鐵論》所涉及的經濟思想與史學價值兩個方面問題闡述較多。具體歸納如下：

　　1、《鹽鐵論》本質的探討。對於《鹽鐵論》本質的探討是最爲核心也是意見分歧最大的領域，其中包括鹽鐵之爭的性質、原因，以及鹽鐵之爭雙方的學派歸屬等問題，諸多學界大家都各抒己見，至今沒有確論。具體涉及的著作有郭沫若的《鹽鐵論讀本》、王利器的《鹽鐵論校注》、馬非百的《鹽鐵論簡注》、馮友蘭的《中國哲學史新編》、徐復觀的《兩漢思想史》、侯外廬的《中國思想通史》、任繼愈主編的《中國哲學發展史》（秦漢卷）、周桂鈿《秦漢思想史》、金春峰《漢代思想史》、臺灣學者徐漢昌的《鹽鐵論研究》以及陳家秀的《鹽鐵論的性質與意義》等，此外一些學者的學術論文也多有涉及，大體有束景南、余全介的《鹽鐵會議的本質》（《中國礦業大學學報》2005 年

第 4 期）、徐泉甫的《重評「鹽鐵會議」》（《青海社會科學》1990 年第 5 期）、張烈的《評鹽鐵會議》（《歷史研究》1977 年 6 期）、丁毅的《鹽鐵會議論戰性質辨析》（《天津師大學報》1994 年第 4 期）、周乾容的《對鹽鐵論的重新評價》（《天津師大學報》1993 年第 6 期）等。總體而言，所涉及觀點集中在儒法鬥爭、儒家內部鬥爭、政治鬥爭與當權派與不當權派鬥爭四個方面，但並沒有哪一種觀點能夠得到普遍的認同。

2、《鹽鐵論》經濟問題及思想的探討。對於鹽鐵會議經濟思想或者問題的研究從整體而言居於《鹽鐵論》各種研究的主流地位，幾乎所有的關於中國古代經濟思想研究的著作都會涉及《鹽鐵論》，足見其在這個領域中的重要性。這其中涉及鹽鐵會議的專著有胡寄窗的《中國經濟思想史》、有趙靖的《中國經濟思想通史》、詹宏志的《漢代財經大辯論：鹽鐵論》、劉揚的《鹽鐵論：富國之道》、馬伯煌的《中國經濟政策思想史》等，其他涉及的論文主要有謝天祐《〈鹽鐵論〉論戰雙方經濟思想辨析》（《中國史研究》1982 年第 1 期）、陳乃華的《鹽鐵專賣與西漢中後期社會危機》（《山東師大學報》2000 年第 2 期）、趙夢涵的《桑弘羊財政工商調控論》（《文史哲》2001 年第 5 期）、楊華星及繆坤和的《試論鹽鐵會議及西漢後期的鹽鐵政策》（《鹽業史研究》2007 年第 1 期）、吳象圖《試論漢武帝時期的財經政策——讀〈鹽鐵論〉的一些體會》（《中山大學學報》1976 年）、姚秀彥《鹽鐵論——漢代的財經論戰及其意義》（《歷史月刊》，1999 年第 7 期）、臺灣學者韓復智的《兩漢經濟問題的癥結》（《思與言》1967 年第 5 卷第 4 期）等等。主要就鹽鐵專賣、財經政策、經濟調控等角度進行分析與闡述。

3、《鹽鐵論》政治文化問題及思想的探討。針對於鹽鐵之爭中所體現出來的政治文化問題與思想也是學界多有涉足的領域，但在專著性的著作中所論較少，主要有周桂鈿的《中國傳統政治哲學》等，相關學術論文中則多有涉及，有白玉貴的《略論桑弘羊的政治思想》（《求是學刊》1989 年第 4 期）、高婷婷的《漢代儒生義利觀新探——以鹽鐵會議賢良文學的義利觀為代表》（《江南社會學院學報》2003 年第 5 卷第 4 期）、張林海及殷勤的《〈鹽鐵論〉刑德之爭及其當代意義》（中州學刊 2004 年第 3 期）等等。

4、《鹽鐵論》其他方面的評析。對於《鹽鐵論》所包含的豐富的視角，很多學者於各自的不同領域與角度也都對《鹽鐵論》進行了有益的研究。有從史學角度出發的，如鄭先興的《論〈鹽鐵論〉的史學思想》（《南都學壇》

1998 年第 5 期）；有從行文句式出發的，如白兆麟的《〈鹽鐵論〉句法研究》、李愛紅的《〈鹽鐵論〉虛詞研究》；還有從環境角度出發的議論，如屠成先的《〈鹽鐵論〉中的環境思想及其對當代的啓示》等等。

（三）研究特點

　　基於學界對鹽鐵會議的研究狀況，針對各類研究角度與側重點，大致上體現出如下的研究特點：

　　1、研究範圍廣，側重於經濟。《鹽鐵論》涉及政治、經濟、文化、軍事甚至風俗物產等，由於其作品本身涉及範圍廣，導致對《鹽鐵論》的研究也分佈於各個領域，特別是對經濟的側重。

　　2、缺乏系統性研究，觀點分散。除了階段性地將鹽鐵之爭定性爲儒法鬥爭、儒家內部鬥爭、政治鬥爭、當權派與不當權派鬥爭外，學界目前關於鹽鐵會議系統性研究的理論與著作非常有限，而且也多散見於其他論著之中，缺乏對《鹽鐵論》的性質界定與深入分析。

　　3、關注度較高，深入研究有限。在涉及中國經濟、政治、文化、歷史很多著作或文章中，或多或少對鹽鐵會議都有引用、提及與局部討論，甚至於包括鹽業、鐵業、地理、物產等許多專業性領域的相關領域裏也散見《鹽鐵論》的內容，表明了對《鹽鐵論》的多方面關注。然而，對於《鹽鐵論》的深入研究卻非常有限，很難見到比較系統豐富的研究成果。

三、研究重點、創新與難點、研究方法、論文結構

（一）研究重點

　　1、本質內涵：本書擬通過對鹽鐵之爭的本質探討，對鹽鐵之爭進行深入挖掘，試圖拓寬鹽鐵之爭所體現本質內涵的深度與廣度。

　　2、歷史維度：鹽鐵之爭雖然發生在漢昭帝始元六年（公元前 81 年）的一次歷時很短的辯論，然而其起因卻是必須置於中國夏商周以來的歷史文化背景之下進行研究，其影響也波及整個中國傳統社會。

　　3、社會財富：鹽鐵會議最核心的是經濟問題，經濟問題歸結起來就是社會財富問題，理清社會財富積聚與分配之特點，是解決鹽鐵之爭的一個重要方面。

　　4、政治需求：鹽鐵之爭所反映最深刻的根源是關於西漢王朝大政方針的

爭論，因此自然也是基於統治階級利益考慮的一次大辯論，追究下來也就是西漢社會的政治需求之所在。

5、價值意義：通過對鹽鐵之爭本質內涵的深入挖掘與探討，其根本是由此而形成的歷史意義與學術價值。

（二）創新與難點

創新：

1、系統性研究：以往對於《鹽鐵論》的研究往往局限在局部分析與引用論證，缺乏系統性分析。本書試圖從經濟、政治、文化三個方面的深入探討，對《鹽鐵論》進行系統的剖析，並試圖形成一個綜合的辯證分析。

2、點與面：就鹽鐵之爭而言，只是一個辯論的焦點，然而由其所引出的深層面問題卻是兩種政治模式，以及從夏商周春秋戰國到秦漢的一次中國歷史文明進化的重大變革時期，甚至影響到後續的整個封建傳統歷史。

3、經濟問題、政治問題與意識形態的綜合分析：經濟基礎決定上層建築這是歷史唯物主義的基本原則，本書注意從經濟哲學切入到政治哲學並進而契合到意識形態的綜合分析。

難點：

1、開創性難點：學界對鹽鐵之爭的研究成果較少，觀點分散，缺乏對其根本性質的分析與把握。

2、構建難點：整個論文主線索的搭建與銜接。

3、跨度與材料：論文涉及面廣，橫向和縱向的跨度都大，相對研究材料比較有限。

（三）研究方法

1、邏輯與歷史的統一：堅持歷史唯物主義的立場、觀點與方法，既要把握鹽鐵會議之前社會經濟、政治與文化發展的全面、詳盡的歷史過程，又要通過這一過程發現其內在邏輯與一般規律及特點。

2、實證分析：通過對西漢社會相對詳細的經濟數據的分析與研究，以具體數據實證的方法為基礎，進行相關的分析與推導。

3、經濟哲學：不僅僅將鹽鐵會議簡單地看成是一種經濟政策的研討，而是基於從整體社會全局的財富流動與分配的角度入手分析，探索由此而產生的對政治與文化的影響。

4、政治哲學：基於鹽鐵之爭中雙方政治思想的展現，重要的是從歷史的維度，系統地分析出西漢社會根本的政治需求與政治思想根源。

5、文化哲學：不僅僅局限於鹽鐵之爭的經濟與政治層面的探討，而要將鹽鐵會議在一個更爲寬泛的思想文化視角下進行研究。

（四）論文結構

全篇論文共分五章，其主要內容如下：

第一章：鹽鐵會議前中國社會歷史發展演進與鹽鐵之爭

本章主要通過對中國農業經濟格局的確立、大一統政治格局形成演變的歷史追溯與鋪墊，系統地對西漢武帝時期社會現實進行闡述，將鹽鐵之爭納入在中國的歷史演進與西漢社會現實發展的雙重背景之下，針對鹽鐵會議的起因、焦點問題進行系統性歸納與論述，並在比較分析學界關於鹽鐵會議的主要觀點後，引出對鹽鐵會議本質探討的思考，使後續幾章以本章爲基礎，圍繞著對鹽鐵之爭在這樣一個歷史背景下的本質問題爲線索，針對鹽鐵之爭所涉及的主要問題，展開系統地分析與研究。

第二章：鹽鐵之爭的社會經濟哲學分析

本章著重於鹽鐵之爭的首要問題——經濟問題展開分析與探討，這其中涉及到了許多與鹽鐵問題相關的社會經濟問題，諸如：本與末、官營與私營、社會財富的積聚與分配等一系列問題。那麼，這些問題究竟是局部性的還是全局性的、究竟是階段性的還是長期性的，引發這些問題最深層次的原因是什麼，帶著這樣的思考，我們嘗試從西漢社會最根本的社會經濟基礎研究入手，試圖解答西漢社會經濟之根本所在，並爲論文後續從經濟哲學和政治哲學的視角來推演由此所影響到的西漢社會之上層建築的構建進行理論鋪墊。在本章的最後，我們將根據對西漢社會經濟問題的分析與解讀，就鹽鐵會議中與經濟問題直接相關的經濟與軍事問題進行分析與解答。

第三章：鹽鐵之爭的社會政治哲學分析

本章基於前章社會經濟問題分析的基礎上，針對鹽鐵會議上爭論的另一個焦點問題——政治問題，展開系統的分析與論述，具體涉及到了君本與民本、集權與分權、德治與刑治等問題。對於這些問題產生的深層次原因是什麼，本章將圍繞著由西漢經濟模式引發的社會管理模式，從而在社會政治思想上產生的影響進行深入的分析探討，並從政治哲學的理論視角對西漢社會內在的政治需求進行挖掘與梳理。

第四章：西漢社會政治與儒家意識形態

本章將在前幾章分析的基礎上，基於經濟基礎決定上層建築的理論基礎，就西漢社會政治與儒家意識形態的相互契合與衝突問題，從政治哲學與文化哲學的視角，對鹽鐵之爭所揭示的經濟與政治規律，並由此而引發的與意識形態的相互作用進行深入剖析

第五章：鹽鐵之爭本質探討及其歷史意義與啓示

本章試圖在系統地分析了鹽鐵之爭所反映的經濟、政治與意識形態相互關係的基礎上，從歷史觀的角度，基於經濟哲學、政治哲學與文化哲學多維度、綜合性的理論視角，系統地分析與探討鹽鐵會議爭論之本質，得出鹽鐵之爭是「道德理想主義」與「政治現實主義」之爭的結論。並由此在著眼於本書對鹽鐵之爭系統性分析成果的基礎上，就鹽鐵之爭的歷史意義、對傳統政治難題的解讀以及傳統中國與亞細亞生產方式幾個方面進行綜合的探索與詮釋。

第一章 鹽鐵會議前中國社會歷史發展演進與鹽鐵之爭

　　任何一個重大歷史事件的發生必然有其深刻的歷史背景與時代特質，西漢鹽鐵會議發生的時代正是中國傳統社會發生重大變革轉型的時期。中國傳統社會早期的歷史演進，最初由夏商周三代的分封大一統，經歷了春秋戰國和諸子百家社會政治與思想的大變動，發展到秦始皇的統一天下與郡縣大一統中央集權的出現，進而到了西漢王朝階段實現了大一統中央集權、獨尊儒術、經濟繁榮、匈奴戰爭等一系列歷史事件的形成。在這樣一個中國歷史上空前絕後的大變革與大發展時期，鹽鐵之爭的出現顯然不是偶然的，也不是獨立的，其所涉的問題也必然帶有強烈的歷史性、現實性與時代性。本章力圖通過對中國傳統社會農業經濟格局的確立、大一統政治格局形成與演變的歷史追溯與鋪墊，系統地對西漢武帝時期社會現實狀況進行闡述，將鹽鐵會議內置於這樣一個中國的歷史演進與西漢社會現實發展的雙重背景之下，針對鹽鐵會議的起因、焦點問題進行系統性歸納與論述，並在比較分析了學界關於鹽鐵會議的主要觀點後，引出對鹽鐵之爭本質探討的思索，使後續幾章以本章爲基礎，圍繞著對鹽鐵之爭在這樣一個歷史背景下的本質問題爲線索，針對鹽鐵之爭所涉及的主要問題，展開系統地分析與研究。

第一節　中國農業經濟格局的確立

　　傳統華夏社會以農立國，是典型的農業文明之代表。早在大約 8000 年前華夏中原大地就已經出現了農業種植，中華民族乃至中華文明始終是在農業

的基礎上發展和演進的。本節主要就中國地區從地理環境和自然條件的影響來闡明農業經濟確立的合理性與必然性，作為全文理論分析的社會經濟環境基礎。

一、農業經濟很早確立

在自然環境條件適合的情形下，與游牧、漁獵相比，耕作農業對於人的生活來說會更適宜，農耕能便利的獲取食物，有較多的生存機會，對人口的承載力和支持力高，溫熱的氣候條件、水源豐富、土地肥沃有利於人們進入以農耕為主的定居生活。人類幾乎所有的古老文明都發生在南方溫熱帶地區〔註1〕。中國由於其地理環境的多樣性和優越性，為農業經濟（尤其是耕作農業）的發展提供了有利條件，也因此造就了特有的農業文明，為農業文化的生根發芽和成長奠定了基礎。

中國自然地理環境為農耕提供了有利條件，其總體特徵主要表現為：第一，南北緯度大，熱量資源沿緯度分佈呈地帶性差異；第二，季風氣候，東南部水源豐沛，形成溫暖濕潤氣候，其突出特點是雨熱同期，全年降水量的 80％以上集中在作物的活躍生長期內；第三，地形起伏多山，熱量、水分資源以及植被和土壤類型，隨海拔呈帶狀更替。其中氣候是自然地理環境的重要組成部分，而自然地理環境又反過來影響氣候。支配中國氣候的三大因素，強盛的東亞季風氣候、大跨度的經緯差和懸殊多變的地形，它們的綜合作用，形成了東部季風區、西北乾旱區和青藏高原區三大區域，其中季風區占全國總面積的47.6％，人口占全國總人口的95％，華夏文明起源發展於該區。季風區的氣候特徵，雨熱同季，四季分明，南方水多，北方水少，其土壤特點，南方酸性黏重，北方鹼性鬆細，土壤有機質含量較高。該區光熱資源豐富，黃河長江流域夏季時間長，溫度高，作物生長活躍期較長，黃土高原 4～6 個月，下游平原則長達 7 個月，與長江流域相當。豐富的光、熱、水資源給黃、長江流域的農業生產帶來便利，這就是種植業（水稻等）發達並占農業主導地位的主要原因。因此以種植業為主的農業生產佔據了傳統經濟的主導〔註2〕。

〔註 1〕 林德宏、張相輪：《東方的智慧》，江蘇科學技術出版社 1993 年版，第 74～75 頁。

〔註 2〕 胡火金：《中國古代農業社會經濟與農業文化的構建》，《農業考古》2003 年第 3 期。

中國的原始農業大約產生於一萬年前的舊石器時代末期和新石器時代初期，至 8000 年前左右，黃河流域已經產生了粟作農業，長江流域以及淮河流域的稻作農業也具有一定的規模，中國最早的古史傳說記載就是「神農乃始教民播種五穀」。從世界範圍看，中國是農業發達最早的地區之一。早在中國夏商時期，農業已經是主要的生產部門，當時主要使用石器工具來從事農業活動，屬於刀耕火種粗放式的種植方式。西周時期，農業生產取得了一定的進步，開始普遍採用耦耕的耕作方式。

總體說來，這一時期的農業生產技術仍然處於比較落後的水平，進步也比較緩慢。這一點可以從當時的天神崇拜判斷出來，農業基本上屬於靠天吃飯的水平。不過，農業在這個時期，是毫無爭議的社會最重要的生產部門以及社會財富的主體，不僅決定了該時期的社會政治經濟結構，也決定了當時的整體思想面貌。

二、先秦以來的農業經濟發展狀況

先秦時期，農業的分佈區域主要在黃河流域、長江流域以及東南沿海，黃河流域主要種植粟、稻、黍、稷、麥等旱作物，長江中下游及東南沿海一帶地區，則以稻穀生產為主。

在先秦時期，黃河流域氣候濕潤，雨量適中，森林分佈廣而不茂密，河湖暢流而少沼澤，再加上黃土高原與黃土沖積平原土質疏鬆，透水性好，「原（原）隰既平，泉流既清」〔註3〕，適宜於旱作物（主要是黍，即小米）的生長。旱作農業技術較簡單，花費勞動較少，開墾較易，使以木、石、蚌、骨為材料製成的工具及原始農業技術較易生產出剩餘產品，也使人口增長較快。

春秋戰國時期到西漢前期，是我國農業生產，農業技術和農業經濟發展迅速的時代。這一時期的農業進步主要體現在以下幾個方面：

1、鐵器逐步替代了木石工具。戰國末，鐵農具已經占到農具的大部。西漢初，鐵農具進一步普遍化。

2、農具的普遍改進和新型農具的出現。主要是鐵犁代替木犁，漢武帝時趙過發明的耬車是最重要的新型農具。

3、牲畜的普遍使用。商代牛耕不能推廣，主要是技術的因素。木石農具

〔註3〕程俊英、蔣見元：《詩經注析・小雅・黍苗》，中華書局 1991 年版。（以下引用同）

對牲畜的要求不高，農具改進後，要求新的動力，牛耕得到推廣，提高了勞動生產力。

4、大型水利工程的修建。春秋戰國時代，最著名的水利工程有芍陂、漳水十二渠、都江堰、鄭國渠。都江堰灌溉面積爲三百萬畝，使成都平原成爲天府之國；鄭國渠「溉澤鹵之地四萬餘頃，收皆畝一鍾。於是關中爲沃野，無凶年。秦以富強，卒並諸侯。」〔註4〕漢武帝時又大修水利工程，並且治理黃河，使黃河在以後八百年沒有發生大的水害。

5、農業科學技術的進步還表現在把土壤分類，對不同的土壤使用不同的耕作方法，準確掌握時令，在二分二至的基礎上形成了專門爲農業服務的二十四節氣，施肥和深耕細作。

第二節　中國大一統格局的形成與演變

由於地緣環境、地理狀況以及社會文化發展等綜合性因素的影響，傳統中國自文明建立之初就已經初步建立了大一統的思想觀念，並由此發展成爲「分封大一統」的社會政治形態，並且通過商、周、春秋戰國以來的社會政治實踐，最終在秦朝一統天下，演變爲「郡縣大一統」的社會政治形態，並奠定了中國近二千年中央集權大一統模式的長期存在。本書認爲傳統的宗法分封制社會也是一種「大一統」的文明形態，各諸侯國統一接受天子的統治，整個社會文化構成一個相對鬆散的有機整體，與秦漢之後以郡縣制爲主體的中央集權專制大一統具有極大的相似性。以往的學者過多地注重三代與秦漢之後政治體制的差異，忽視其文明發展的共同性。因此，本書使用「分封大一統」和「郡縣大一統」兩個概念，以更好地描述中國傳統社會政治文明的演變。

一、中國的地緣因素

地區政治格局的形成和發展受地理條件的影響甚至制約，這是地緣政治學說的主要核心觀點。在中國歷史上，對社會政治歷史和現象的分析，也頗爲重視地緣因素，「對地理條件與社會發展之關係的認識，是一個歷史過程。在這個認識過程中，中國近代以來的學者的貢獻是應當特別受到重視的；而對於中國古代學者，尤其是中國古代史學家在這方面的認識和撰述，也應當

〔註4〕〔漢〕司馬遷：《史記·河渠書》，中華書局 1982 年版。（以下引用同）

受到重視，這對我們研究歷史和撰寫歷史書籍都是會有啓發的」〔註5〕。

地理環境是人類文明賴以發生和發展的基礎，就中國來說，以黃河、長江流域爲中心，向外形成了一個東、南兩個方向瀕臨浩瀚的海洋，西面被難以逾越的高原與高大的山脈所阻隔，北面是廣袤無垠的荒漠和草原，這些自然障礙將中華文明與世界隔開，但是在這個區域內部卻相對平坦，主要以平原爲主，沒有特別明顯的阻隔，這樣就形成了一個相對封閉的大面積自然環境，這與古代地中海文明和中世紀及近代大西洋文明的開放性地理環境形成鮮明對照。不過也正是由於中國地理環境造成的對外相對封閉與隔絕，內部的不斷開放與貫通，形成了中華民族獨特的內聚力與宇宙觀，使得古代中國在這樣一個區域內形成了長期相對穩定的政治統一。

二、大一統觀念的形成

「大一統」一詞始見於《春秋公羊傳》，它在解釋經文隱公「元年春王正月」時說：「元年者何？君之始年也，春者何？歲之始也。王者孰謂？謂文王也。曷爲先言王而後言正月？王正月也。何言乎王正月？大一統也」，應該說「大一統」概念的出現以及自覺運用並不是很早，但大一統的思想理念卻可以追溯到商周甚至更早。

中國的歷史是從統一開始的，上古時代的三皇五帝在後人的心目中都是「天下」統一的共主或帝王，帝堯以其仁德「光被四表，格於上下」，並「協和萬邦」〔註6〕；而舜的仁政和刑罰則使「天下咸服」〔註7〕；禹的威勢更是「東漸於海，西被於流沙，朔南暨聲教，訖於四海」〔註8〕，《左傳·哀公七年》中記載「禹合諸侯於塗山，執玉帛者萬國」。在上古三代，發生的眾多大小不一的戰爭，通常也都是早期的統一戰爭，《史記·五帝本紀》中記載「軒轅之時，神農氏世衰，諸侯相侵伐，於是軒轅乃習用干戈，以征不享。」，這裡記載的就應該是黃帝維護統一的軍事行動，其後歷史上發生的堯攻灌兜、舜伐三苗、夏啓伐有扈、商湯征葛、商滅夏、周滅商等都屬於統一戰爭。在

〔註5〕　白壽彝：《中國通史·導論卷》，上海人民出版社1989年版，第154頁。

〔註6〕　〔清〕孫星衍撰，陳抗、盛東鈴點校：《尚書今古文注疏·堯典》，中華書局1986年版。（以下引用同）

〔註7〕　《尚書今古文注疏·堯典》。

〔註8〕　同上註。

這樣一個漫長的進化過程中，中國人的「天下觀」把華夏文明所覆蓋的所有地區視爲一個不可分割的整體，它統攝「萬邦」，只把周邊少量的「四夷」排除在外。《詩經·小雅·北山篇》中所說的「溥天之下，莫非王土；率土之濱，莫非王臣」，這是中華民族關於大一統思想最早、最典型的表述。

三、從分封大一統走向郡縣大一統

（一）分封大一統

「大一統」既是一種思想觀念，又是一種政治制度，兩者相互作用，相互促進，成爲中國古代政治文化的重要特徵。從夏商周到秦漢，中國經歷了由分封大一統向郡縣大一統的變遷，並於西漢漢武帝時期最終確定下來。

夏朝是否有過分封制，由於史料不足，很難斷言。但商朝應該就開始存在了分封制，到了周代，分封制處於非常成熟的階段。不僅分封的內容非常豐富與嚴謹，而且有關分封的理論基礎——禮儀制度也十分系統化。周代的分封制完全是大一統政治下的一種統治模式，或者說是一種行政管理方式，是與宗法制度緊密結合的分封諸侯制度，是在交通不發達，信息不通暢的條件下，周王室管理地方行政的有效手段。周天子與各諸侯國的關係是中央與地方的關係，周天子以宗法血緣關係爲基礎，依據禮儀制度，進行層層分封，形成魚網式的分封管理模式。例如：各諸侯國在受封時要舉行冊封儀式，由周天子頒給他們以管轄的地區與臣民，規定他們的基本義務與施政綱領，封國的主要官員也由周王室任命。《禮記·王制》曰：「大國三卿，皆命於天子。……次國三卿，二卿命於天子，一卿命於其君。」雖然，周天子對各諸侯國有一定的人事與管轄權力，但在分封體系下，各封國還是有很大的獨立性和自主性，王位屬於世襲的，可傳給子孫，通常情況下可自主選拔和任用官吏，財政收入也完全由自己管理和支配，主要的義務就是朝聘和進貢兩件事情。而天子通常每五年要巡視諸侯一次，考察各封國的治理情況，進行賞罰。總而言之，在西周時期，事實上已經形成了一套完整的分封體系下的統治模式與禮儀制度，是中國歷史上大一統格局下，分封制的統治模式最爲典型的代表。

（二）諸侯戰亂與郡縣的出現

然而分封大一統模式下，存在兩個致命的弱點，一個是會形成強諸侯和弱天子的局面。隨著土地私有制的進一步發展，社會經濟的不斷進步，賴以

維繫分封大一統統治基礎的宗法血緣土地分配製度不斷受到挑戰，各諸侯國經濟發展不一，一些強大的諸侯國無論是在經濟上還是軍事上都明顯構成了對周天子統治的威脅。周王朝末年，周室衰微，天下大亂，禮崩樂壞，分封的大一統格局被打破，整個社會進入了「春秋無義戰」的諸侯割據狀態。另一個弊病就是宗法分封制實行世卿世祿制，這會導致社會政治的僵化，嚴重制約了社會的活力，導致社會整體渙散。

　　但值得注意的是，春秋戰國時期，一種新的治理模式——郡縣模式悄然出現。

　　「郡」是晉國開創的一種地方制度。晉開闢邊地，離國都遼遠，特設郡這種行政區域，國君賦予郡大夫較大的權力，使其有權應付突發的事變。郡大夫官位比縣大夫低，權力卻比縣大夫高。晉三家滅智氏以後，郡地位提高，縣受郡統轄。郡縣制的創立，打破了世襲制，加強了國君統治的力量，加速了分封制度的崩潰，增強了國家的實力。到戰國時期，多數諸侯國都逐漸採用郡縣制。

　　「縣」的名稱在《周禮・地官》和《禮記・王制》都是指王畿附近的地方，本意為「懸」，即「縣」所代表的這塊地區直接由周天子（王）掌握，以作賞賜。例如公元前 635 年周天子把王畿附近的原（河南濟源縣附近）、陽樊（孟縣西北）、溫（溫縣）之田賜於勤王有功的晉文公。春秋後期，各諸侯國也仿傚周天子的辦法，不再分封，而是將新兼併的領土、被滅亡的小國或大邑轉化為縣，由各諸侯自己直接掌管。從現存《春秋左傳》、《國語》等文獻分析，最早設縣的是南楚和西秦。各諸侯國內設縣的分佈有兩種情況，一種是設在各自經濟比較發達的地區；另一種則是因吞滅小國國都而設縣，由於該地區原本是諸侯國都，經濟已然發達，亦因為這裡實際上成了戰勝國的新邊防要地，直接管轄便於調兵，如楚國楚靈王滅陳（河南淮陽縣）、滅蔡（河南上蔡縣）為縣。

　　如果比較一下，我們會發現春秋時期各諸侯國雖然紛紛置縣，但由於各自的社會經濟條件不同，其發展亦存在較大差別。秦、楚等國，是通過兼併戰爭，攻滅小國來推行縣制的。這樣一來，縣政統轄權多掌握在國君手裏，用作賞賜的只是少數，可以防止受賞賜之人勢大而傾覆國家。因此，秦統一後方能繼續推行郡縣制。齊國，是通過管仲的政治改革來推行縣制，「制鄙之制，三十家為邑；十邑為卒；十卒為鄉；三鄉為縣；十縣為屬；屬有大夫，

故立五大夫」〔註9〕，五屬就是 50 縣，相當可觀。晉國，最初也是滅小國以為縣，但多作賞賜，變成在士大夫封邑發展的基礎上推行縣制。而作為賞賜的縣，都是經濟條件較好的地區，那麼國家社會經濟基礎不再掌握在國君手裏，而是在受賜的大夫手裏。所以，推行「縣政」反而成了韓、趙、魏三家分晉的條件之一。

「郡」的起源較晚，大致在春秋末期，主要是戰國時期，郡最初在邊遠地區設置，「使人守之，為我翟民君長，故名曰郡」。戰國時，郡比縣的轄區寬廣，但是經濟開發程度不如縣，地位也不如縣重要，長官職位也低。所以趙國出兵誓師時，「趙簡子誓曰：克敵者，上大夫受縣，下大夫受郡」〔註10〕。

縣、郡之間原沒有什麼隸屬關係。到了戰國末期，郡的地位在縣之上，這是由於郡管轄範圍大，分置數縣統之。在內地設郡時，沿用了邊郡的成規。不過，戰國時期郡縣制與分封制始終同時存在。直到秦滅山東六國，先置郡。如滅趙國設邯鄲郡，滅齊國設齊郡，在郡下均劃分若干縣以便於劃一的統治管理，遂演變成全國郡統轄縣的二級制局面，並徹底取消了分封制。郡縣制的出現和變化反映奴隸社會分封世襲制向封建社會官僚行政制的轉化。

（三）郡縣大一統

秦朝在一統天下後，汲取周王朝滅亡的教訓，在經歷了一番爭論後採納了李斯的建議，在全國推行郡縣二級制，《漢書・地理志》中云：「本秦京師為內史，分天下作三十六郡」。秦始皇統一中原以後又南平百越而添置：南海、桂林、閩中和象郡等四郡，故與三十六郡合作四十郡。秦京師所在的「內史」也稱作一郡，秦始皇三十三年（前214）使蒙恬將十萬之眾北擊匈奴，悉收黃河河套以南之「河南地」，因河為塞，築四十四縣城臨河，徙戍立之，而為「九原郡」。這樣秦朝總共有大約四十二郡。

郡縣制度經過秦國多年的實踐以及秦始皇的推行，逐漸完備。一般郡置守，縣置令，萬戶以上為令，不足萬戶為長。縣以下是鄉、亭、里，形成了一級一級嚴格的管理等級，而且各級最終統一向皇帝負責，郡縣官吏不得世襲，任免權由皇帝掌握。郡縣官吏不能世襲，也就沒有世祿，統一按不同標

〔註9〕 王永堂譯注：《國語全譯》卷六《齊語》，貴州人民出版社1997年版。
〔註10〕〔清〕洪亮吉撰，李解民點校：《春秋左傳詁・哀公二年》，中華書局1987年版。（以下引用同）

準領取俸祿，同時還設置了相對完備的官吏考覈體系。這樣，郡縣制的治理模式比較起分封制的治理模式，更有利於加強中央集權。

秦統一中國後，除了在治理模式上採取郡縣制外，在政治、軍事、經濟、文化等各方面實行一系列旨在鞏固中央集權統一的措施。政治上，統一法令，從中央到地方建立起用法制保護的政權機構。築馳道，修長城，毀兵甲，提高政府的控制和防禦能力；軍事上，進一步統一邊疆，建立起一個以咸陽為中心的，「東至海暨朝鮮，西至臨洮、羌中，南至北向戶，北據河為塞，并陰山至遼東」〔註11〕遼闊的多民族大一統國家；經濟上，統一度量衡和全國貨幣，徙天下豪富於咸陽；文化上，統一文字，「焚書坑儒」，加強思想控制。這些措施最終構建起一個中央集權的大一統統治模式。

事實上，古代中國在一個相對封閉的環境中，基於獨特的人文環境和經濟環境，在很早的時期就已經產生了「大一統」的思想觀念，並經歷了從西周較為完善的相對分權管理的分封大一統，到春秋戰國的諸侯爭霸，最終歸於秦王朝一統天下的中央集權郡縣大一統，不能不說是中國大一統思想觀念與政治理念實踐的必然過程，然而秦王朝雖然為中央集權的郡縣大一統中國進行了有益的嘗試並做出了重大的貢獻，但終究由於多方面原因，其中很重要的就是缺乏對這一新的統治模式的理解與經驗，在經歷了僅僅十四年的短暫時間，就迅速覆滅了，這樣關於如何建立有效的中央集權大一統統治模式的歷史使命就不可避免地交給了隨之而起的強大的西漢王朝。

第三節　西漢武帝時期的社會現實

漢武帝時期是中國歷史上一個重要且具有標誌性意義的時期，在這個時期中，中國真正完成了自秦朝統一六國以後的中央集權形態，同時在思想上、經濟上以及對外（匈奴）關係上等各方面都出現了不同程度的變化與發展，而這一過程的發展與演進在相當程度上影響和推動了鹽鐵會議的歷史之辯。

一、大一統中央集權的最終完成

公元前 202 年，漢高祖劉邦在「汜水之陽」的定陶舉行了登基儀式，正式宣告了西漢王朝的建立。西漢政權誕生以後，漢高祖劉邦在繼承了秦朝郡

〔註11〕《史記・秦始皇本紀》。

縣制的同時，還根據軍功和出身，共分封楚王韓信、韓王信、淮南王英布、梁王彭越、故衡山王吳芮、趙王張敖、燕王臧荼共七個異姓王，此外還陸續分封了眾多同姓王，當時中央直屬郡縣不到全國領土的一半。諸侯王的存在成為專制主義中央集權和國家統一的嚴重障礙，於是劉邦通過逐步削除異姓諸侯王，為西漢劉氏王朝的進一步統一、鞏固打下了基礎。劉邦死後，在經歷了呂氏專權，剪除了異姓諸侯王的西漢王朝到了漢文帝時期，從漢文帝繼位之後，西漢王朝的統一和分裂、中央集權的加強和地方割據間的鬥爭就開始激化，其中矛盾的焦點集中在劉氏宗室內部皇權和王權的分割，而這一矛盾之所以激化的原因就是劉氏諸侯王的勢力逐步膨脹。這一時期，中央政府直接統治的地區與諸侯王國地區的人口比為 5.29：10〔註 12〕，隨著時間的推移，劉氏諸侯王的羽翼逐漸豐滿，勢力迅速膨脹，足以同西漢王朝分庭抗禮，形成「尾大不掉」之勢，導致漢文帝時期發生了西漢最早的同姓諸侯王濟北王劉興居和淮南王劉長的叛亂，雖然叛亂最終被漢文帝平息了，但局勢已經非常清楚地說明，同姓諸侯王也在威脅著皇權。於是漢文帝採納了博士賈誼《治安策》中「眾建諸侯而少其力」的思想，將諸侯國進一步劃分，但是這一措施顯然對於抑制諸侯的發展作用並不明顯。於是，到了漢景帝時期，一場醞釀已久的叛亂，終因晁錯「削藩策」的提出而爆發，這就是歷史上著名的「吳楚七國之亂」，吳楚七國叛軍在不到三個月的時間內就以失敗告終，在鎮壓了叛亂之後，各諸侯王國的實力更加被削弱，基本上已經無法對中央政府構成直接的威脅，漢景帝趁這一有利時機，採取了一系列削弱和控制諸侯王勢力的辦法，以加強中央集權，例如：繼續實行賈誼提出的「眾建諸侯而少其力」的政策，抑制諸侯王的地位，剝奪其任官之權等。這樣，自西漢建國以來一直困擾著歷代皇帝的諸侯王問題，經過平定七國之亂後得到初步解決。至此，諸侯勢衰，除衣食租稅外，不得干預國政，分裂、割據的威脅消除了，西漢王朝的政令真正達於全國，統一的格局進一步得到鞏固。到了漢武帝時期，西漢的社會經濟達到了空前的繁榮，而專制主義中央集權也達到了一個新的高度，漢武帝通過「內外朝制度」、「刺史制度」以及「選官制度」等一系列加強中央集權的政治措施，最終完成了封建大一統的專制主義中央集權，而這一大一統中央集權的統治模式一直在中國持續了近兩千年。

〔註12〕柳春藩：《秦漢封國食邑賜爵制》，遼寧人民出版社 1984 年版，第 42 頁。

二、西漢社會經濟狀況

西漢政權幾乎是在廢墟上建立起來的，政府財政困難，入不敷出，「自天子不能具鈞駟，而將相或乘牛車，齊民無藏蓋」〔註13〕。於是，西漢統治者以黃老思想的「無爲而治」精神爲指導，輕繇薄賦，與民休息，致力於國民經濟的恢復與發展，並收到了顯著的效果。在經歷了「文景之治」之後，整個西漢社會得以休養生息，經濟全面復興，到了漢武帝時期，社會經濟已經空前繁榮，但隨著漢武帝對匈奴戰爭的爆發，西漢國民經濟也迅速惡化，致使漢武帝懸崖勒馬，發表了著名的《輪臺詔》，指出「當今務在禁苛暴，止擅賦，力本農，修馬復令，以補缺，毋乏武備而已」。其後，漢昭帝繼續實行「與民休息」政策，社會經濟轉危爲安。在這個過程中，西漢經濟主要出現了如下幾個方面的變化：

（一）農業經濟的發展

基於西漢政治上的「休養生息」，西漢農業經濟得到迅速的恢復與發展。這一時期，牛耕與馬耕在農業生產中被廣泛使用，減輕了農民很多勞動量，是生產力的一大進步，大大提高了單位可耕地面積；鐵農具自戰國時期在代替了木石農具後在西漢時期也已經普遍推廣，數量和質量不斷提高，是西漢農業生產工具發展的重要成就。《鹽鐵論·水旱》中說：「鐵器，民之大用也」，可見鐵農具在西漢時期的重要性；戰國時開始的灌漑工程，到西漢時期才開始在全社會廣泛興建大規模的灌漑系統，先後有曹渠、六輔渠、白公渠、龍首渠等水利設施的開鑿，無論在規模上還是分佈範圍上都遠遠超過以前。此外，西漢時期的耕作方法也有很大的改進，特別突出的就是代田法和區田法，代田法是一種適應乾旱地區的耕作方法，使這些地區的農業生產力大爲提高，據農業專家計算，實行代田法後，勞動生活率「差不多爲文帝時期八倍」〔註14〕，這個數據雖然是一個推測，但能反映出代田法對農業生產的促進作用。繼「代田法」之後，漢代還出現了旱地耕作的另一套生產技術「區田法」，區田法實行深耕、密植，集中而有效地利用泹水，加強田間管理等一系列方法，保證了乾旱環境中的農作物生長發育所必需的生活條件，取得了較高的

〔註13〕《漢書·平準書》。
〔註14〕中國農業遺產研究室編：《中國農學史》上冊，科學出版社1959年版，第154頁。

單位面積產量，但區田法可能並沒有得到大範圍推廣。總之，西漢社會在相對穩定的政治環境下，由於牛耕、鐵農具、水利工程以及耕作方法等因素的綜合作用，西漢時期的農業產量、耕地面積和人口均有相當大的增長和提高，國家財力也得到了很大的增強。

（二）商業的繁榮

漢初，由於「無為而治」的政治方略，西漢統治者對工商業的發展採取自由放任的政策，從而使西漢的工商業和商品經濟都得到了迅速發展，商人在社會上非常活躍。《史記・貨殖列傳》記載：「漢興，海內為一，開關梁，馳山澤之禁，是以富豪大賈周流天下，交易之物莫不通，得其所欲」。事實上，西漢農業和手工業的發展，為其商品經濟的繁榮創造了條件，司馬遷在《史記・貨殖列傳》中描述的「夫山西饒材，竹、穀、纑、旄、玉、石；山東多魚、鹽、漆、絲、聲色；江南出楠、梓、薑、桂、金、錫、連、丹、沙、犀、瑇、珠璣、齒革；龍門碣石北多馬、牛、羊、旃、裘、筋、角、銅、鐵，則千里往往山出奇置：此其大較也，皆中國人民所喜好，謠俗被服飲食奉生送死之具也。故待農而食之，虞而出之，工而成之。商而通之。此寧有政教發徵期會哉？人各任其能竭其力，以得所欲。故物賤之徵貴，貴之徵賤，各勸其業，樂其事，若水之趨下，日夜無休時，不召而自來，不求而民出之，豈非道之所符而自然之驗邦？」，這段話大抵描述了戰國至西漢時期商業發展的概貌。

（三）土地兼併問題

土地兼併問題一直是影響西漢社會的重大問題，在漢初的時候就已經開始了土地兼併現象。大丞相蕭何就曾因為「強賤買民田宅數千萬」〔註15〕而被民上告，《漢書・蕭何傳》記載：「蕭何置田宅必居窮處，為家不治垣屋，曰：『後世賢，師吾儉；不賢，毋為勢家所奪』」，說明蕭何已經考慮到他人的兼併問題。隨著西漢農業經濟和商業的繁榮與發展，西漢社會出現了豪強商賈群體，其勢力的膨脹不光是加劇了土地兼併現象，而且也引起了很多社會問題。很多富豪大賈的豪華生活遠遠超過了地主貴族，破壞了封建等級關係，「而富商大賈或蹛財役貧，轉轂百數，廢居居邑，封君皆低首仰給」〔註16〕，

〔註15〕《史記・蕭相國世家》。
〔註16〕《史記・貨殖列傳》。

這些富豪大賈與官僚貴族融合在一起，霸佔民田，兼併土地。事實上，到武帝時期土地兼併問題已經變得非常嚴重了，武帝時著名的大豪俠灌夫，身為九卿，「諸所交通，無非豪傑大猾，家累數千萬，食客日數十百人。陂池田園。宗族賓客為權利，橫於潁川」〔註17〕。不僅豪強大賈不斷兼併土地，就是皇親國戚、列侯宗室也不斷加大土地兼併，《史記‧淮南衡山列傳》所記：「（淮南王安之）王后荼、太子遷及女陵得愛幸王，擅國權，侵奪民田宅，妄致繫人」、「（衡山王賜）數侵奪人田，壞人冢以為田」。所以，漢武帝時期土地兼併現象相當嚴重，面對已出現的「富者田連阡陌，貧者無立錐之地」的局面，董仲舒主張：「古井田漢雖難卒行，宜少近古。限民名田，以贍不足，塞併兼之路。……然後可善治也」〔註18〕。

（四）鹽鐵官營問題

西漢初年，在黃老無為思想的影響下，採取了相對放任的自由經濟政策，漢高祖劉邦又將冶鐵、採礦、煮鹽等山澤之源下放給私人經營，聽民自由開採。文帝即位後仍「縱民得鑄錢、冶鐵、煮鹽」〔註19〕，《鹽鐵論‧通有》中記載當時「豪強大家得管山海之利，採鐵石，鼓鑄煮鹽，一家聚眾，或至千餘人」。這些放任的經濟政策一方面促進了西漢初期經濟的恢復與發展，另一方面也導致了一系列的社會問題，主要表現為富商大賈壟斷了鹽鐵的生產與銷售，任意擡高價格，牟取暴利，積累了大量的財富，然而「富商大賈或蹛財貧，轉轂百數，廢居居邑，封君皆低首仰給。冶鑄煮鹽，財或累萬金，而不佐國家之急，黎民重困」〔註20〕。漢武帝時期，基於對匈奴戰爭的需要以及抑制豪強大賈的綜合考慮，實行了鹽鐵官營制度，據《漢書‧地理志》記載，西漢時期鹽官的設置多達三十六個，涉及二十七個郡國；鐵官多達四十八個，涉及四十個郡國，從公元前120年到公元前110年，漢武帝一步步地「籠天下諸利，以排富商大賈」〔註21〕，把鹽鐵大權收歸國有，完全由國家統一控制生產和銷售。

〔註17〕　《史記‧魏其武安侯列傳》。
〔註18〕　《史記‧食貨志上》。
〔註19〕　王利器、王貞珉：《鹽鐵論譯注‧錯幣第六》，天津古籍出版社1983版。（以下引用同）
〔註20〕　《漢書‧平準書》。
〔註21〕　《鹽鐵論譯注‧輕重第十四》。

匈奴戰爭之後，鹽鐵專營政策繼續得以執行，但其弊端也逐漸顯現出來：首先是製造的鐵器鈍而不利，鹽苦而不鹹，不便民用；其次是經營者徇私舞弊，將負擔轉嫁給平民；再次，由於壟斷造成了物價上揚。這些因素都直接影響到西漢社會的生產與生活，也在一定程度上阻礙了經濟的發展。

三、思想上獨尊儒術

在思想上，秦漢時期社會政治實現了大一統，如何處理好天人關係與古今關係，成為秦漢學術的核心話題之一。先秦時期，諸子百家就對天人、古今關係作了探討，發展到對先秦經典和諸子百家進行大綜合的《呂氏春秋》，然後再發展到以黃老思想為主導的《淮南子》，最終對天人、古今關係做出了系統性回答，並奠定了儒家經學獨尊地位的董仲舒思想。而這一思想的演變與最終到董仲舒成形，是經歷了一個相對漫長而曲折的過程。

西漢建國之初，出現了「大城名都民人散亡，戶口可得而數裁十二三，是以大侯不過萬家，小者五六百戶」〔註22〕的殘破局面，西漢政府從社會現實出發，採取了黃老思想為主體的政治思想，推行「無為而治」的政策，實行「休養生息」的方針，經濟上得到了迅速的恢復與發展。但黃老政治也存在著種種弊端，不能形成強有力的中央政權，而這個時期，儒學得到了不斷的發展，很多儒家學者吸收各家學說之長，對儒學進行自我改造。如陸賈曾採納道家的無為思想，韓嬰、賈誼也雜糅法家的法治思想，而被譽為漢代「群儒首」的董仲舒更是儒學改造的集大成者。他以《春秋公羊傳》為核心，在陸賈、韓嬰、賈誼等人的基礎上，對儒學進行了全面的改造。董仲舒以陰陽五行為中介講天人感應論，並形成最終貫通天人、古今的大一統論，不但形成了學術思想的大一統，把天人、古今關係的最終解答統一於儒家經學所倡導的三綱五常的名教上來，而且也為漢代專制主義中央集權的最後完成奠定了思想理論基礎。建元元年（公元前140年），董仲舒在舉賢良對策中提出建議：凡是不在六藝之科、孔子之術的各家學說，都要從博士官學中排除出去。武帝又採納丞相衛綰之議，「所舉賢良，或治申、商、韓非、蘇秦、張儀之言，亂國政，請皆罷」〔註23〕，但此後，由於竇太后的阻擾，「罷黜百家」之議，沒有任何實際措施。建元六年（公元前135年），竇太后死，儒家勢力再度崛

〔註22〕《漢書・功臣表》。
〔註23〕《漢書・武帝紀》。

起。元光元年（公元前 134 年），漢武帝將不治儒家《五經》的太常博士一律罷黜，排斥黃老百家之言於官學之外，提拔布衣出身的儒生公孫弘爲丞相，優禮延攬儒生數百人，還批准爲博士官置弟子五十人，根據成績高下補郎中文學掌故，吏有通一藝者選拔擔任重要職務。這就是歷史上有名的「罷黜百家，獨尊儒術」。

正如任繼愈先生在《中國哲學發展史》中所提到的「秦漢兩朝開創了支配中國二千多年大一統的政治格局」〔註 24〕，而漢武帝時期又是秦漢兩朝最終完成政治、思想大一統並將之得以定型的具有劃時代特質的一個特殊時期，也正是由於這一時期的特殊性與延續性，使得在隨後漢昭帝始元 6 年所召開的中國歷史上最爲著名的「鹽鐵會議」凸現在了這樣一個極富特質的大時代環境之中。

四、西漢豪強地主的形成與發展

西漢始建之初，從地主階級的結構來看，在漢高祖劉邦「兵罷皆歸家」的詔令中，規定了「以有功勞行田宅」〔註 25〕，獲第七級爵公大夫以上者，封給食邑，即坐食租稅，成爲軍功地主；漢高祖爲「強本弱末」，根除舊勢力的隱患，對於原來六國貴族的後裔加以控制，「徙六國彊族」及「豪傑名家，且實關中」〔註 26〕，保留了部分六國時期的宗法地主；同時，爲確立西漢王朝的統治地位，先後培植起來了西漢貴族官僚地主階層，這一階層主要以劉氏宗室和戰功顯赫的異姓王楚王韓信、韓王信、淮南王英布、梁王彭越、衡山王吳芮、趙王張敖、燕王臧荼等諸侯王爲主體，「其有功者，上致至王，次爲列侯，下乃食邑。而重臣之親，或爲列侯，皆令置吏，得賦斂」〔註 27〕，這樣漢高祖劉邦對於追隨其左右的文臣武將通過分封、賜官、賞爵，使他們都身居要位，組成了西漢社會的統治集團，同時也形成了西漢社會的貴族官僚地主階層；此外，還有一些通過自我積累、商業手段和購買土地形成的中小地主。這樣四類地主階層構建了漢初地主階級的整體。

西漢建國至武帝初年，一直推行以黃老道家「無爲而治」爲施政原則的政治舉措，西漢社會經濟得到了迅速的恢復和發展，人口也急劇增長，封建

〔註 24〕任繼愈：《中國哲學發展史·秦漢卷·前言》，人民出版社 1998 年版，第 1 頁。
〔註 25〕《漢書·高帝紀》。
〔註 26〕《漢書·婁敬傳》。
〔註 27〕《漢書·高帝紀》。

秩序逐步穩固，農業生產得以恢復與發展，也推動了工商業的繁榮，而西漢社會的穩定發展與商品經濟的逐步發達也影響著漢初以來的地主階級的發展與演化，原有的軍功地主、宗法地主、貴族官僚地主以及工商中小地主隨著政治的變遷和商品經濟的發展，此消彼長，一部分異姓諸侯王由於政治因素先後被消滅；一部分軍功地主由於處於中央集權的和平時期，而逐步失去了發展空間沒落下去；一部分宗法地主在新的政治經濟環境下，失去了原有的政治優勢，或者發展壯大，或者消失沒落；而相當一部分既有的貴族官僚地主階層，通過政治特權等優勢，以及一些原有的包括工商地主在內的各類地主階層，「漢興，海內為一，開關梁，弛山澤之禁，是以富商大賈周流天下，交易之物莫不通，得其所欲」〔註28〕，或者「得管山海之利，探鐵石鼓鑄、煮鹽」〔註29〕，進行成為大工商業主。到武帝時期，地主階級經過逐步發展演變，逐步將官僚、地主、商賈熔合到一起，這些大工商業主和貴族官僚地主等逐步發展成為豪強地主（也就是我們後面所定義的豪強集團的主體），他們通常擁有雄厚的財富，在西漢時期，他們的財富積聚數目相當龐大，並通過土地兼併的形式進一步鞏固自己的財富來源與政治地位。

五、匈奴問題

匈奴是中國北方一個古老的游牧民族，戰國以前被稱之為葷粥或獫狁，後來被稱之為匈奴。公元前三世紀，匈奴由原始氏族公社進入奴隸制社會。

匈奴的迅速崛起始於冒頓單于，史稱：「自淳維以至頭曼千有餘歲，時大時小，別散分離，然至冒頓而匈奴最強大」〔註30〕。冒頓於秦二世元年（公元前209年）殺父自立為單于，而隨著中國進入楚漢相爭階段，「是時漢方與項羽相距，中國罷於兵革」，冒頓趁此機會重新佔領了被蒙恬奪去的「河南地」，控制了大漠南北和河西、河湟及廣大的西域。《史記‧匈奴列傳》載：

（冒頓單于）大破滅東胡王，而虜其民人及畜產。既而西擊走月氏，南並樓煩、白羊河南王。悉復收秦所使蒙恬所奪匈奴地者，與漢關故河南塞，至朝那、膚施，遂侵燕、代。是時漢方與項羽相距，中國罷於兵革，以故冒頓得自強，控弦之士三十餘萬……至冒頓而匈奴最大，盡服從北夷，而南與中國為敵國。

〔註28〕 《史記‧貨殖列傳》。
〔註29〕 《鹽鐵論譯注‧復古第六》。
〔註30〕 《史記‧匈奴列傳》。

匈奴的崛起，對於剛剛建立的西漢王朝構成了很大的威脅。西漢初年，匈奴騎兵不斷南下，侵入今天的河北、山西、陝西一帶，所到之處，踩踏莊稼、掠奪財產、殘害百姓，並肆意掠奪人口作為奴隸，破壞社會經濟，嚴重威脅剛剛建立的西漢政權。在高帝六年（公元前 201 年）冒頓單于發兵圍攻「馬邑」，高帝七年十月，漢高祖劉邦被圍困於平城東南之白登山，這就是歷史上著名的「白登之圍」。「白登之圍」使西漢王朝的統治者認識到，在西漢與匈奴當時的力量對比下，想要通過戰爭的辦法徹底解決與匈奴的問題是不現實的。至此使漢高祖劉邦意識到西漢王朝暫時無法與匈奴抗衡，從此改變對匈奴政策，採取妥協退讓的政策，與匈奴和親，在政治上致力於穩定社會秩序、恢復和發展生產以及加強中央集權。

此後的惠帝、高后以及文帝、景帝繼續秉持漢高祖劉邦以來的對匈奴和親政策，雖然無法從根本上杜絕匈奴的侵擾，但客觀上對於匈奴的肆掠起到一定的約束作用，在經歷了「文景之治」之後，西漢社會經濟得到迅速的恢復與發展，國力不斷加強。

當漢武帝劉徹登上皇帝位的時候，雄踞北方的匈奴正是軍臣單于統治時代，這個時期也仍是匈奴奴隸制國家的鼎盛時期，匈奴奴隸主貴族正覬覦著日益繁榮的西漢王朝，表現出極大的侵略性，不斷向中原侵擾，並向西漢王朝勒索財物與女子，從漢武帝的詔書中我們可以略見一斑：「朕飾子女以配單于，金幣文繡賂之甚厚，單于待命加嫚，侵盜亡已。邊境被害，朕甚閔之」〔註31〕，而隨著西漢政權的逐步穩固，西漢經濟的繁榮與發展，西漢王朝也逐步具備了反擊匈奴的政治實力與經濟實力，如何有效地解決邊境問題，從而改變被動妥協的局面，也成為西漢亟需解決的問題，正是基於政治、經濟以及歷史等諸多原因，漢武帝最終發動了反擊匈奴的戰爭。

第四節　鹽鐵會議的起因及概況

一、鹽鐵會議的起因

鹽鐵會議是發生於西漢時期的一次著名的會議，在中國歷史上有著深遠的意義。漢武帝死後，大司馬霍光正式接受漢武帝遺詔，成為漢昭帝劉弗陵的輔

〔註31〕《漢書・武帝紀》。

命大臣，與車騎將軍金日磾、左將軍上官桀、御史大夫桑弘羊等人共同輔佐朝政，霍光掌握了實際大權。但是，漢武帝所指定的輔政大臣之間，政治主張並不完全一致，尤其是霍光同桑弘羊之間，對於漢武帝死後國家應如何執行政策，存在著嚴重的分歧。霍光執政之後實際是繼續執行漢武帝在《輪臺詔》中頒佈的「當今務在禁苛暴，止擅賦，力本農，修馬復令，以補缺，毋乏武備而已」〔註32〕的政策，推行「與民休息」與「輕繇薄賦」的政策。但是御史大夫桑弘羊並不想改變重稅賦、嚴峻法、擊匈奴、喜大功的政策，與霍光在政見上發生了對立，並同上官桀等聯合起來「皆數義邪枉幹輔政」〔註33〕。

出於政見分歧的原因，同時鑒於西漢武帝之後的國政流弊以及鹽鐵官營所出現的社會問題，作為霍光親信的諫大夫杜延年向主政的大司馬大將軍霍光獻策，「見國家承武帝奢侈軍旅之後，數為大將軍霍光言：『年歲比不登，流民未盡退，宜修孝文時政，示以儉約寬和，順天心，說民意，年歲宜應。』光納其言。舉賢良，議罷酒榷、鹽、鐵，皆自延年發之」〔註34〕。霍光採納了杜延年的建議，於是召開鹽鐵會議事宜便被提上議事日程，發佈了舉賢良文學的詔書，「始元五年（公元前 82 年），六月詔：『其令三輔，太常舉賢良各二人，郡國文學高第各一人』」〔註35〕，而這批徵召全國各地六十多位的知識分子，就是鹽鐵會議中的賢良文學。漢昭帝劉弗陵於始元六年（公元前 81 年），執政的霍光以昭帝名義發佈詔書，命御史大夫桑弘羊、丞相車千秋（又被稱為田千秋），及丞相史、御史多人參與，召集賢良文學六十多人於朝廷，以問「民所疾苦，教化之要」〔註36〕為議題，對政府現行政策進行了一次大規模的辯論。會上雙方各抒己見，爭論激烈。由桓寬擔任總記錄。編輯成冊，這就是留傳後世的《鹽鐵論》，雙方辯論達十萬言，十卷，六十篇。

二、鹽鐵會議的參與者

鹽鐵會議是由丞相車千秋主持，主要參與者是以桑弘羊、丞相史和御史為代表的政府一方，以及賢良和文學為代表的民間一方，他們各自的情況大致如下：

〔註32〕《漢書‧西域傳》。
〔註33〕《漢書‧昭帝紀》。
〔註34〕《漢書‧杜延年傳》。
〔註35〕《漢書‧昭帝紀》。
〔註36〕《漢書‧食貨志》。

　　車千秋：馮翊長陵（今陝西咸陽東北）人，西漢大臣。戰國時田齊後裔。初爲高寢郎，「巫蠱之禍」中，戾太子爲江充譖陷，他上書爲死去的太子伸冤，武帝感悟，越九級提拔爲大鴻臚，故史有千秋九遷之佳話。不久，拜爲丞相，封富民侯。爲相期間，勸帝施恩惠，緩刑法，又受遺詔與霍光等共輔少主（即昭帝）。他爲相十餘年，篤厚有智，謹愼自守，聲望遭遇均超過前後數任。《漢書·車千秋傳》中稱其爲「無他材能術學」，是被匈奴單于譏諷爲「妄一男子」般的尊儒派。丞相田千秋是鹽鐵會議的主持人，但他發言不多，只是在雙方辯論激烈的時候，講一些折中調解的話。

　　桑弘羊：出生於洛陽的一個商人家庭，自幼善於心算，十三歲即入侍宮中。桑弘羊頗具心計，「言利事析秋毫」。漢武帝元鼎二年（公元前 115 年）桑弘羊任大農丞，開始了他的從政的理財生涯。漢武帝元封元年（公元前 110 年），桑弘羊被任命爲治粟都尉，領大農，全面主管西漢王朝的財政經濟工作。10 年後，桑弘羊正式升任爲大司農，後被貶爲搜粟都尉，仍全面負責財政經濟工作〔註 37〕。漢武帝對外用兵期間，爲了擺脫財政困境，桑弘羊擬改革經濟政策，主要措施有增加賦稅，改革幣制，鹽、酒、鐵官營，均輸平準，算緡告緡等，而桑弘羊是這些改革政策參與制定、執行和實施的重要人物之一，漢武帝死後，受遺詔與大司馬大將軍霍光等輔立漢昭帝。在鹽鐵會議上，御史大夫桑弘羊作爲政府方面的代表與主要發言人，共發言一百一十四次，參加會議的還有丞相府的屬官丞相史和御史大夫的屬官御史，他們是作爲車千秋和桑弘羊的助手參加的，但在會上御史也發言十九次，丞相史發言十五次。

　　賢良：賢良一科，是西漢王朝選拔封建統治工具的重要手段之一，是已經取得功名的儒生，有一定的從政經驗，因此對普通百姓的疾苦有所瞭解。《文選·策秀才文·集注》中記載「《鈔》曰：『對策所興，興於前漢，謂文帝十五年詔舉天下賢良俊士，使之射策。』陸善經曰：『漢武帝始立其科。』」又曰：「求賢，謂求直諫，合有三通：一明國家之大體；二通人事之終始；三通正言直諫者也」。參加這次會議的賢良，全是由三輔、太常舉拔來的，《鹽鐵論·雜論篇》中列舉出席的代表人物有茂陵唐生，茂陵當時屬太常，這和始元五年的詔令是完全符合的。至於參加這次召對的賢良，在《漢書》唯一有傳可查的，僅有魏相其人。

〔註37〕趙靖：《中國經濟思想通史·修訂本》第一卷，北京大學出版社 2002 年版，第 633 頁。

文學：自從孔丘私設四科來傳授門徒，其中就有文學這一科，這是專門為研究儒家經典——即所謂「經術」而設立的。西漢之所謂「修文學」，猶後世之所謂「治經」，《淮南子‧精神篇》中記載「藏《詩》、《書》，修文學。」以「藏《詩》、《書》」與「修文學」並舉，則「修文學」之為專攻儒家經典，無可置疑〔註 38〕。與賢良有所不同的是，文學是在某種學問上有一定成就的名士，他們都不是國家的官吏，大多數出身於社會中下層，屬於民間的知名人士。

三、鹽鐵會議概況

《鹽鐵論》涉及社會、政治、經濟、文化、軍事等諸多問題，是中國文化史上第一次比較客觀的記錄了統治階級當權派和民間的非當權派關於大政方針的爭論，被後人歎為千古奇書。雙方爭論的焦點主要集中在：集權與分權、官營與民營、本與末、匈奴問題、德治與刑治、義利問題等幾個方面。

鹽鐵會議中，雙方各自強調本派認定之觀念，不依不饒，但均有流於片面之處，辯至激烈時，都出現了捨本逐末的問題，且無限放大這個「末」，看起來很有道理，實則不然。如大夫說：「富在術數，不在勞身；利在勢居，不在力耕也」〔註 39〕，明顯存在輕視農業的嫌疑，強調術、勢，必流於巧取豪奪，就當時而言，一切生活物品俱取諸土地，農業的重要性是不言而喻的。雙方在辯論中，或莫測高深，或離題萬里，或跌入對方觀點，替別人說話的情形也是有的。

雖然辯論雙方在過程中難免有不合理之處，但總體的問題框架還是很明確的，涉及的範圍也很廣，都是治國的政治思想。在特殊歷史階段的這樣一場大辯論，其本身就蘊含了豐富的政治思想和時代特徵。

鹽鐵會議辯論的直接結果是「罷郡國榷沽、關內鐵官」〔註 40〕，實際上，當時關內沒有設置鐵官，所以真正廢除的只有酒類專賣，但是通過這次會議，霍光在政治上取得了較大的主動地位。同時，由於賢良文學在鹽鐵會議上的辯論符合霍光等人的執政思路，從而使這些人受到統治者的重視，會議結束之後，給參加會議的賢良文學一個列大夫的官爵，就說明了霍光對他們的優待。

〔註 38〕 《鹽鐵論譯注‧前言》。
〔註 39〕 《鹽鐵論譯注‧通有第三》。
〔註 40〕 《鹽鐵論譯注‧取下第四十一》。

第五節　鹽鐵會議爭論的焦點問題

　　《鹽鐵論》所議問題幾乎涵蓋了西漢武帝時期國家的政治、經濟、文化、軍事、外交、思想等諸多重要領域，涉及到具體的財政政策、外交方針、治國方法、國家安全，以及人民負擔等內政外交的方方面面，但總體而言爭論的焦點，集中在經濟問題、政治問題、軍事問題和價值問題這樣四個大的類別上。

一、經濟問題

　　由於《鹽鐵論》最初發起的重要原因之一，就是關於鹽鐵官營與均輸、平準是否繼續實施還是廢止的問題，所以關於經濟的問題也自然成為這次辯論最為核心的問題之一，其實質是社會財富的分配問題。縱觀《鹽鐵論》全篇，經濟問題主要集中在三個方面：本末問題、官營與私營問題以及財富分配問題。

（一）本末問題（農商問題）

　　如果說經濟問題是《鹽鐵論》核心討論的問題，那麼本末問題就是《鹽鐵論》中經濟問題尤其重要的問題，而且這一問題幾乎延續了整個中國的封建時代。本末問題主要就是關於農業和商業孰輕孰重的問題，對於這一問題的爭論，文學賢良在對「末」（主要指商業）的基本作用給予了有限的肯定外，堅定的主張「重本而輕末」；而大夫並非不是不重視「本」（主要指農業生產），但相對與文學賢良而言更強調「末」的重要性，基本觀點應該是「本末並重」，雙方在這個問題上的爭論主要集中在以下兩個方面：

1、本末在量上的相互影響

　　文學賢良對於本末在量上的關係基本持此消彼長的觀點，也就是說末盛則本衰、本盛則末微，兩者是彼此對立的，不可能同時獲得增長，文學說到「國有沃野之饒而民不足於食者，工商盛而本業荒也；有山海之貨而民不足於財者，不務民用而淫巧眾也」〔註41〕、「……故王者禁溢利，節漏費。溢利禁則反本，漏費節則民用給」〔註42〕。在文學賢良看來，商業流通之「末」是不能產生價值的，「故耕不強者無以充虛，織不強者無以掩形。雖有湊會之要，陶、宛之術，無所施其巧。自古及今，不施而得報，不勞而有功者，未之有也」〔註43〕，商

〔註41〕《鹽鐵論譯注・本議第一》。
〔註42〕《鹽鐵論譯注・通有第三》。
〔註43〕《鹽鐵論譯注・力耕第二》。

人並不創造財富，其通過流通而獲取的鉅額財富乃是不勞而獲，是可恥的，所以要「重本輕末」。只有大力提倡務本，鼓勵農業發展，國家才能富強，「故衣食者民之本，稼穡者民之務也。二者修，則國富而民安也」〔註44〕。

而大夫雖然沒有去否定「本」的重要性，卻尤爲強調「末」的重要性，「治家非一寶，富國非一道」〔註45〕、「是以縣官用饒足，民不困乏，……，此籌計之所致，非獨耕桑農也」〔註46〕，大夫一方面論述「末」亦能富國，提出了「以末易其本，以虛蕩其實」〔註47〕、「異物內流則國用饒，利不外泄則民用給矣」〔註48〕的通過貿易互換而實現國富的途徑；另一方面論述「末」在國民經濟中發揮的重要作用，並列舉了諸如管仲「本末並利，上下俱足」〔註49〕的事例，以證明「末」對富國的重要性。但我們應該看到，大夫在這個問題上的舉例往往是以戰國時代諸侯經濟爲背景，而沒有注意到大一統農業經濟下可能存在的變化，我們在後文中還將對這一問題進行深入的剖析。

2、本末之用

在本末之用的問題上，文學賢良認爲「本」的作用是正面的，主要有兩個：一個是可以富國，「非力本農無以富邦也」〔註50〕；另一個就是「本」可以「導民以德，則民歸厚」〔註51〕，「本修則民愨。民愨則財用足」〔註52〕，這樣把「本」與民之「敦厚之樸」聯繫了起來，民敦厚了，便能務本，民務本了，便可足財用。而對於「末」，我們也應該看到文學賢良也沒有全部否定之，「市、商不通無用之物，工不作無用之器。故商所以通鬱滯，工所以備器械」〔註53〕，這裡對與「末」的基本功效還是予以了承認的，但卻認爲相對於「本」而言，「末」依然是「非治國之本務也」〔註54〕，並反覆強調了「末」的負面作用：一方面是「末」將對「本」產生消極影響，「夫文繁則質衰，末

〔註44〕 《鹽鐵論譯注・力耕第二》。
〔註45〕 同上註。
〔註46〕 《鹽鐵論譯注・輕重第十四》。
〔註47〕 《鹽鐵論譯注・力耕第二》。
〔註48〕 同上註。
〔註49〕 《鹽鐵論譯注・輕重第十四》。
〔註50〕 同上註。
〔註51〕 《鹽鐵論譯注・本議第一》。
〔註52〕 同上註。
〔註53〕 同上註。
〔註54〕 《鹽鐵論譯注・本議第一》。

盛則質虧」〔註55〕；另一方面是，「末修則民淫」〔註56〕，民淫便會導致民侈，而「民侈則飢寒生」〔註57〕。這樣通過對「本末之用」的分析，文學賢良也認為要「重本輕末」。

　　大夫在本末之用的問題上則強調了「末」在兩個方面的重要作用：一方面是「末」本身對「本」的直接影響，「故工不出，則農用乏；商不出，則寶貨絕。農用乏，則穀不殖；寶貨絕，則財用匱」〔註58〕，這種影響會直接導致「本」的「乏」，所以「末」不可不重視；另一方面，大夫指出天下之財，「待商而通，待工而成」〔註59〕，同時「農商交易，以利本末」〔註60〕，進而得出了「……天地之利無不贍，而山海之貨無不富也；然百姓匱乏，財用不足，多寡不調，而天下財不散也」〔註61〕的結論，強調了「末」的重要性，不認可文學賢良「重本輕末」的觀點，而是應該「本末並重」。

（二）官營與私營問題

　　由於《鹽鐵論》爭論雙方各自代表了不同的社會利益集團，在鹽鐵官營與私營的問題上便顯得各持己見，互不相讓。而事實上鹽鐵專營與均輸、平準等問題的實質就是官營與私營的問題，所以這個問題便自然成為了辯論雙方的焦點問題。

1、大夫的觀點

　　大夫是主張鹽鐵專營與均輸、平準的政策的，主要從官營的必要性以及私營的危害性兩方面入手來系統闡述自己的觀點。

　　官營的必要性：

　　（1）輕重御民，以應對豐年惡歲。大夫認為官營可以「塞天財」，這樣就便於政府「豐年歲登，則儲積以備乏絕；凶年惡歲，則行幣物；流有餘而調不足也……故均輸之物，府庫之財，非所以賈萬民而專奉兵師之用，亦所以賑困乏而備水旱之災也」〔註62〕。

〔註55〕《鹽鐵論譯注・本議第一》。
〔註56〕同上註。
〔註57〕同上註。
〔註58〕同上註。
〔註59〕同上註。
〔註60〕《鹽鐵論譯注・通有第三》。
〔註61〕同上註。
〔註62〕《鹽鐵論譯注・力耕第二》。

（2）調節貧富，減少兩極分化。大夫認為「智者有百人之功，愚者有不更本之事。人君不調，民有相萬之富也」〔註63〕，所以通過鹽鐵專賣和均輸、平準等國家經濟行為，便可以在不影響老百姓的經濟條件下，使豪強大戶的獲利途徑受到鉗制，這樣就可以「人主積其食，守其用，制其有餘，調其不足，禁溢羨，厄利塗，然後百姓可家給人足也」〔註64〕。

（3）統一標準，防止奸偽現象。對於鹽、鐵、錢幣等資源的國家壟斷經營，便於形成統一的製造和使用標準，大夫指出「文帝之時，縱民得鑄錢、冶鐵、煮鹽。吳王擅鄣海澤，鄧通專西山。山東奸猾，咸聚吳國，秦、雍、漢、蜀因鄧氏。吳、鄧錢佈天下，故有鑄錢之禁。禁禦之法立，而奸偽息，奸偽息，則民不期於妄得，而各務其職；不反本何為？故統一，則民不二也」〔註65〕，所以標準一旦統一，就可以杜絕商業奸偽現象的產生。

（4）建本抑末，防止土地兼併。大夫認為由國家壟斷經營，杜絕了民追逐財利的途徑，「民不期於妄得，而各務其職」〔註66〕，反而更有利於使民歸於「本」，使豪強大戶受到經濟上的衝擊，從而在一定程度上減少土地兼併的發生，「令意總一鹽、鐵，非獨為利入也，將以建本抑末，離朋黨，禁淫侈，絕併兼之路也」〔註67〕。

私營的危害性：

（1）民富危主，影響統治基礎。大夫指出「民大富，則不可以祿使也；大強，則不可以罰威也」〔註68〕，可見民過富或者過強都不利於統治，並有可能危及政府本身，而放任的私營就可能造就這樣的豪強大富。事實上漢初七十年的修養生息以及經濟放任主義，已經造就了這樣一批豪強大戶，並在「七國之亂」中發揮了不利於政府的負面作用，正如大夫所說的「吳王專山澤之饒，薄賦其民，賑贍窮乏，以成私威。私威積而逆節之心作……今放民於權利，罷鹽鐵以資暴強，遂其貪心，眾邪群聚，私門成黨，則強禦日以不制，而兼併之徒奸形成也」〔註69〕。

〔註63〕《鹽鐵論譯注・錯幣第四》。

〔註64〕同上註。

〔註65〕同上註。

〔註66〕同上註。

〔註67〕《鹽鐵論譯注・復古第六》。

〔註68〕《鹽鐵論譯注・錯幣第四》。

〔註69〕《鹽鐵論譯注・禁耕第五》。

（2）豪民壟斷，加大貧富差距。大夫認為文學所謂的「王者不畜聚，下藏於民」〔註70〕並不是所有的社會民眾，而只是少數的豪強大戶，「夫權利之處，必在深山窮澤之中，非豪民不能通其利」〔註71〕，這樣如果放任「豪民擅其用而專其利」〔註72〕，就會產生「決市閭巷，高下在口吻，貴賤無常，端坐而民豪，是以養強抑弱而藏於跖也。強養弱抑，則齊民消；若眾穢之盛而害五穀」〔註73〕的危害。

2、文學賢良的觀點

而對於文學賢良來說，在官營與私營的問題上，他們是堅決反對官營的，而主張私營，但對於私營的好處，文學賢良似乎並沒有找到更為充分的理由來予以說明，只是籠統地堅持了孟子「民富則國富」的儒家經濟思想，認為「民人藏於家，諸侯藏於國，天子藏於海內。故民人以垣牆為藏閉，天子以四海為匣匱。天子適諸侯，升自阼階，諸侯納管鍵，執策而聽命，示莫為主也。是以王者不畜聚，下藏於民，遠浮利，務民之義；義禮立，則民化上」〔註74〕，由民富推導到「義禮立」，從而找到其認為好的落腳點，至於民是豪民還是百姓就模糊處理了。於是，文學賢良在這個問題上，將焦點集中在了官營存在的問題上，主要是三個方面：

（1）官營示民以利。由於國家直接參與商業貿易，使得其在對民以示利，影響社會風氣，「示民以利，則民俗薄。俗薄則背義而趨利，趨利則百姓交於道而接於市」〔註75〕，從而導致「嗜欲眾而民躁也」〔註76〕、「上好貨則下死利也」〔註77〕。

（2）官營生產的物品不給民用。賢良尖銳地指出「農，天下之大業也，鐵器，民之大用也。器用便利，則用力少而得作多，農夫樂事勸功。用不具，則田疇荒，穀不殖，用力鮮，功自半。器便與不便，其功相什而倍也。縣官鼓鑄鐵器，大抵多為大器，務應員程，不給民用。民用鈍弊，割草不痛，是

〔註70〕　《鹽鐵論譯注・禁耕第五》。
〔註71〕　同上註。
〔註72〕　同上註。
〔註73〕　同上註。
〔註74〕　同上註。
〔註75〕　《鹽鐵論譯注・本議第一》。
〔註76〕　《鹽鐵論譯注・禁耕第五》。
〔註77〕　《鹽鐵論譯注・錯幣第四》。

以農夫作劇，得獲者少，百姓苦之矣」〔註78〕。官營工商業表面上統一標準價格，但其實際操作則偷工減料，質次價高，損害百姓日用。

（3）官營效率低且貪污嚴重。官營生產由於壟斷，便隨之出現低效率與貪污腐敗現象。文學賢良依據現實存在的問題，指出「吏匠侵利，或不中式，故有薄厚輕重」〔註79〕，同時，「縣官或以戶口賦鐵，而賤平其準。良家以道次發僦運鹽、鐵，煩費，百姓病苦之。愚竊見一官之傷千里，未睹其在胸邴也」〔註80〕。

（三）財富分配問題

在社會財富分配問題上，大夫表現出了更為清晰的觀點，認為「夫理國之道，除穢鋤豪，然後百姓均平，各安其宇。張廷尉論定律令，明法以繩天下，誅奸猾，絕併兼之徒，而強不凌弱，眾不暴寡。大夫君運籌策，建國用，籠天下鹽、鐵諸利，以排富商大賈，買官贖罪，損有餘，補不足，以齊黎民。是以兵革東西征伐，賦斂不增而用足。夫損益之事，賢者所睹，非眾人之所知也」〔註81〕，大夫明確指出「籠天下鹽、鐵諸利，以排富商大賈」，也就是說通過鹽鐵專營等形式使豪強大戶的利益減少，而使政府的利益得到加強，同時「損有餘，補不足，以齊黎民」。可見，大夫對於現實社會財富的分配觀點很明確，即通過國家專營等措施，使社會財富更多地分配到政府手中，加強政府的財政能力，同時百姓利益盡量不受到損失，而對於豪強大戶則在一定程度上減少其財富分配渠道，減弱其的利益。

對於大夫所推崇的這樣一種社會財富分配模式，在大夫看來除了能起到「除穢鋤豪，然後百姓均平，各安其宇」的作用外，最為根本的因素就在於這樣一種社會財富能加強中央集權的統治，增加國家所控制的財力，保持社會穩定，大夫深刻地指出「不軌之民，困橈公利，而欲擅山澤。從文學、賢良之意，則利歸於下，而縣官無可為者。上之所行則非之，上之所言則譏之，專欲損上徇下，虧主而適臣，尚安得上下之義，君臣之禮？而何頌聲能作也？」〔註82〕。

〔註78〕《鹽鐵論譯注‧水旱第三十六》。
〔註79〕《鹽鐵論譯注‧錯幣第四》。
〔註80〕《鹽鐵論譯注‧禁耕第五》。
〔註81〕《鹽鐵論譯注‧輕重第十四》。
〔註82〕《鹽鐵論譯注‧取下第四十一》。

　　相比之下，文學賢良在這一問題上的觀點就顯得不清晰，並似乎有意迴避對問題的深入探討。文學在社會財富分配上的觀點主要就是「藏富於民」和「不與民爭利」，這些認識的根源來自於孔孟，孔孟著意強調富民。孔子提出：「百姓足，君孰與不足？」，孟子不但承襲了這一思想，且有過之。一本《孟子》，只講富民，「易其田疇，薄其稅收，民可使富也」；不談富國，「王何必曰利，亦仁義而已？」。同樣，文學曰：「民人藏於家，諸侯藏於國，天子藏於海內。故民人以垣牆為藏閉，天子以四海為匣匱。天子適諸侯，升自阼階，諸侯納管鍵，執策而聽命，示莫為主也。是以王者不畜聚，下藏於民，遠浮利，務民之義；義禮立，則民化上」〔註83〕，而在這一問題的闡述中，文學賢良始終迴避豪強大戶的存在，而只是籠統地以「民」概括之，從這個角度來說，文學賢良在一定程度上代表了豪強大戶的利益是確實可能的。

二、政治問題

（一）集權和分權問題

　　在集權與分權問題上，大夫與文學賢良兩派各持一詞。大夫首先提出了「家強而不制，枝大而折幹」〔註84〕的危害性，並以田氏篡國為例證明之，進而主張「今夫越之具區，楚之雲夢，宋之鉅野，齊之孟諸，有國之富而霸王之資也。人君統而守之則強，不禁則亡」〔註85〕。在大夫看來只有「人君統而守之」才能解決「枝大而折幹」的問題，也就是要加強中央集權。

　　至於文學賢良的觀點就顯得頗為迂腐，甚至有點不合時宜，文學曰：「古者，天子之立於天下之中，縣內方不過千里，諸侯列國，不及不食之地，禹貢至於五千里；民各供其君，諸侯各保其國，是以百姓均調，而繇役不勞也。……夫治國之道，由中及外，自近者始。近者親附，然後來遠；百姓內足，然後恤外。……」〔註86〕，這與儒家崇尚三代的一貫主張是一致的，而事實上分封模式雖然其思想依然在影響漢代社會，但從漢高祖剷除異姓諸侯王的戰爭，到文景時期對同姓諸侯王的剪除，似乎已經反映了分封時代的漸行漸遠。

〔註83〕《鹽鐵論譯注・禁耕第五》。
〔註84〕《鹽鐵論譯注・刺權第九》。
〔註85〕同上註。
〔註86〕《鹽鐵論譯注・地廣第十六》。

（二）德治與刑（法）治問題

德治與刑（法）治問題，也一直是中國封建社會長期爭論的一個話題。正如文學所說，「故令者教也，所以導民人；法者刑罰也，所以禁強暴也。二者，治亂之具，存亡之效也，在上所任」〔註87〕，而文學賢良所代表的儒家思想積極主張德治，反對國家政治以刑治爲主。客觀上說，德治與刑治只有更側重於某一方面的問題，而不應該是絕對捨棄對方的問題，但在具體爭論過程中兩派的辯論過程與傾向都有誤解對方和走極端的趨勢。

文學賢良在德治與刑治的問題上，觀點鮮明，邏輯性強，論述也比較充分。首先，文學指出刑治的不足，並提出了德治之解決社會問題的最大功效在「貴其絕惡於未萌」，文學曰：「法能刑人而不能使人廉，能殺人而不能使人仁。所貴良醫者，貴其審消息而退邪氣也，非貴其下針石而鑽肌膚也。所貴良吏者，貴其絕惡於未萌，使之不爲，非貴其拘之圉圄而刑殺之也。……」〔註88〕；其次，文學賢良又根據董仲舒所建立起來的「天人感應」系統學說，從理論上論證德刑的彼此關係，指出「前德而後刑」的觀點，文學曰：「天道好生惡殺，好賞惡罪。故使陽居於實而宣德施，陰藏於虛而爲陽佐輔。陽剛陰柔，季不能加孟。此天賤冬而貴春，申陽屈陰。故王者南面而聽天下，背陰向陽，前德而後刑也。霜雪晚至，五穀猶成。雹霧夏隕，萬物皆傷。由此觀之：嚴刑以治國，猶任秋冬以成穀也。故法令者，治惡之具也，而非至治之風也。……」〔註89〕。在論述德刑之間的關係時，文學賢良以御馬爲例，形象地闡述了兩者之間的關係，「古者，篤教以導民，明闢以正刑。刑之於治，猶策之於御也。良工不能無策而御、有策而勿用。聖人假法以成教，教成而刑不施。故威厲而不殺，刑設而不犯」〔註90〕；最後，文學賢良得出了自己關於德治與刑治的結論，就是要「先德而後刑」，從而實現天下大治的理想，「故君子急於教，緩於刑。刑一而正百，殺一而慎萬。……刑誅一施，民遵禮義矣。夫上之化下，若風之靡草，無不從教」〔註91〕，「故治民之道，務篤其教而已」〔註92〕。

〔註87〕《鹽鐵論譯注·詔聖第五十八》。
〔註88〕《鹽鐵論譯注·申韓第五十六》。
〔註89〕《鹽鐵論譯注·論災第五十四》。
〔註90〕《鹽鐵論譯注·後刑第三十四》。
〔註91〕《鹽鐵論譯注·疾貪第三十三》。
〔註92〕《鹽鐵論譯注·刑德第五十五》。

相對於文學賢良而言，大夫在德治與刑治的問題上，更傾向於刑治，更注重刑治在現實政治中的統治實效。大夫認為人之所以服從於統治，是因為人「非服其德，畏其威也」〔註93〕，首先從人的秉性上為刑治的樹立尋找原因，然後進一步論述「令者所以教民也，法者所以督奸也。令嚴而民慎，法設而奸禁。罔疏則獸失，法疏則罪漏。罪漏則民放佚而輕犯禁。故禁不必，怯夫徼倖；誅誠，跖、蹻不犯。是以古者作五刑，刻肌膚而民不踰矩」〔註94〕，強調刑治在現實政治中所產生的實際效果，突出刑治的重要性，並最終認為注重刑治才能更有利於國家統治，「禮讓不足禁邪，而刑法可以止暴。明君據法，故能長制群下，而久守其國也」〔註95〕。

三、軍事問題（匈奴問題）

軍事問題是《鹽鐵論》爭論中的一個核心問題，由於戰爭對國家之政治經濟都將產生深遠的影響，所以雙方在這個問題上據理相爭，各不相讓，而軍事問題的根本就是匈奴問題，雙方的爭論圍繞著該不該發動匈奴戰爭以及如何有效解決匈奴問題這樣兩個要點進行。

軍事問題的實質是關涉天下一統的華夏文明理念，如何處理華夏文明與四周夷狄國家的關係，是傳統社會意識形態的重要組成部分。是採用軍事國力之威來體現天下一統，還是採用德治感化的方式使四方賓服，這又涉及到治國的基本方針問題。此外，發動戰爭必然帶來沉重的經濟負擔，對國家財政提出嚴峻的挑戰，這就是鹽鐵會議爭論軍事問題的深層次背景。

首先是該不該發動匈奴戰爭，對於這個問題文學賢良持堅決反對的態度，文學賢良指出「今百姓所以囂囂，中外不寧者，咎在匈奴。內無室宇之守，外無田疇之積，隨美草甘水而驅牧，匈奴不變業，而中國以騷動矣。風合而雲解，就之則亡，擊之則散，未可一世而舉也」〔註96〕，「今匈奴牧於無窮之澤，東西南北，不可窮極，雖輕車利馬，不能得也，況負重贏兵以求之乎？其勢不相及也。茫茫乎若行九皋未知所止，皓皓乎若無網羅而漁江、海，雖及之，三軍罷弊，適遺之餌也」〔註97〕，從匈奴游牧的生活特性上，就決

〔註93〕《鹽鐵論譯注・誅秦第四十四》。
〔註94〕《鹽鐵論譯注・刑德第五十五》。
〔註95〕《鹽鐵論譯注・詔聖第五十八》。
〔註96〕《鹽鐵論譯注・備胡第三十八》。
〔註97〕《鹽鐵論譯注・西域第四十六》。

定了這樣一場戰爭不可能從根本上解決問題，匈奴很難最終消除。同時，文學賢良還指出戰爭所帶來的嚴重社會問題，「且數戰則民勞，久師則兵弊，此百姓所疾苦，而拘儒之所憂也」〔註98〕。而大夫則認爲過去實施的和親政策並沒有取得效果，「漢興以來，修好結和親，所聘遺單于者甚厚；然不紀重質厚賂之故改節，而暴害滋甚。先帝睹其可以武折，而不可以德懷，故廣將帥，招奮擊，以誅厥罪；功勳粲然」〔註99〕，匈奴戰爭的目的就在於「志在絕胡、貉，擒單于」〔註100〕，從而一勞永逸地解決問題，「是以聖王懷四方獨苦，興師推卻胡、越，遠寇安災，散中國肥饒之餘，以調邊境，邊境強，則中國安，中國安則晏然無事」〔註101〕。

然後是如何有效解決匈奴問題。對於這個問題的解答，文學賢良顯然也沒有什麼有效的手段，而是提交了一個充滿理想主義色彩的解決方案，「畜仁義以風之，廣德行以懷之。是以近者親附而遠者悅服。故善克者不戰，善戰者不師，善師者不陣。修之於廟堂，而折衝還師。王者行仁政，無敵於天」〔註102〕，「若陛下不棄，加之以德，施之以惠，北夷必內向，款塞自至，然後以爲胡制於外臣，即匈奴沒齒不食其所用矣」〔註103〕。而大夫顯然堅持通過戰爭來最終解決問題，雖然大夫也不否認發動匈奴戰爭所帶來的社會問題，但比較匈奴戰爭來這些問題只是暫時的，是可以克服的，大夫認爲「休勞用供，因弊乘時。帝王之道，聖賢之所不能失也。功業有緒，惡勞而不卒，猶耕者倦休而困止也。夫事輟者無功，耕怠者無獲也」〔註104〕。

四、價值問題

（一）義利問題

鹽鐵之爭中的一個核心問題就是鹽鐵專賣問題，也就是是否由政府官營鹽鐵獲取利潤的問題，這樣一個問題追探下去就必然會論及到儒家的義利問題。

〔註98〕《鹽鐵論譯注・復古第六》。
〔註99〕《鹽鐵論譯注・結閤第四十三》。
〔註100〕《鹽鐵論譯注・復古第六》。
〔註101〕《鹽鐵論譯注・地廣第十六》。
〔註102〕《鹽鐵論譯注・本議第一》。
〔註103〕《鹽鐵論譯注・憂邊第十二》。
〔註104〕《鹽鐵論譯注・擊之第四十二》。

在義利問題上，文學賢良堅守傳統儒學的義利觀，「孔子云：『富而可求，雖執鞭之事，吾亦為之；如不可求，從吾所好。』君子求義，非苟富也。……君子遭時則富且貴，不遇，退而樂道。不以利累己，故不違義而妄取。隱居修節，不欲妨行，故不毀名而趨勢。雖付之以韓、魏之家，非其志，則不居也。富貴不能榮，謗毀不能傷也。……故貴何必財，亦仁義而已矣！」〔註105〕。

而大夫則從現實主義的角度，強調利的重要性，並頌揚利的價值，「司馬子言：『天下穰穰，皆為利往』，趙女不擇醜好，鄭嫗不擇遠近，商人不媿恥辱，戎士不愛死力，士不在親，事君不避其難，皆為利祿也。儒、墨內貪外矜，往來游說，棲棲然亦未為得也。故尊榮者士之願也，富貴者士之期也」〔註106〕。

（二）道德與實效問題

在鹽鐵論這樣一場針鋒相對的大辯論中，辯論雙方雖然爭論的內容涉及面極廣，但各自圍繞的中心確是基本固定的，文學賢良對待問題的出發點總是從傳統儒家的道德觀念出發，崇尚禮義，「禮所以防淫，樂所以移風，禮興樂正則刑罰中。故堤防成而民無水菑，禮義立而民無亂患。故禮義壞，堤防決，所以治者，未之有也」〔註107〕。而大夫則往往從政治或事物的實效出發，強調現實性與實質，反對「飾貌」與空談道德。大夫針對文學賢良的觀點尖銳地指出「先王之道，軼久而難復，賢良、文學之言，深遠而難行。夫稱上聖之高行，道至德之美言，非當世之所能及也」〔註108〕，雙方在很多問題的例舉中都體現出了這種分歧。

在「商鞅」問題上，大夫稱讚其「秦任商君，國以富強，其後卒並六國而成帝業」〔註109〕的偉大成就，從現實成果來肯定商鞅變法的合理性。而文學賢良則認為「商鞅以重刑峭法為秦國基，故二世而奪。……崇利而簡義，高力而尚功，非不廣壤進地也，然猶人之病水，益水而疾深，知其為秦開帝業，不知其為秦致亡道也」〔註110〕。

在「孔孟」問題上，大夫指出孔孟雖為聖人，但其學術與治國理念並沒有起到富國安邦的效果，「文學祖述仲尼，稱誦其德，以為自古及今，未之有

〔註105〕《鹽鐵論譯注·貧富第十七》。
〔註106〕《鹽鐵論譯注·毀學第十八》。
〔註107〕《鹽鐵論譯注·論誹第二十四》。
〔註108〕《鹽鐵論譯注·執務第三十九》。
〔註109〕《鹽鐵論譯注·非鞅第七》。
〔註110〕《鹽鐵論譯注·非鞅第七》。

也。然孔子修道魯、衛之間，教化洙、泗之上，弟子不爲變，當世不爲治，魯國之削滋甚。齊宣王襃儒尊學，孟軻、淳于髡之徒，受上大夫之祿，不任職而論國事，蓋齊稷下先生千有餘人。當此之時，非一公孫弘也。弱燕攻齊，長驅至臨淄，愍王遁逃，死於莒而不能救；王建禽於秦，與之俱虜而不能存。若此，儒者之安國尊君，未始有效也」〔註111〕。而文學賢良卻認爲不是治國理念的問題，而由於君王未能採納意見而導致的，「孔子曰：「鳳鳥不至，河不出圖，吾已矣夫！」故輶車良馬，無以馳之；聖德仁義，無所施之」〔註112〕。

在「孝」的問題上。大夫認爲「禮無虛加，故必有其實然後爲之文。與其禮有餘而養不足，寧養有餘而禮不足」〔註113〕、「文實配行，禮養俱施，然後可以言孝。孝在實質，不在於飾貌」〔註114〕。而文學賢良堅持「善養者不必芻豢也，善供服者不必錦繡也。以己之所有盡事其親，孝之至也」。

諸如以上對立的內容還有很多，限於篇幅就不一一例舉，但我們發現在很多問題的爭論上雙方由於出發點不同，往往在事物的不同側重面和不同發展階段來爭論問題，尤其是文學賢良很多時候在缺乏事實依據的情況下，通常會利用道德禮義的保護去假設原因的前提，來論證自己的正確，似乎有詭辯的嫌疑。

第六節　鹽鐵之爭學界的幾種觀點剖析與探討

對於桓寬和《鹽鐵論》的評論，當代已有不少大家涉及其中，郭沫若、王利器、馬非百乃至於馮友蘭都對《鹽鐵論》進行過不同角度的分析，觀點也分歧較大，這與《鹽鐵論》本身的時代背景複雜、問題涉及面廣、內部不成體系有關，現將學界以來的主要觀點歸納如下：

一、政治鬥爭

有學者認爲「鹽鐵會議的本質是霍光用來打擊桑弘羊從而鞏固自己極度專權局面的一次政治運動。經過這次會議，霍光的黨羽取代桑弘羊控制了西漢帝國中央朝廷的財政大權」。〔註115〕著名學者郭沫若也認爲「霍光和桑弘羊

〔註111〕《鹽鐵論譯注‧論儒第十一》。
〔註112〕同上註。
〔註113〕《鹽鐵論譯注‧孝養第二十五》。
〔註114〕同上註。
〔註115〕束景南、余全介：《鹽鐵會議的本質》，《中國礦業大學學報》2005 年第 4 期。

是對立的。霍光很顯然就是代表地主商人階級的利益而反對國營和專賣政策的人，他為了擴大自己的勢力，所以要利用民間的力量來反對，賢良和文學那一批人就是霍光所利用的人。鹽鐵會議假使沒有霍光的主動支持，毫無疑問，是不可能召開的」。(郭沫若：《鹽鐵論讀本·序》)

　　對於這樣一個觀點，我是持否定態度的。如果說鹽鐵會議的起因，或者說鹽鐵會議的政治背景存在霍光與桑弘羊權力之爭的因素，在筆者看來是沒有任何問題的，但如果說把鹽鐵會議爭論的本質歸結於此，這樣一個結論就顯得過於膚淺。固然，鹽鐵會議是霍光出於一定的政治意圖而發起的，但這次會議所爭論的問題之廣泛、雙方的觀點之鮮明以及論及的人物事件之眾多，已經絕非用「權力鬥爭」作為本質來詮釋的，這樣一次會議所引發的爭論顯然是有著歷史發展的延續性以及漢代政治發展演變之必然性的大社會歷史背景下的一次爭論。更何況，鹽鐵會議以後鹽鐵專賣政策根本就沒有被取消，這說明對於作為執政者的霍光來說，其也沒有試圖全盤推翻桑弘羊財政政策的想法，既然如此，霍光又何必勞師動眾地以鹽鐵政策為中心去發動這樣一次會議呢？所以，說鹽鐵會議的本質是政治鬥爭是難以服眾的，顯得有些片面和簡單化了。

二、儒法鬥爭

　　儒法鬥爭關於《鹽鐵論》爭論性質的一種頗為主流的觀點。郭沫若先生認為賢良和文學是「以儒家思想為武器」，而大夫與桑弘羊「基本上是站在法家的立場上」〔註116〕。馬非百先生則認為，「文學」高舉「儒家學派的旗子」，而「桑弘羊主張法治，反對禮治」〔註117〕。

　　應該說這次會議從內容和形式上來說，都或多或少地帶有儒法之爭的色彩，特別是大夫對法家代表人物之一的商鞅進行了高度讚許，同時，大夫也提出了諸如「令者所以教民也，法者所以督奸也。令嚴而民慎，法設而奸禁」〔註118〕之類的觀點，使得大家很容易覺得大夫代表了法家思想。但筆者認為這種說法是帶有明顯局限性的。首先，作為鹽鐵政策最終決策者的漢武帝明

〔註116〕郭沫若：《沫若文集·鹽鐵論讀本》第八卷，人民出版社 1984 年版，第 473 頁。

〔註117〕馬非百：《鹽鐵論簡注·前言》，中華書局 1984 版。

〔註118〕《鹽鐵論譯注·刑德第五十五》。

顯地推崇儒家思想，《漢書·董仲舒傳》中寫道「自武帝初立，魏其、武安侯
為相而隆儒矣。及仲舒對冊，推明孔氏，抑黜百家，立學校之官，州郡舉茂
材孝廉，皆自仲舒發之」，應該說自漢武帝執政以來，儒家思想逐步代替黃老
之學而成為官方哲學，並居於絕對的統治地位，法家思想作為官方哲學也隨
著秦朝短促的國祚而再也沒有復興。其次，作為鹽鐵政策倡導者的桑弘羊也
有著濃厚的儒家色彩，《漢書·杜延年傳》載「御史大夫桑弘羊子遷……通經
術」，何況桑弘羊在辯論過程中還多次引用儒家經典詩、書、春秋。同時，作
為這次鹽鐵會議主持的丞相車千秋，「無他材能術學」，是被匈奴單于譏諷為
「妄一男子」般的尊儒派，但其有限的幾次發言也是對文學賢良持否定態度
的。再次，儒家思想自孔孟始，在經歷了秦朝以及漢初的歷史過程之後，也
逐步吸收了法家、道家和陰陽家等思想，所以儒家思想中體現出法家的一些
精神與思想內容是可能存在的，但法家作為一個系統思想流派存在於社會群
體之中的現象已然消失。所以，《鹽鐵論》爭論的雙方雖然表現出了儒法思想
衝突的色彩，在德刑、義利等問題上相互攻擊，但嚴格地界定此次會議為儒
法兩種思想流派的爭論是缺乏依據的。這個時代不像先秦時代各家學派針鋒
相對，界限清晰，而是儒家思想逐步成為社會的主流，但諸子學派的思想觀
念依舊流行，並呈現相互融合的趨勢。

三、儒家內部鬥爭

王利器先生認為「西漢昭帝劉弗陵始元六年（公元前 81 年）二月，召開
鹽、鐵會議，這是一次王道與霸道面對面鬥爭的會議，即儒家內部純儒與雜
儒的鬥爭的會議」。〔註 119〕

應該說這一提法相對而言更具合理性，在儒家思想已經居於官方哲學統
治地位的大環境下，在儒學內部出現不同流派並產生思想分歧的可能性是存
在的，將文學賢良歸屬在儒家體系中應該是沒有太多爭議，問題是大夫是否
就能準確地也定位在儒家體系之中就顯得有些模糊了，一方面大夫雖不能稱
之為嚴格意義上的法家，但對法家所表現出來的功利主義思想是持肯定態度
的；另一方面大夫對孔孟等儒學泰斗也沒有表現出儒家學者所應具備的敬仰
與崇拜，而是較為客觀地進行其認為的功過評論，特別是大夫對孔孟空談道

〔註 119〕《鹽鐵論譯注·前言》。

德，而無法使魯國、齊國強盛起來是持否定態度的。而我們也應該看到大夫在辯論中也經常引用孔孟之言來加以論述，同時對董仲舒所言「天人合一」的觀點也是認可的，所以如果將大夫簡單地歸結為儒家或者法家都似乎不是很準確。

四、不當權派與當權派之爭

對於鹽鐵會議之爭，馮友蘭先生則有不同的說法，雙方矛盾是「地主階級不當權派和當權派之間的矛盾」，「其根本的分歧是當權的公卿『務權利』，反對派『上仁義』」。〔註120〕馮友蘭先生認為「『文學』和『大夫』的辯論……是地主階級內部在怎樣統治老百姓這個問題上的鬥爭，在怎樣打擊商人這個問題上的鬥爭」〔註121〕。

北京師範大學的俞定啓也認為鹽鐵之爭「不能算是儒家和法家之間的論爭，也不能算是改革與保守的論爭，而是「在野」或尚未掌權的儒士與「當朝」秉政的官員站在各自地位和立場上的論爭」。〔註122〕

如果簡單地把鹽鐵之爭歸為「在野」和「當朝」之爭，我認為有點不妥，文學賢良一方面是儒家的學者，堅定的秉持儒家理念，很多言論都是從理想化的儒家理論去推導，並非因「在野」而去刻意攻擊「當朝」；另一方面，文學賢良也是「當朝」官員後備隊伍，他們中將有很多最終會根據需要走向仕途，從根本利益來說，文學賢良和大夫之間沒有那麼嚴格的界限，或者說起碼文學賢良本身雖然客觀上處於在野地位，但主觀上並沒有在野的意識。

不過，對於馮先生所言的「『文學』和『大夫』的辯論是地主階級內部在怎樣統治老百姓這個問題上的鬥爭」這一觀點，我認為是有合理之處的，事實上，文學賢良和大夫無論怎麼爭辯，其根本意圖都是推行自己的政治理念和治國之道，為統治階級服務，以更有效地統治勞動人民，從而實現政權的穩定和國家的富強。但作為各自的治國之道，其根本分歧究竟發生於何處，馮先生認為是「務權利」與「上仁義」，這固然有一定的道理，但將「務權利」和「上仁義」對立起來比較，似乎依然有所不妥。

〔註120〕馮友蘭：《中國哲學史新編》第3冊，人民出版社1992年版，第175頁。
〔註121〕同上註，第182頁。
〔註122〕俞啓定：《析〈鹽鐵論〉中有關教育價值觀方面的論爭》，《河北師範大學學報》2006年第2期。

　　綜合以上所述，鹽鐵會議是基於西漢漢武帝時期的政策之得失而進行的辯論，但範圍已經不僅僅局限於鹽鐵政策本身，辯論面涉及到經濟、政治、軍事和文化各領域，鹽鐵會議從政治事件上來說也許尚帶有一定的偶然性，但從其爭論的問題來說，卻是那一時期中國社會經濟政治格局發展的必然，是在西漢大一統中央集權的最終確立、獨尊儒術意識形態的格局、經濟由盛而衰、社會階層矛盾劇烈、匈奴問題由守轉攻的大背景下產生的一次大辯論，這其中必然有著深刻的時代原因與思考線索。由於《鹽鐵論》是以辯論的形式展開，涉及面廣、問題相對獨立，從全文上看並不成完整的體系，而且從各自表達上也存在著前後些許的矛盾，致使學界觀點也眾說紛紜。如何將賢良文學與大夫關於經濟的、政治的、軍事的和價值的四個核心內容有效地串聯成一體，使分散的問題邏輯地聯繫在一起，才是我們最終得以挖掘鹽鐵之爭本質及其歷史價值的根基。這樣，我們有必要從鹽鐵之爭中最根本的經濟問題分析起，由此去試圖尋找內在的線索，並最終把握鹽鐵之爭的本質原因與歷史價值。

第二章　鹽鐵之爭的社會經濟哲學分析

　　鹽鐵之爭的首要問題之一就是經濟問題，也就是關於鹽鐵官營與均輸、平準是否繼續實施還是廢止的問題，這其中還涉及到了許多與鹽鐵問題相關的社會經濟問題，諸如：本末、官營與私營、社會財富分配等一系列問題，那麼這些問題究竟是局部性的還是全局性的、究竟是階段性的還是長期性的，引發這些問題的最深層次原因是什麼，帶著這樣的思考筆者嘗試從西漢社會最根本的社會經濟基礎研究入手，試圖解答西漢社會經濟之根本所在，並爲後續從經濟哲學和政治哲學的視角來推演由此所影響的西漢社會之上層建築進行理論鋪墊。在本章的最後，我們將根據對西漢社會經濟問題的分析與解讀，就鹽鐵之爭中與經濟問題直接相關的經濟與軍事問題進行分析與解答。

第一節　西漢大一統格局下的農業經濟社會財富狀況分析

　　經濟基礎決定上層建築，經濟問題是各種社會問題之基礎性問題，社會文明的發展、國家政治的建構、意識形態的形成都深受社會經濟基礎發展狀態的影響。而發生在西漢時期的鹽鐵會議正是以經濟問題爲其核心的，所以我們這裡首先從分析西漢時期的經濟現狀入手，清晰地把握住西漢社會經濟與財富之整體格局，以此成爲全文系統性研究鹽鐵會議所涉及各種問題實質的最基礎部分，爲深入分析漢代社會政治奠定堅實的理論依據。

一、西漢地緣狀況分析

　　公元前 206 年，漢高祖劉邦即皇帝於氾水之陽，「自義帝亡，惟項羽稱霸王，爲諸侯長，然諸侯多叛之，至此，天下始復有共主矣」[註1]。至此，繼秦始皇統一六國建立中央集權大一統的秦帝國後，西漢成爲中國歷史上第二個以郡縣制爲基礎的中央集權大一統帝國。西漢在秦朝版圖的基礎上建國，政治、經濟、文化中心仍在黃河中下游地區（西漢建都長安，東漢建都洛陽），但疆域範圍有所變化和發展。西漢初期，南（南越、東越地區）北（河套地區）兩面有所縮減，漢武帝時開始大規模拓展。極盛時期的漢代疆域與秦朝相比更爲廣大，東北拓展到朝鮮半島中部，西北拓展到河西走廊和西域地區，西南拓展到哀牢夷地區和中南半島東（北）部沿海地區以及海南島北部。

　　漢代建立了比秦代更爲廣闊的政治疆域，事實上也基本奠定了中國版圖的區域，即便後朝歷代有所變化。而值得注意的是，從地緣角度看，中國始終居於一個獨立的國家體系，而與世界上的另外兩個文明（歐洲文明與印度文明）基本處於長期隔絕狀態，顯然這種隔絕與中國所處的地理位置有很大關係。從西漢的版圖我們可以看到，西漢的中國西北到河西走廊和西域地區，基本是草原和沙漠，而且範圍很廣，雖然漢代數次派人出使西域，但終究沒有跨越過去，從而無法實現與歐洲文明銜接，一直到元朝；西南拓展到哀牢夷地區，事實上就算延伸到西藏地區，由於喜瑪拉雅山的不可逾越，與印度文明大規模的交流也的確有限（後來唐代玄奘法師到印度遊學應屬於文化上的交流，經濟往來非常有限）；東部地區和南部地區版圖基本全部臨海，以及南部一些文化落後的部落；北部地區是廣大而沒有人煙的西伯利亞大平原，雖然這些地方都有不同的少數民族；東北到達朝鮮半島中部，也就是後來的高麗人。整體上而言，自秦漢形成了大一統的中國版圖之後，中國基本上處於黃河和長江流域的農業區範圍內，而且東部與南部臨海，西南和西部被喜瑪拉雅等高山阻隔，西北和北部是在古代還難以順利穿越的沙漠和草原，還有廣大而沒有人煙的西伯利亞區域，中國的農業經濟社會從一個整體上來說，基本處於一個近似封閉的地緣環境中，在其區域內部形成大一統的局面後，和全球其他文明中心由於地理位置和地形特點的原因，幾乎在很長時間階段內缺乏有效的交流與往來，這在一定程度上的確導致了中國文化的獨特性、延續性，以及政治經濟特殊形態的產生與發展。

〔註 1〕　呂思勉：《秦漢史》，上海古籍出版社 2005 年版，第 48 頁。

二、西漢社會的典型性與階段劃分

（一）西漢社會的典型性

在經歷了秦朝偉大的統一和短暫但富有成效（統一文字、度量衡、修建長城等）的統治後，中國中央集權的大一統格局在西漢得到了穩定和鞏固，但這個過程並不是一蹴而就的，在這個特殊的時期，西漢社會在政治、經濟、軍事和文化等領域都發生了前所未有，並對中國後續兩千年的封建社會產生了至關重要影響的變化。在政治方面有郡縣和分封的並存，以及後續的「七國之亂」導致的分封制度本質上的徹底完結；在經濟方面出現了鹽鐵酒榷的專營；在軍事方面有漢武帝對匈奴罕見的軍事征戰；在文化方面出現了黃老道家與儒家的政治理論之爭，以及後來的「罷黜百家，獨尊儒術」的文化專制。同時，這個時期還出現了鹽鐵之爭這樣一次曠世未有、涉及面極廣的時代大辯論，提出了中央與地方（集權與分權）、本末問題、匈奴問題和經濟專制等這些從封建社會開始到結束始終是問題的問題。這所有的一切都是史無前例地對中國歷史產生極其深遠影響的重大歷史事件，這也必然昭示著西漢必將成為中國歷史上極其重要的歷史階段而存在。

同時，西漢也是我國農作物生產飛躍發展的時代，也是我國農學取得輝煌成就的時代。一般作物栽培的基本原理和技術措施，大部分是在這時期具備了；通過精耕細作以取得單位面積高額豐產栽培的科學基礎，也是在這個時期奠定的。

（二）西漢人口情況及三個階段劃分

從西漢的歷史進程來說，大致經歷了西漢初年以黃老爲主導思想的休養生息和無爲而治的政治路線，以及漢武帝積極有爲的擴張路線，和後來的「昭宣中興」與西漢的衰亡三個大的階段。在這裡我們大致以這樣的歷史階段爲背景，參考葛劍雄在《西漢人口地理》中以西漢人口的增長階段爲線索來進行的劃分方式。

對於西漢初的人口，梁啓超先生在《中國史上人口之統計》首先提出漢初人口約爲六百萬，但顯然這個數字遭到較多的質疑。學者袁祖亮先生認爲，西漢初年人口 600 萬之說是可疑的，並從具體數字統計來證明，當時的人口約有 1400 萬。葛劍雄在《西漢人口地理》中有這樣的結論：「總之，從人口增長的規律分析，西漢期間人口年平均自然增長率絕對不會超過千分之九，

總增長不超過 5 倍，漢初人口肯定在 1200 萬以上」〔註2〕。尙新麗在《西漢人口研究》中認爲「西漢初年實際人口約有 1300 多萬」。〔註3〕從各方的研究數據來看，西漢初年 1300 多萬的數據相對更爲合理，這裡我們姑且以 1300 萬左右的數據作爲西漢初年人口基數。

葛劍雄在《西漢人口地理》中以西漢的人口發展爲依據，將西漢劃分爲三個階段〔註4〕：

西漢人口第一階段：漢初至武帝初（公元前 202 年～前 134 年），在第一階段，全國人口年平均自然增長率約爲千分之十到千分之十二。

西漢人口第二階段：武帝中、後期（公元前 133 年～前 87 年），由於匈奴戰爭及政治動盪等因素，人口比第一階段有所減少。

西漢人口第三階段：昭帝初至平帝元始二年（公元前 86 年～公元 2 年），第三階段增長率可能接近於千分之七。

而從政治與經濟角度來說，西漢幾個具有標誌性的事件我們是必須考慮的。公元前 135 年（建元六年），西漢政權中最後一個堅持黃老之學的代表人物竇太后去世，這一方面標誌著漢武帝劉徹眞正有爲政治的開始，一方面也標誌著儒學作爲官方哲學正式步入中國歷史舞臺，以及黃老道學在政治上的沒落；其次是漢武帝晚年或其死後（大約公元前 87 年左右）趙過的代田法以及後來的區田法的逐步使用，使得農業生產力得到一定程度的提高，而且此時也經歷了從公元前 133 年開始漢武帝下詔開始反擊匈奴以來的巨大的戰爭消耗〔註5〕，國家財政處於「承孝武奢侈餘敝，師旅之後，海內虛耗，戶口減半」〔註6〕，「漢軍之士馬死者十餘萬，兵甲之財轉漕之費不與焉。於是大農陳藏錢經耗，賦稅既竭，猶不足以奉戰士」，「其費發億計，不可勝數。於是縣官大空」〔註7〕，還有由此引發的社會動盪，正是基於這樣的政治經濟人口等因素，我們借鑒葛劍雄對西漢的劃分方式和相關人口數據，將西漢劃分爲如下三個階段來加以研究。

〔註2〕葛劍雄：《西漢人口地理》，人民出版社 1986 年版，第 39 頁。

〔註3〕尚新麗：《西漢人口研究》，鄭州大學中國古代史博士論文，2003 年。

〔註4〕葛劍雄：《西漢人口地理》，人民出版社 1986 年版，第 28 頁。

〔註5〕林劍鳴：《秦漢史》，上海人民出版社 2003 年版，第 378 頁。

〔註6〕《漢書·昭帝紀》。

〔註7〕《史記·平準書》。

1、第一階段：漢初至武帝初（公元前 202 年～前 134 年）

這一階段西漢在政治上奉行以「黃老道家」為指導思想的無為而治的政策，其間在景帝三年（公元前 154 年）發生了「吳楚七國之亂」；在經濟上，保持戰國以後精耕細作的農耕生產，鐵製農具和牛耕普遍使用，先後執行了「十五稅一」和「三十稅一」的政策，與民休息；在人口上，全國年平均自然增長率約為千分之十到千分之十二。

這樣，以漢初人口 1300 萬為起點，這個階段的人口計算公式為：

$$1300 \times （1 + 10‰……12‰）\wedge 年數（次方）$$

那麼到公元前 134 年，西漢人口為 $1300 \times （1 + 10‰……12‰）\wedge 69 = 2582.96……2960.73$ 萬。

對於第一階段，我們以文帝結束和景帝執政的公元前 157 年作為樣本，那麼根據推算，這個時期的西漢人口為 $1300 \times （1 + 10‰……12‰）\wedge 46 = 2054.60……2250.33$ 萬，我們在這裡取 2200 萬作為這個時期的大致人口數量。

2、第二階段：武帝中後期（公元前 133 年～前 87 年）

這個階段，隨著竇太后的過世和漢武帝真實意義上的親政，西漢政治由前期以黃老道家為主的無為政治轉化為以董仲舒儒家思想為指導的有為政治，在統治思想上「罷黜百家，獨尊儒術」；在政治上加強中央集權；在軍事上展開了與匈奴的大規模軍事行動；在經濟上，則大興水利以及鹽鐵專營等；在人口上，由於戰爭等因素導致全國人口呈一定的下降走勢。

武帝中後期，人口到底下降多少沒有具體的統計，考慮到在公元 2 年左右西漢人口峰值達到 5800 萬左右，根據第三階段的人口年自然增長率的分析，估計在漢武帝後期人口依然能夠達到 2800 萬左右，這其中可能在本階段中期人口還會更低。對於第二階段，我們就以公元前 87 年的人口狀況作為計算樣本，取人口數為 2800 萬。

3、第三階段：昭帝初至平帝以及儒子嬰（公元前 86 年～公元 8 年）

這個階段西漢政治經濟主要體現在逐步恢復由於漢武帝對匈奴戰爭所產生的創傷以及西漢政治最終走向沒落，這期間在經濟上主要實施了趙過的代田法以及後來的區田法；軍事上與匈奴的戰爭基本結束；人口上，全國年平均自然增長率可能接近於千分之七。由於西漢人口是在平帝時期（公元 2 年達到峰值的），而這個時期是西漢唯一進行人口普查和官方數據的時期，所以，對於

第三階段，我們就以公元 2 年的人口狀況作為計算樣本，取人口數為 5800 萬。

4、西漢時期三個階段的城市人口估算

關於漢代城市人口占總人口比例，學術界已有多種說法：一種認為約為 40%～45%；一種認為西漢約為 27.7%、東漢約為 27.5%；一種認為西漢末年約為 17.7%〔註8〕。我們在這裡採用比較折中的估算，姑且認為漢代城市人口占人口總數的 27%左右。由於第一階段城市可能還沒有後期發達，所以人口可能會少些，不過由於商業上是很寬鬆的，所以應該也不會差距太大。第三階段由於社會逐步走向衰落，城市人口可能也會受到影響。不過，從我們所取人口樣本來的情況來考慮，應該都是城市人口相對繁榮時期，姑且估算第一階段為25%，第二、三階段為27%左右。

三、西漢社會各階段的社會經濟數據分析

在進行西漢社會經濟分析之前，我們有必要進行一些統一口徑的約定。西漢的賦稅形態是以實物地租、勞役地租和貨幣地租三位一體的結合。為便於模型的構建與不同階段的有效比較，我們需要對各類主要產品的價格和賦稅標準有個統一的界定。事實上，西漢二百多年的時間中各種物資的價格變化很大，這種變化都是由供需等因素決定的，但社會整體的資源還是以生產量為主要和根本的標準，所以在這裡我們不妨基本統一主要社會物資在西漢時期的價格，以便於用貨幣形式來對西漢的財富狀態進行研究，而當物資量小的時候，貨幣形態量自然就會少；當物資量大的時候，貨幣形態量自然就會大，這樣貨幣更多地成為一種計量工具，而不會影響財富的研究比較。同時，西漢社會階層結構在發展過程中也會出現較大變化，例如西漢初年自耕農可能相對較多，而到了中後期佃農數量就明顯增加。在進行研究過程中，我們假定都是以自耕農為主的理想狀態下進行分析，對於可能的變化和影響我們將在後續部分中予以分析。

（一）西漢社會主要產品與賦稅概況及部分宏觀經濟數據

根據西漢的社會經濟狀況，這裡我們將主要界定如下幾類產品或賦稅的貨幣計量口徑：

〔註 8〕 參見何茲全：《戰國秦漢時代的交換經濟和自然經濟、自由民小農和依附性佃農》，《史學理論研究》2001 年第 3 期；周長山：《漢代城市研究》，人民出版社 2001 年版，第 123 頁。

1、主要賦稅

漢代的賦稅主要有田租、口賦、算賦、更賦和訾算。

田租：西漢初期，國家規定的田租爲「十五稅一」。這期間文、景二帝曾連續減輕田租，文帝二年（公元前 178 年），將田租臨時性減少一半；十二年（公元前 168 年），又減少當年田租的一半；十三年（前 167 年），「除田之租稅」，全部免去田租；景帝元、二年間（公元前 156～公元前 155 年），正式確立了三十稅一的田租，直到東漢，沒有變化〔註9〕。我們認爲，雖然漢初田租爲十五稅一，但考慮到中間的數次減免，以及三十稅一的持久性，對於西漢的三個階段田租我們統一確定爲三十稅一。

口賦：口賦又叫口錢。漢初規定 7 歲至 14 歲未成年男女，每人每年 20 錢「以食天子」，即作爲皇室收入。武帝時，口賦改爲從三歲起徵，並由 20 錢增爲 23 錢。元帝時，又恢復爲七歲起徵〔註10〕。這樣，在西漢的第一階段，口賦爲 20 錢；西漢的第二、三階段口賦爲 23 錢。如果按照漢代人口每戶五人，應納口賦的人約占 1／6 計算，則西漢第一階段爲 $5×1／6×20＝17$ 錢，西漢第二、三階段爲 $5×1／3×23＝19$ 錢。

算賦：算賦實行於漢高祖 4 年，即公元前 203 年，「民年十五以上至五十六歲出賦錢，人百二十爲一算，爲治庫兵車馬」〔註11〕，規定 15 歲至 56 歲的成年男女每人每年向國家交 120 錢，稱爲一算，作爲戰備基金，購置車馬兵器之用。漢文帝時，算賦減爲一算 40 錢。漢武帝時由於軍費開支巨大，算賦又恢復到 120 錢，漢宣帝時又減爲 90 錢，成帝時減爲 80 錢。此外，對商賈和奴婢倍算，即每人交納 240 錢，旨在抑制商人和豪強〔註12〕。算賦在各階段變化較大，爲了便於統計，我們將三個階段分別取一折中數值，西漢第一階段的算賦爲 80 錢；第二階段的算賦爲 120 錢；第三階段的算賦爲 90 錢。漢代人口統計，平均每戶約爲 5 人，其中應納算賦的人約占全戶人口的 2／3，這樣西漢第一階段每戶算賦爲 $5×2／3×80＝266.7$ 錢，第二階段爲 $5×2／3×120＝400$ 錢，第三階段爲 $5×2／3×90＝300$ 錢。

更賦：是對應服役而未去服役的人所徵的代役錢，這種代役金稱爲「更

〔註 9〕 高敏：《秦漢史論集》，中州古籍出版社 1982 年版，第 61 頁。
〔註10〕 張守軍：《中國古代的賦稅與勞役》，天津教育出版社 1991 年版，第 25 頁。
〔註11〕 《漢書・高帝紀》。
〔註12〕 同上註，第 24 頁。

賦」。更賦的徵收標準爲對一個月的役，需納錢 2000 錢，由政府雇人代役；對三日的役，需納錢 300 錢。許倬雲在《漢代農業》中認爲在一個有兩個男子的虛構家庭，每個男子每年要交納的代役金爲 600 錢，總共 1200 錢〔註 13〕，不過這裡許倬雲先生是按照較低的數額計算。而馬大英在《漢代財政史》中認爲漢代每戶中適合服兵役、勞役的人爲一個半人，這樣每人應納 450 錢，而每人納代役金爲 3000 錢，按平均每兩年服役一次，每年也要 1500 錢，這樣總共爲 1950 錢〔註 14〕。根據上述的數據，考慮到馬先生是按 1.5 人計算的口徑，以及許先生的計算口徑比較低，我們取馬先生的數值爲計算口徑，即 1950 錢。

　　貲算：漢代對財產在三萬錢以上者徵收財產稅，稱「貲算」。一般人萬錢一算（一算 120 錢），稅率爲 1.2%，商人「貲算」較重，每千錢徵收 20 錢，稅率爲 2%。武帝元狩四年（公元前 119 年），御史大夫張湯等建議「算諸賈人、末作、貰貸，買居邑稽諸物及商以取利者」（《史記・平準書》）。對商人、高利貸者、囤積居奇者，每 2000 錢納稅一算（120 錢），稅率爲 6%；手工業作坊主和金屬冶煉者，4000 錢納一算，稅率爲 3%；凡隱匿財產不報，或報價與財產不符，一旦被人告發，要沒收其全部財產，一半歸公，一半賞告者，並罰被告者到邊防服役一年，這就是元狩六年（公元前 117 年）頒佈的著名的「告緡令」。「告緡令」到元封元年（公元前 110 年）停止執行，實施期間，富商大賈幾乎都遭告發，中產以上的商賈大部分破產〔註 15〕。

　　許倬雲在《漢代農業》中虛構了一個農戶財產的價值，如下表：

表 1：一個虛構農戶財產的價值〔註 16〕

1 所住宅	3000 錢
70 畝土地	7000 錢
2 頭牛	6000 錢
2 輛牛車	4000 錢
合　計	20000 錢

〔註 13〕 許倬云：《漢代農業》，廣西師範大學出版社 2005 年版，第 75 頁。
〔註 14〕 馬大英：《漢代財政史》，中國財政經濟出版社 1983 年版，第 16 頁。
〔註 15〕 張守軍：《中國古代的賦稅與勞役》，天津教育出版社 1991 年版，第 69 頁。
〔註 16〕 許倬云：《漢代農業》，廣西師範大學出版社 2005 年版，第 72 頁。

但這個數據的估算感覺一般農戶家庭有點難以達到，特別是在漢代的第一階段 2 頭牛的數量能否滿足是有一定困難的，同樣兩輛牛車也很難保證，相對來說 1 頭牛和 1 輛牛車的可能性較大，我們可以大概設定每戶農戶財產為 15000 錢，按 1.5 算來計算。而到了漢代的第二三階段，由於生產力提高，居民相對富裕，財富有所增加，這兩個時期爲 2 算的可能性較大。考慮到漢代只對財產在三萬錢以上的人徵收，所以普通農戶一般不會存在這樣的負擔，主要集中在少數商賈的階層。

2、其他稅賦

其他稅賦主要有車船稅、酒稅、礦稅和芻、稿稅

車船稅：武帝元光六年（公元前 129 年），已經開始徵商人車稅。元狩四年（公元前 119 年），根據張湯建議，又規定，商人軺車（一馬駕的車）一乘徵錢二算（240 錢），一般百姓軺車徵錢一算，官吏等軺車免徵，五丈以上的商船徵一算 〔註17〕。

鹽稅：西漢初年，國家徵收鹽稅；到武帝時期實行食鹽專營；漢元帝時（公元前 48 年～公元前 33 年）曾一度廢止食鹽專賣，但由於財政問題又很快恢復。管仲曾對食鹽做過定量分析：「十口之家十人食鹽，百口之家百人食鹽。終月，大男食鹽五升少半，大女食鹽三升少半，吾子食鹽二升少半。此其大曆也。鹽百升而釜。令鹽之重升加分強，釜五十也。升加一強，釜百也。升加二強，釜二百也。蚩二千，十蚩二萬，百蚩二十萬，千蚩二萬。萬乘之國，人數開口千萬也。禺策之，商日二百萬，十日二千萬，一月六千萬」〔註18〕。

漢簡所載官府供應邊塞吏卒及其家屬的食鹽，基本上是每人每月三升。據此估算，四口之家每月需要食鹽 12 升，全年 144 升；五口之家每月食鹽 15 升，全年 180 升，農家食鹽要從市場購買。漢簡有關於粟價和鹽價的記載，假定鹽價每斗 30 錢，粟價每石 100 錢，四口之家全年用鹽折糧 4.32 石，五口之家全年用鹽折糧 5.4 石 〔註19〕。

酒稅：西漢之初，酒市之稅不入國家財政。漢武帝時期，國家改變了酒稅政策，天漢三年（公元前 98 年），在桑弘羊主持下決定「建酒榷以贍邊」（《鹽

〔註17〕 張守軍：《中國古代的賦稅與勞役》，天津教育出版社 1991 年版，第 70 頁。

〔註18〕 馬非百：《管子輕重篇新詮·輕重甲篇》，中華書局 1979 年版。（以下引用同）

〔註19〕 林甘泉：《秦漢的自然經濟與商品經濟》，《中國經濟史研究》1997 年第 1 期，第 78 頁。

鐵論・憂邊》），酒專賣實行 17 年之後，由於在鹽鐵會議上遭到賢良、文學的反對而廢止，國家對酒征稅每升稅 4 錢〔註 20〕。

礦稅：西漢初年，「開關梁，馳山澤之禁」，向經營者徵山澤之稅；漢武帝時期（元狩四年），對鐵實行專營；鐵專賣在漢元帝時也曾一度被廢止，但由於財政需要而恢復。

芻、稿稅：所謂「頃芻稾」，當指這兩條法律規定，《二年律令・田律》：入頃芻稾，頃入芻三石；上郡地惡，頃入二石；稾皆二石。令各入其歲所有，毋入陳，不從令者罰黃金四兩。收入芻囊，縣各度一歲用芻稾，足其縣用。其餘令頃入五十五錢以當芻稾。芻一石當十五錢，稾一石當五錢〔註 21〕。《二年律令・田律》：芻稾節（即）貴於律，以入芻稾時平賈（價）入錢〔註 22〕。

根據上述規定，芻稾稅是按頃徵收的。芻的徵收標準是每頃 3 石，上郡由於土地貧瘠，每頃出芻 2 石。稾則不管土地肥瘠，統一按每頃 2 石徵收。由於芻稾主要用作牲畜的飼料，因此，各縣交納的芻稾必須是當年收穫的，不許交納往年存留的陳舊芻稾，以保證飼料的新鮮和營養。各縣要對一年中所用芻稾數量做出預算，量出爲入，在收夠預算數量之後，其餘部分則折算成錢徵收。芻稾與錢的折算標準是：1 石芻相當於 15 錢，1 石稾相當於 5 錢。芻稾稅是每頃 3 石芻和 2 石稾，按法定折算標準計算，每頃每年徵收 55 錢，田多者多交，因此每戶所交芻稾稅的總量未必相同〔註 23〕。如果按各階段每戶 100 小畝計算應該爲 0.41 傾，繳納 23 錢。

3、農業產品

糧食產量：《漢書・食貨志》記載戰國初年李悝算了一筆農民的收支賬：「今一夫挾五口，治田百畝，歲收畝一石半，爲粟百五十石……」，大約一畝產量爲 1.5 石。晁錯也說：一個五口之家的農戶，兩個勞動力，耕田百畝，百畝之收，不過百石。春夏秋冬，四時之間，無日休息。除去國家的賦斂開支，還要受商人的中間剝削，使得他們只好「賣田宅，鬻子孫」，到處流亡。

葛劍雄在《西漢人口地理》中認爲西漢末年「一般畝產仍不過三斛（石）

〔註 20〕張守軍：《中國古代的賦稅與勞役》，天津教育出版社 1991 年版，第 94 頁。
〔註 21〕張家山二四七號漢墓竹簡整理小組編：《張家山漢墓竹簡二四七號墓釋文修訂本》，文物出版社 2006 年版，第 165 頁。
〔註 22〕同上註，第 166 頁。
〔註 23〕於振波：《從簡牘看漢代的户賦與芻稾稅》，《故宮博物院院刊》2005 年 02 期，第 153 頁。

左右，與漢初相比併無顯著增加」，平均畝產「絕對不會高達四倍以上，估計至多不超過一倍」〔註24〕。

寧可在《有關漢代農業生產的幾個數字》中認為，在漢初全國多數地區糧食畝產量估計為「一石半」，即「合粟一四零市斤，小麥一五零市斤」〔註25〕。

綜合說來，我們認為西漢初年（第一階段）以小畝計算，糧食的畝產量在 1.5 石左右比較符合實際情況；在漢代中期（第二階段），由於鐵農具以及牛耕等的進一步推廣，糧食的畝產量在 1.8 石左右應該是能夠達到的；到西漢末年（第三階段），由於絕大部分地區推廣了鐵農具、牛耕以及部分地區興建了水利工程，包括代田法和區田法在部分地區的推廣，全國糧食畝產量（大畝）平均提高到 2.2 石左右則是可能的。

至於糧食價格，漢代整體波動還是比較大的，許倬雲在《漢代農業》中取每石 100 錢，黃今言在《秦漢商品經濟研究》中取每石 60 錢，這裡我們取其的平均值 80 錢作為研究的計算尺度。

4、畜牧業產品

西漢王朝統治下的純牧區，主要是長城以北和以西的匈奴、烏孫、西羌等畜牧民族活動地區，但由於生產技術落後以及自然條件的制約，這種草原經濟的脆弱性決定了它對農業區域的依存性。所以對於西漢王朝來說，這些區域的畜牧業主要是維持當地畜牧民族本身生產和生活的最低需要。

但是，對於天水、北地、上郡以及武威以西和龍門、碣石以北為半農半牧地區。這一區域既有維持牧業生產的農業產品，也有可供農業及軍事需要的畜牧業，所以這一地區的畜牧業在國民經濟中及軍事上佔有較為重要的地位。

漢代除去邊疆草原地帶外，內地的畜牧業實際上多屬於副業性的小規模家庭圈養，中國農業走上忽視畜牧業片面發展的道路，這有它的客觀原因，那就是，畜牧業特別是大牲畜的飼養，生產周期比較長，一般超過一年，並且更宜於大規模的經營，卻為個體小生產力所不及；人多地少，精耕細作，使土地利用率高（漢代農田基本不休閒，連續耕作，有些地區已經實行復種），無法普遍開闢牧場；農業勞動生產率不算高，口糧標準低，吃飯問題未解決，

〔註24〕　葛劍雄：《西漢人口地理》，人民出版社 1986 年版，第 58 頁。
〔註25〕　寧可：《有關漢代農業生產的幾個數字》，《北京師範學院學報》1980 年第 2 期，第 81 頁。

種植飼料受到很大限制；中國地主經濟又多半採用把土地分散給小農戶耕種的方式，很少進行大規模的經營。這些都是中國個體小生產的傳統農業條件下畜牧業不易發展的原因。

總體說來，畜牧業在農業社會的中國所佔比重比較小，主要用途在於軍事、餐飲和農業生產需要。對於軍事需求的馬匹主要投入軍隊使用，這一部分可以通過軍費的開支體現，或者由於其專馬專用，其投入和產出幾乎都是由官方安排，所以可以暫時不予估算；而用於餐飲和農業生產需要的馬牛羊顯然受制於社會總農業人口和城市高端消費人口的限制，考慮到馬牛的生產生活周期相對較長以及農業人口自給自足的可能，每年農戶用於市場購買的總量顯然是有限的，我們不妨在這裡假設可能占總農業戶數的 3%，按西漢公元 2 年的數據計算大約需要馬牛總數在 36 萬頭左右，其中估算 12 萬頭，牛24 萬頭。而根據馬大英《漢代財政史》所述「以後漢為例，內官 1055 人，外官 6512 人，共計 7567 人⋯⋯在官下面，別有內外諸色執掌人 145419 人」〔註26〕，這樣漢代的政府官員數量大約在 15 萬左右，考慮到不少官員也頗為清貧，能常年吃上馬牛豬羊的按 50%左右扣減，為 8 萬，假設每年平均消費馬、牛、豬、羊分別為 1 隻、2 隻、3 隻和 3 隻，總量分別為 8 萬、16 萬、24 萬和 24 萬頭，同時考慮到皇室消費、社會其他的富裕階層以及城市人口消費，以官員消費總量的等量計算，姑且猜測馬牛羊消費總量各為 32、64、96、96萬頭左右，根據陳直在《兩漢經濟史料論叢》中的數據，西漢每匹馬大約為5000 錢、每頭牛大約 3000 錢、每頭豬大約 600 錢、每隻羊大約 300 錢〔註27〕，這樣畜牧業消費總量為 32 萬×5000＋64 萬×3000＋96 萬×600＋96 萬×300＝43.84 億錢左右。

5、手工業產品

漢代的手工業生產已經分類非常廣泛，主要由紡織、冶金、鹽業、陶器等，但對於這一部分的數據統計和記錄由於時代久遠，無法進行有效的計算。但如果我們能夠大概估算出漢代從事手工業生產的人員數量，由於從事手工業勞動的人員基本消費是能夠通過農業家庭的消費等量計算出來，而且從史料上我們能夠大概得到西漢社會商業的平均利潤率，這樣我們可以通過勞動力成本以及商業利潤率，大概估算出西漢社會手工業產品的社會產值。

〔註26〕馬大英：《漢代財政史》，中國財政經濟出版社 1983 年版，第 5 頁。
〔註27〕黃今言：《秦漢商品經濟研究》，人民出版社 2005 年版，第 77 頁。

在前面我們已經知道，漢代城市人口大約占總人口的第一階段爲 25%，第二三階段爲 27%左右，這樣第一階段的城市人口（含不勞動的大地主等）爲 550 萬人；第二階段的人口爲 756 萬人；第三階段的人口爲 1566 萬人。這其中要除去純粹的商人、官員以及其他不從事手工業生產加工的人口，這個數字顯然無法得到，我們只能進行大概估算，如果我們假設在漢代社會中特權階級以及很富裕階層占總人口的 6%左右的話，那三個階段分別爲 132 萬、168 萬和 348 萬這樣手工業人口在漢代的三個階段分別爲：418 萬、588 萬和 1218 萬。

關於漢代的利息率，學界一般認爲利率總體上是 20%左右，但在漢代對於利率的數字學界也有三種說法：

（1）20%的利息率。《史記》卷 129《貨殖列傳》中記載：「封者食租稅，歲率戶二百。千戶之君則二十萬，朝覲聘享出其中。庶民農工商賈，率亦歲萬，息二千，百萬之家則二十萬，而更徭租賦出其中」、「子貸金錢千貫，節駔會，貪賈三之，廉賈五之，此亦比千乘之家，其大率也。佗雜業不中什二，則非吾財也」、司馬遷講「子貸金錢千貫」，「亦比千乘之家」，「庶民農工商賈，率亦歲萬，息二千」，也就說明西漢前期借貸利息爲 20%。

（2）50%的利率。《周禮・地官・泉府》鄭玄注曰：「貸萬泉者，則其出息五百。王莽時民貸以治產業者，但計贏所得受息，無過歲什一」。

（3）36%的利率。《漢書・王莽傳》載：「賒貸於民，收息百月三」。

總體說來，漢代的社會平均商業利潤大約在 20%左右，由於 20%被視爲廉價的收益率，同時考慮到商業流轉和手工業生產者可能存在的留存利潤，我們在本書中可以將漢代社會平均商業利潤定位在 20%～30%左右，這樣我們取其中值爲 25%。

此外，漢代的商業稅收主要有關稅和市租等，《史記・貨殖列傳》中說：「庶民農工商賈，率亦歲萬息二千」，可見商賈取什二之利是當時的規律。如果市租稅率是百分之二，那麼把交易稅換算成收益稅便是十分之一，這在當時認爲是合理的。而公元 8 年，王莽篡漢後，也執行了商販需要申報利潤，並將其中的十分之一定爲納稅政策。有據於此，我們不精確的估算商業稅收按商業利潤的十分之一提取。

綜合以上，我們可以大概估算漢代三個階段的手工業產值數據和商業稅收估算：

表 2：漢代各階段手工業生產產值

	第一階段	第二階段	第三階段
手工業人口	83 萬戶	117 萬戶	243 萬戶
單位生活成本 （見表 7、8、9）	13620 錢	13860 錢	14340 錢
商業利潤率	25%	25%	25%
商業稅收估算	2.83 億錢	4.05 億錢	8.71 億錢
總產值	141.3 億錢	202.7 億錢	435.58 億

6、對外貿易

兩漢時期，從東西方交換的商品來看，當時中國對中亞、西亞出口的商品，主要是漆器、玉器、鐵器、紡織品等，其中尤以絲和絲織品占突出地位。而中亞、西亞各國輸入中國的商品，則主要是毛皮織物和奢侈品等。正如余英時在《漢代貿易與擴張》中提到的：「毫無疑問……這些珍貴物品，主要都是奢侈品，而且極其昂貴，只有皇帝在他的私人生活中才能享用它們。在國家財政的層面上，它們一點兒也不能增加中國的財富。相反，如果說它們減少了中國的財富則是事實。」黃今言在《秦漢商品經濟研究》中也提到「從秦漢開始，對外貿易雖有發展，然其進口商品主要是奢侈品和稀缺物資，如玻璃、香料等，這些在流通中所佔的比重很少」。

西漢在總的對外關係上，一直關注的不是如何有效增加國民財富，而中心是如何成功地對付中國邊境的各個胡族群體，以防止他們擾亂帝國的秩序。所以無論是通貢貿易還是邊境貿易都帶有政治色彩，而這其中，通貢貿易又是最主要的，這裡有一組東漢的數據可供參考：

東漢時期從大約公元 50 年到 100 年的數據〔註28〕：

胡族	年支付總數（錢）
鮮卑	270,000,000
匈奴	100,000,000
西域	74,800,000
合計	445,700,000

雖然是東漢的數據，但由於東漢時期匈奴受到漢武帝前期的討伐，已經

〔註28〕余英時：《漢代貿易與擴張》，上海古籍出版社 2005 年版，第 57 頁。

元氣大傷，無力對東漢政府構成最嚴重的威脅，那麼我們可以這樣推測，在漢武帝討伐之前，朝廷定期給匈奴繳納禮品等費用應該不會少於東漢數據，初估計為 5 個億；而漢武帝時期，這筆開支還是存在，但在戰爭期間應該是不會太多；漢武帝之後，匈奴勢衰，但朝廷的賞賜還是經常發生，我們姑且估計仍然為 5 個億。由於邊境貿易占漢代農業自給自足的經濟比重較小，同時以互補為主，總量也有限，這樣西漢時期的對外貿易總量不會太大，而且從總體來說，考慮到通貢貿易的存在，西漢的對外貿易應該是以貿易支出為主。

7、軍費

西漢在一般情況下，邊防軍通常為三十萬左右（邊郡兵 24 萬～25 萬，屯田兵 3 萬，將屯兵 2 萬～3 萬，屬國兵 1.5 萬）。而在武帝時，由於軍事需要，臨時增駐了六十餘萬屯田吏卒，估計其邊防兵力最高額達 80 萬～90 萬左右；王莽時，由於邊防危機，也在邊境臨時增駐邊兵二十餘萬，其邊防軍約有 50 萬左右〔註29〕。

主要開支：

軍官俸祿：如果常備邊防軍 30 萬，約有各級大小軍官 3 萬人左右。按桓譚《新論》中言：「漢宣以來，百姓賦斂，一歲四十餘萬萬，吏俸用其半，餘二十萬萬，藏於都內，為禁錢」，可知西漢宣帝以來，一年官俸支出為二十餘億錢。另據《漢書·百官表》中記載「吏員自佐史至丞相，十二萬二百八十五人」，計算得知：西漢每個官吏一年俸祿平均為 16600 錢。若取官俸的平均值來計算，則這 3 萬邊防軍官一年的俸祿開支為：3 萬×1.66 萬錢＝4.98 萬萬錢〔註30〕。

衣服供給：漢代一個士卒的衣物一年以一袍（1000 錢）、一襲（500 錢）、一單衣（300 錢）、一絝（500 錢）來計算，其費用當不少於 2300 錢。若以 30 萬邊防兵計算，其一年衣物供給費用當不少於 6.9 億錢〔註31〕。

口糧供給：經查《居延漢簡釋文合校》其中所收錄簡文，對糧食供給標準作了不完全統計，「月糧三石三斗三升」者有 41 簡之多，其他的則為一簡

〔註29〕黃今言等：《漢朝邊防軍的規模及其養兵費用之探討》，《中國經濟史研究》1997年第 1 期，第 90 頁。

〔註30〕同上註，第 92 頁。

〔註31〕同上註，第 93 頁。

或數簡。可見「月糧三石三斗三升」是漢代邊防士卒供糧標準之通例，折合大石 2 石左右。如果通常擁有邊兵 30 萬，則一年國家所需養兵糧食 720 萬石。

但在實際的供食過程中，由於運途艱難，轉輸糧穀尚有一定損耗。漢簡 505‧36 記錄，「右凡十二輛輸城官凡出入折耗五十九石三斗」，按一車運 25 石，12 輛車共 300 石，失耗近 60 石，達 20%左右〔註32〕。

另外，邊郡部分戍卒家屬亦有廩糧情況記載，漢簡 203‧15 記錄，「右城北部卒家屬名籍凡用穀九十七石八斗」；漢簡 122‧1 記錄，「執胡卒富風妻大女君以年廿八用穀二石一斗六大子使女始年七月穀一石六斗六升大凡用穀五石」。

若加上糧穀轉輸消耗及家屬廩糧，漢代邊防 30 萬士卒的糧食供給當不在 800 萬石以下。

運輸費：至於邊兵糧食供給有多少要靠雇傭民力轉輸，史無明文。我們姑且以邊兵 800 萬石糧食，有 1／4 要靠雇傭民力轉輸，即 200 萬石，按每車載糧 25 石計，則需雇傭民車 8 萬輛次。如果按每輛車的平均運程為長安至表是的距離為準，那麼，每一輛車的僦費為 1.35 萬錢，8 萬輛次車載的費用則為：1.35 萬錢×8 萬（輛次）；10.8 萬萬錢〔註33〕。

總而言之，西漢邊防軍以 30 萬計，其一年養兵費為：口糧 800 萬石，軍官俸祿、衣裝和轉輸費用約 22.7 億錢（軍官俸祿 4.98 億、衣裝 6.9 億、轉輸 10.8 億）。如果西漢時期的第一階段邊防軍為 30 萬，那麼第二階段的漢武帝時期達到了 80～90 萬，甚至更多，日常軍費大約為 68 億錢，這裡還不算具體的戰爭損耗。到了漢武帝後，軍隊有所減少，如果王莽時期大約為 50 萬的話，那麼第三階段也應該在 40～50 萬的軍隊人數，日常軍費也在 37.8 億錢。

8、自然災害

對於中國這樣一個以農業立國的大國來說，自然災害是每個朝代都必須面對的重要問題。我國歷來就是一個自然災害多發的國家，不但災害的種類繁多，而且發生頻率極高。據鄧雲特《中國救荒史》，從公元前 1776 年到公元 1937 年的 3700 餘年間，我國總共發生各類災害 5258 次，平均約 6 個月一次。而其中秦漢 441 年間，農業災害 264 次，災害發生頻次為每年 0.6 次。並

〔註32〕黃今言等：《漢朝邊防軍的規模及其養兵費用之探討》，《中國經濟史研究》1997年第 1 期，第 94 頁。

〔註33〕同上註，第 95 頁。

且據有關方面統計在中國農業災害漫長的歷史演變過程中呈現出兩條趨勢性的規律：一是隨著農業生產的發展，農業災害的發生有增加的趨勢，農業生產的發展非但沒有使農業災害的發生減少或降低，反而日漸增多並加劇；其二是中國農業災害的高發區與中國的主要經濟區基本一致，經濟發達地區災害發生的頻度往往較高〔註34〕。

在這些災害過程中存在較大的災害，可能對全國經濟造成直接的影響，也有可能是局部災害，只是對局部地區造成傷害，由於沒有具體數據，我們假設每次災害全國有平均 3% 的農業人口受到影響，上面已經知道秦漢期間災害發生頻次為每年 0.6 次，這樣全國平均每年有 1.8% 的人口由於災害而無法生產，這樣受災的損失加上政府的救災資金，應該為 3% 人口的產值加上其生活的消費值，具體如下表：

表 3：西漢平均每年自然災害損失估算表

	第一階段	第二階段	第三階段
受災人口	40 萬	50 萬	104 萬
受災戶數	8 萬戶	10 萬戶	21 萬戶
單位生活成本（見表7、8、9）	13620 錢	13860 錢	14340 錢
單位產值	16000 錢	18400 錢	21600 錢
受災直接損失	12.8 億錢	18.4 億錢	45.36 億錢
政府救災成本	10.9 億錢	13.86 億錢	30.11 億錢
受災損失合計	23.7 億錢	32.26 億錢	75.47 億錢

9、官員俸祿

桓譚在《新論》中說：「漢定以來，百姓賦斂，一歲為四十餘萬萬，吏俸用其辦，餘二十萬萬藏於都內，為禁財，少府所領園地作務之八十三萬，以給宮室供養諸賞賜」。

從桓譚的記載中我們可以大概推算出吏俸大約為二十萬萬左右，也就是 20 億錢。

〔註34〕卜逢賢、惠富平：《中國農業災害歷史演變趨勢的初步分析》，《農業考古》1997 年第 3 期，第 243 頁。

（二）西漢單位農業家庭主要經濟數據統計與估算

1、西漢整個時期耕地面積是充裕的

《漢書・地理志》記載西漢末年平帝元始二年（公元 2 年），關於土地方面，全國東西南北的面積里數及提封田 145,136,405 頃，其中邑居、道路、山川、林澤等不可墾田 102,528,889 頃，可墾（而）不墾田 32,290,947 頃，定墾田 8,270,536 頃。而在元始二年，整個漢代的人口也達到了 58,594,978 口〔註35〕，這個人口數字幾乎是整個漢代的最高峰，即便到了隋唐時期也未能超過。在這裡我們可以看到，即便是人口的最高峰，依然有可墾（而）不墾田 32,290,947 頃，說明相對於人口而言，西漢時期土地是比較充裕的，雖然在區域性土地問題上可能存在著土地緊張的問題。

2、西漢一戶農業家庭的經濟數據與估算

（1）單位農戶人口

《漢書・食貨志》載晁錯在文帝時言，「今農夫五口之家，其服役者不下二人」，《漢書・地理志》、《後漢書・郡國志》等所載西漢末到東漢時的十一二個戶口數字，平均每戶在五口上下。則漢代一家五口，可以認為是通常現象。我們可以用表 4 的數據來說明一下：

表 4：漢代平均人地比率

公　元	墾田數	戶　數	口　　數	戶均口數	戶均畝數	口均畝數
2	827053600	12235062	58594978	4.87	67.61	13.88
105	732017080	9237112	53205629	5.76	79.25	13.76
122	694289323	9647838	48690789	5.04	71.69	14.28
144	689627150	9946919	49720550	4.99	69.33	13.89
145	695767820	9937680	49524181	4.99	70.01	14.03
146	693012338	9248227	47566772	5.08	74.13	14.59

資料來源：馬乘風《中國經濟史》，第 352 頁。

從表 4 中可以看到，公元 2 年以後的數據顯示，漢代（包括東漢）的戶均口數大約在每戶五口左右。

（2）單位農戶耕地

《漢書・食貨志》載文帝時晁錯言，「今農夫五口之家，其服役者不下二

〔註35〕馬乘風：《中國經濟史》，商務印書館 1937 年版，第 352 頁。

人，其能耕者不過百，百之收不過百石」。《漢書·食貨志》載武帝時趙過用耦犁地，「率十二夫爲田一井一屋，故五頃」。這裡的五頃是大畝，大畝五頃合小畝 1200 畝，正好是一井一屋即 12 夫之數，也是按一夫百畝來計算的，在這裡的畝應該是漢初的小畝。但是我們可以看到，在表 1 中戶均畝數爲 67 畝，而到東漢平均在 70 畝左右，由於是公元 2 年以後的數據，漢武帝在其統治的最後一年將原來的 100 步爲畝改爲了 240 步爲畝，所以在這裡顯然應該是大畝的計量方式，67 大畝應該是 161 小畝左右，這顯然是比百畝的數量要大，很多學者都認爲這個數據有誤，比如寧可在《有關漢代的幾個數字》中就認爲「材料所舉的每戶墾田數字有的恐怕是被誇大了，有的則可作出相應的解釋，而並非當時的普遍情況……一家 100 小畝可能更接近於秦漢時每戶墾田的實際平均數字」。不過，在武帝後期實施的趙過「代田法」的確提高了農戶可耕田的面積，例如，萬國鼎曾試圖比較使用普通耒耜與採用牛耕的人均耕作面積（畝），具體比較如下表：

表 5：採用不同農耕方式的產量

時　　代	方　　式	耕作面積／勞力（畝）
文帝時期	不明（牛耕）	20.5
武帝時期	耒耜	10
同上	代田	166.7

資料來源：《中國農學史》，第 154 頁，表 21。

可見代田法的確對提高單位勞動力的可耕種面積有積極意義。據崔是《政論》中提到，趙過教人用耬犁「日種一頃」。而二牛三人就可種 5 頃地，則一個人平均負擔 150～160 畝地的操作。顯然，這裡需要較好的農具資源，而在西漢很難每個農戶都具備，不過可以肯定的是代田法的確能提高單位農戶耕地能力，考古學的證據顯示，代田法似乎確曾廣泛地推行於全國各處。居延漢簡中即出現「代田」與「代田倉」等詞，其時間是在趙過於關中初試代田法之後二年，遠至居延邊地〔註36〕，代田法也已付之實行了，但在這些地區代田法所發揮的增產作用是十分有限的〔註37〕。代田法中用以播種的三足耬，在漢墓畫

〔註36〕 許倬云：《漢代的精耕農業與市場經濟》，《中國農村經濟》2011 年第 Z1 期，第 76 頁。

〔註37〕 Chang Chun-Shu，「The Colonists and Their Settlements on the Chu-Yen Frontier」，《清華學報》新二號，第 161～215 頁。

像石上也清晰可見〔註38〕。考慮到代田法很有可能在武帝死後由桑弘羊大力推廣過，但具體的推廣程度和效果沒有準確的數據支持。而對於後期產生的區田法來說，其所包含的精耕細作的技術和少種多收的方向等合理因素，以及類似特殊的高產抗旱栽培法，在一定條件下，也斷斷續續繼續被人們所採用；但它的具體方式，雖然往往作爲濟時救急的手段被推行於一時，並不斷吸引人們爲追求高產目標而試圖仿傚，但始終未能大規模推廣，重要原因之一，就是所費勞力太多，在經濟上缺乏可行性。綜合以上，我們認爲在墾田的統計數據中很可能包含了很大面積的主要分佈在西部地區的低產田，所以農戶的平均畝產會有所提高，但在高產田區和人口密集區，可能農戶很難超越百畝以上的面積，特別是隨著社會的穩定發展，「分戶析產」導致小農經濟的經營規模不斷萎縮，按理說農戶耕地面積應該減少，不過由於新開墾面積的增加以及皇室的授田等因素，西漢時期普通農戶維持百畝（小畝）左右的耕地面積還是可能的。在這裡我們統一認爲西漢戶均耕地面積爲 100 小畝。

（3）單位耕地產出

漢代量制有大石小石兩種，一小石當大石六斗，一大石當 1.666 小石。從有關文獻及考古材料看，當時通行的是大石。所以，在本書中「石」作爲單位通常指大石。在漢代，通常 1 漢石等於 120 漢斤，約爲現在的 15 公斤，在實際應用中，又會因爲糧食種類的不同而不等，1 漢石 120 漢斤通常指的是粟，如果是稻穀則爲 100～120 漢斤。

《漢書·食貨志》記載戰國初年李悝言：「今一夫挾五口，治田百畝，歲收畝一石半，爲粟百五十石⋯⋯」，大約一畝產量爲 1.5 石。《漢書·食貨志》載文帝時晁錯言，「百之收不過百石」。《史記·河渠書》云漢武帝時引河水溉汾陰，溉田 5000 頃，預計可得穀 200 萬石以上，即一大畝收四石多，折成小畝，合一小畝收 1.7 石。趙過代田法「常過縵田畝一斛以上，善者倍之」，縵田即「不爲者也」，也就是不用代田法經營的一般土地。如以《淮南子·主術訓》大畝年產四石相較，則代田法可到五石或六石，合小畝 2 石或 2.5 石。如以李悝所云小畝年產一石半相較，則代田法可至大畝 4.5 或 5.6 石，合小畝 1.9 石或 2.3 石〔註39〕。從這些數據，我們大概可以認爲西漢的第一階段，由於農

〔註38〕山西省考古所：《山西平陸棗園村壁畫漢墓》，《考古》1959 年第 9 期，第 463 頁，圖版 104。

〔註39〕寧可：《有關漢代農業生產的幾個數字》，《北京師範學院學報》1980 年第 2 期，第 81 頁。

業生產力還比較落後，應該和戰國產量差不多，也就是每小畝平均在 1.5 石左右；到漢武帝時期的第二階段，由於鐵農具、牛耕的普及，以及水利設施的建設，每小畝產量平均應該能到 1.8 石左右，所以我們取 1.8 石；而武帝之後的第三階段，由於代田法和區田法等耕作技術的發展（雖然可能沒有大範圍推廣開來），每小畝產量平均可能接近 2.2 石左右。

（4）西漢每戶口糧消費

根據寧可在《有關漢代農業生產的幾個數字》中得到的結論，「第一，成年人口糧標準或月食量一般在 1.5 大石到 2.5 大石之間；第二，如以一家五口，大小男女通計，以居延漢簡一家五口的口糧數為例，每家每人平均每月在 1.2 大石到 1.54 大石之間。即：最低：一成卒 2 石，一大女 1.3 石，二使女或未使男共 2 石，一未使女 0.7 石，共 6 石，每人平均 1.2 石。最高：一成卒 2 石，一大男 1.8 石，一大女 1.3 石，二使男共 2.6 石，共 7.7 石，平均每人 1.54 石」〔註40〕。這樣，我們對於一個漢代第一階段取每家的月消費為 6.8 石，則全年口糧為 81 石；第二階段的五口之家來說，我們可以取每家的月消費的平均值大約為 7 石左右，則全年口糧為 84 石；而第三階段由於精耕細作的進一步深入，單位土地投放的勞動力強度增加，我們可以大致取每家的月消費在 7.5 石左右，則全年的口糧 90 石左右。

（5）家庭紡織產品

漢代假若一個婦女每日織布 2 尺，年織布 200 日，可成布 400 尺，即 10 匹布。當時的布價，因質量不同而高低不一，若以 400 錢 1 匹布計算，則 10 匹布折錢 4000 錢〔註41〕。如果每個成年人一年需要 2 匹麻布做衣服，兒童需要 1～1.5 匹，則一個五口之家一年大約需要 8 匹麻布服裝，折錢 3200 錢。

（6）其他開支

食鹽：《漢書·趙充國傳》在談到當時軍隊的糧用補給時說，士兵「萬二百八十一人，用穀月二萬七千三百六十三斛，鹽三百八斛」。同時，結合《居延漢簡》的有關記載，大概平均每人每月食鹽量約為 3 升，這樣每戶五口食鹽量為 15 升，每戶每年食鹽需 1.8 石，計 900 錢〔註42〕。

〔註40〕寧可：《有關漢代農業生產的幾個數字》，《北京師範學院學報》1980 年第 2 期，第 84～85 頁。

〔註41〕黃今言：《秦漢商品經濟研究》，人民出版社 2005 年版，第 83 頁。

〔註42〕同上註。

　　宗教與社會活動：李悝曾經關於家庭用於宗教與社會活動的花費相當於10石糧食價值的估計〔註43〕，這樣我們認為漢代每個家庭在這方面的花費應該為800錢左右。在加上人際關係、醫藥等費用，我們姑且總共為15石左右，合1200錢。

　　簡單再生產：留種6石，480錢；飼料10石，800錢，農具7石，560錢〔註44〕。

　　（7）西漢五口農業家庭的年收入

表6：西漢不同階段五口農業家庭年收入

項目	第一階段		第二階段		第三階段	
	糧食	紡織	糧食	紡織	糧食	紡織
產量	150石	10匹	180石	10匹	220石	10匹
產值	12000錢	4000錢	14400錢	4000錢	17600錢	4000錢
合計	16000錢		18400錢		21600錢	

　　（8）西漢五口農業家庭的年支出

表7：西漢第一階段五口農業家庭年支出

	第一階段			
	生活消費	稅賦負擔	簡單再生產	其他
項目	口糧 81石 食鹽 1.8石 衣著 8匹	田租 5石 口賦 17錢 算賦 266.7錢 芻槀稅 23錢 代役金 1950錢	留種 6石 飼料 10石 農具 7石	祭祀、人際關係、醫藥等 15石
金額	10580錢	2657錢	1840錢	1200錢
不含稅成本	13620錢			
含稅生活成本	16277錢			
每戶理論剩餘	−277錢			

〔註43〕許倬云：《漢代農業》，廣西師範大學出版社2005年版，第67頁。
〔註44〕黃今言：《秦漢商品經濟研究》，人民出版社2005年版，第84頁。

表 8：西漢第二階段五口農業家庭年支出

	第二階段			
	生活消費	稅賦負擔	簡單再生產	其　他
項目	口糧 84 石 食鹽 1.8 石 衣著 8 匹	田租 6 石 口賦 19 錢 算賦 400 錢 芻稾稅 23 錢 代役金 1950 錢	留種 6 石 飼料 10 石 農具 7 石	祭祀、人際關係、醫藥等 15 石
金額	10820 錢	2872 錢	1840 錢	1200 錢
不含稅成本	13860 錢			
含稅生活成本	16732 錢			
每戶理論剩餘	1668 錢			

表 9：西漢第三階段五口農業家庭年支出

	第三階段			
	生活消費	稅賦負擔	簡單再生產	其　他
項目	口糧 90 石 食鹽 1.8 石 衣著 8 匹	田租 7.3 石 口賦 19 錢 算賦 300 錢 芻稾稅 34 錢 代役金 1950 錢	留種 6 石 飼料 10 石 農具 7 石	祭祀、人際關係、醫藥等 15 石
金額	11300 錢	2887 錢	1840 錢	1200 錢
不含稅成本	14340 錢			
含稅生活成本	17227 錢			
每戶理論剩餘	4373 錢			

四、西漢社會各階段的社會經濟總量與財政狀況分析

　　根據上面所列示及估算的西漢社會經濟數據，我們可以初步匡算一下西漢社會三個階段的社會經濟總量狀況與財政情況。不過在計算之前，我們需要分析一下社會經濟總量的一些基本變量及其演算公式。

　　在西漢社會中，從社會財富角度來說，主要的收入來源是農業收入、畜

牧業收入、手工業及商業收入、戰爭掠奪。主要的支出應該包括人口生活成本、軍費、政府俸祿、自然災害損失、政府公共工程開支。另外還有一個比較中性的因素就是對外貿易，顯然對外貿易為正數則會增加社會經濟總量，對外貿易為負數就可能減少社會經濟總量，為表示的更加清楚，西漢社會經濟總量相關關係可以用以下公式來表達：

西漢社會總收入＝農業收入＋畜牧業收入＋手工業及商業收入＋戰爭掠奪±對外貿易

西漢社會總支出＝人口基本生活成本＋軍費＋政府俸祿＋自然災害損失＋政府公共工程開支±對外貿易

中性因素＝對外貿易

西漢社會經濟剩餘量＝西漢社會總收入－西漢社會總支出±對外貿易

就此，我們還可以得到西漢財政經濟的計算公式：

財政收入＝農牧業稅收＋手工業及商業稅收

財政支出＝軍費＋政府俸祿＋自然災害損失＋政府公共工程開支＋通貢貿易

（一）西漢社會第一階段社會經濟分析

1、社會經濟總量狀況

根據以上的數據及公式關係，我們可以初步估算西漢社會第一階段社會經濟總量的相關關係：

農業收入＝單位農業家庭年產值×農業人口數÷5

＝16000 錢×2200 萬×75％÷5＝528 億錢

對於畜牧業來說，這裡需要進行一個矯正，由於西漢社會是一個以農業為主的社會，畜牧業生產並不發達，但應該也有一定規模，主要用於生產、消費和戰爭，考慮到相關數據有限，同時在軍費計算中，並沒有考慮到畜牧業的成本，此外，西漢社會的畜牧業生產也主要用於自產自銷，並沒有任何出口交換的紀錄，所以在經濟總量分析中，我們可以認為畜牧業的生產主要由生活、消費和軍用組成，正如上面得到的畜牧業收入＝43.84 億錢＋畜牧軍用；手工業收入＝141.3 億錢（見表 2）；戰爭掠奪，這一時期西漢基本沒有主動戰爭，如果有掠奪，則屬於被掠奪。

這樣西漢社會第一階段的社會經濟總收入為：

農業收入＋畜牧業收入＋手工業收入＝528 億錢＋43.84 億錢＋畜牧軍用＋141.3 億錢＝713.14 億錢＋畜牧軍用；

而人口基本生活成本＝（2200 萬÷5）×13620 錢＝599.28 億錢；

畜牧業消費＝43.84 億錢＋畜牧軍用。

西漢社會第一階段沒有發生大規模對匈奴作戰，軍費以防禦支出為主，所以：軍費＝22.7 億錢。

此外，從上文的分類數據中我們可以得到：

政府俸祿＝20 億錢；自然災害＝23.7 億錢；政府公共工程開支＝不祥；奢侈消費＝不祥；對外貿易＝－5 億錢；

這樣西漢社會第一階段的社會經濟總支出為：714.52 億錢＋畜牧軍用＋政府公共開支＋奢侈消費。於是，我們初步估算出西漢社會第一階段經濟剩餘量＝－1.38 億錢－政府公共開支－奢侈消費。

2、政府財政狀況

農業稅收＝（2200 萬×75%÷5）×2657 錢＝87.68 億錢；

手工業及商業稅收＝2.83 億錢；

其他＝財產稅＋山川收入等；

政府支出＝軍費支出＋政府俸祿＋自然災害支出＋對外貿易＋公共工程支出＋皇室消費＋其他＝58.6 億錢＋公共工程支出＋皇室消費＋其他；

財政剩餘量＝31.91 億錢＋財產稅＋山川收入等－公共工程支出－皇室消費－其他。

3、考慮土地兼併因素

事實上，以上的數據分析中都沒有考慮對封建土地影響最大的土地兼併情況，而在漢武帝初年，由於黃老思想的無為而治，土地兼併現象已經比較嚴重，晁錯在其的《論貴粟疏》中就寫到「今農夫五口之家，其服役者，不下二人；其能耕者，不過百畝；百畝之收，不過百石。春耕，夏耘，秋獲，冬藏，伐薪樵，治官府，給徭役，春不得避風塵，夏不得避暑熱，秋不得避陰雨，冬不得避寒凍：四時之間，亡日休息。又私自送往迎來，弔死問疾，養孤長幼在其中。勤苦如此，尚復被水旱之災，急政暴賦，賦斂不時，朝令而暮當具。有者，半賈而賣；亡者，取倍稱之息；於是有賣田宅，鬻子孫，以償債者矣！而商賈大者積貯倍息，小者坐列販賣，操其奇贏，日遊都市，乘上之急，所賣必倍。故其男不耕耘，女不蠶織；衣必文采，食必粱肉；亡

農夫之苦，有阡陌之得。因其富厚，交通王侯，力過吏勢；以利相傾，千里遊敖，冠蓋相望，乘堅策肥，履絲曳縞。此商人所以兼併農人，農人所以流亡者也」，大體上說明了當時的社會情況。

雖然沒有準確的土地兼併數據為依據，但可以肯定的是這個時期土地兼併的程度至少相對比較嚴重，我們姑且猜測當時的土地兼併程度為整個國家可耕地面積的 20%，這樣就意味著將近有 20%的可耕地面積被豪強集團佔用，2200 萬勞動人口中將近有 440 萬勞動階層的人或者流亡或者成為豪強的佃農，這樣國家財政中農業稅收為：

農業稅收＝（（2200－440 萬）×75％÷5）×2657 錢＝70.14 億錢

在其他財政收入不變的情況下，財政整體減收＝87.68 億錢－70.14 億錢＝17.54 億錢。顯然，這部分減收的錢就進入了豪強集團的手中，而國家財政就變得更加緊張。

（二）西漢社會第二階段社會經濟分析

1、社會經濟總量狀況

根據以上的數據及公式關係，我們可以初步估算西漢社會第二階段社會經濟總量的相關關係：

農業收入＝單位農業家庭年產值×農業人口數÷5

＝18400 錢×2800 萬×73％÷5＝752.2 億錢

對於畜牧業來說，如上面得到的＝43.84 億錢＋畜牧軍用；手工業收入＝202.7 億錢（見表 2）；戰爭掠奪，考慮到西漢發動的戰爭不是以掠奪為目的的，所以該因素可暫不考慮。

這樣西漢社會第二階段的社會經濟總收入為：

農業收入＋畜牧業收入＋手工業收入＝752.2 億錢＋43.84 億錢＋畜牧軍用＋202.7 億錢＝998.74 億錢＋畜牧軍用；

而人口基本生活成本＝（2800 萬÷5）×13860 錢＝776.16 億錢；

畜牧業消費＝43.84 億錢＋畜牧軍用。

西漢社會第二階段發生了大規模的對匈奴作戰，軍費開支大幅度增加，所以根據前文中的估算，軍費大約＝68 億錢＋戰爭損耗。

此外，從上面的數據我們可以得到：

政府俸祿＝20 億錢；自然災害＝32.26 億錢；政府公共工程開支＝不詳；奢侈消費＝不詳；對外貿易由於與匈奴發動戰爭，花費減少，暫不考慮。

這樣西漢社會第二階段的社會經濟總支出＝940.26 億錢＋畜牧軍用＋戰爭損耗＋政府公共開支＋奢侈消費。

於是，我們初步估算出西漢社會第二階段經濟剩餘量＝58.48 億錢－政府公共開支－戰爭損耗－奢侈消費。

2、政府財政狀況

農業稅收＝（2800 萬×73％÷5）×2872 錢＝117.41 億錢；

手工業及商業稅收＝4.05 億錢；

其他＝財產稅＋山川收入等；

政府支出＝軍費支出＋政府俸祿＋自然災害支出＋公共工程支出＋戰爭損耗＋皇室消費＋其他＝101.86 億錢＋公共工程支出＋戰爭損耗＋皇室消費＋其他；

財政剩餘量＝19.6 億錢＋財產稅＋山川收入等－公共工程支出－戰爭損耗－皇室消費－其他。

在武帝時期公共工程支出、戰爭損耗與皇室消費數額都比較龐大，19.6 億錢的財政餘量顯然無法滿足財政開支的需求。

3、考慮土地兼併因素

同西漢第一階段一樣，土地兼併在漢武帝時期也是比較嚴重的，不過漢武帝也的確採取了告緡等政策打擊豪強，這樣會減緩土地兼併的速度，考慮到這些因素，我們姑且估算西漢第二階段土地兼併比率仍然爲 20％，由此我們得到：

農業稅收＝（（2800－560 萬）×73％÷5）×2872 錢＝93.93 億錢；

在其他財政收入不變的情況下，財政整體減收＝117.41 億錢－93.93 億錢＝23.48 億錢。

這樣政府財政減收 23.48 億錢，而不考慮土地兼併因素的財政剩餘量就已經不足 19.6 億錢，這說明在漢武帝後期，國家財政已經嚴重入不敷出了，以至於武帝晚年，西漢社會已經是「海內虛耗，戶口減半」就不足爲奇了。

（三）西漢社會第三階段社會經濟分析

1、社會經濟總量狀況

根據以上的數據及公式關係，我們可以初步估算西漢社會第三階段社會經濟總量的相關關係：

農業收入＝單位農業家庭年產值×農業人口數÷5

＝21600 錢×5800 萬×73％÷5＝1829 億錢

對於畜牧業來說，如上面得到的＝43.84 億錢＋畜牧軍用；手工業收入＝435.58 億錢（見表 2）；戰爭掠奪，考慮到該階段已經基本結束了對匈奴戰爭，所以該因素幾乎可不考慮。

這樣西漢社會第三階段的社會經濟總收入為：

農業收入＋畜牧業收入＋手工業收入＝1829 億錢＋43.84 億錢＋畜牧軍用＋435.58 億錢＝2308.42 億錢＋畜牧軍用；

而人口基本生活成本＝（5800 萬／5）×14340 錢＝1663.44 億錢；

畜牧業消費＝43.84＋畜牧軍用。

西漢社會第三階段基本結束了大規模對匈奴作戰，軍費支出有所減少，所以軍費＝37.83 億錢＋戰爭開支。

此外，從上面的數據我們可以得到：

政府俸祿＝20 億錢；自然災害＝75.47 億錢；政府公共工程開支＝不祥；奢侈消費＝不祥；對外貿易＝－5 億錢。

這樣西漢社會第三階段的社會經濟總支出＝1845.58 億錢＋畜牧軍用＋政府公共開支＋奢侈消費。

於是，我們初步估算出西漢社會第三階段經濟剩餘量＝462.84 億錢－政府公共開支－奢侈消費。

2、政府財政狀況

農業稅收＝（5800 萬×73％÷5）×2887 錢＝244.47 億錢；

手工業及商業稅收＝8.71 億錢；

其他＝財產稅＋山川收入等；

政府支出＝軍費支出＋政府俸祿＋自然災害支出＋對外貿易＋公共工程支出＋皇室消費＋其他＝92.94 億錢＋公共工程支出＋皇室消費＋其他；

財政剩餘量＝160.24 億錢＋財產稅＋山川收入等－公共工程支出－皇室消費－其他。

3、考慮土地兼併因素

比較於西漢第一階段、第二階段，土地兼併在漢昭帝時期由於霍光繼續實施了休養生息的政策，經濟有所發展，但作為霍光本身來說也是豪強中的一分子，應該說當時的土地兼併也是比較嚴重的，否則不會到王莽時期不得

不進行改革並最終導致西漢的覆滅，從這個角度來說，西漢第三階段的土地兼併情況應該嚴重過前兩個階段，考慮到這些因素，我們姑且估算西漢第三階段土地兼併比率為 30%，由此我們得到：

農業稅收＝（（5800－1740 萬）×73%÷5）×2887 錢＝171.13 億錢

在其他財政收入不變的情況下，財政整體減收＝244.47 億錢－171.13 億錢＝73.34 億錢

這樣政府財政減收 73.34 億錢，這部分減收的錢自然就流入到了豪強集團的手中，而不考慮土地兼併因素的財政剩餘量為不足 160.24 億錢，再減去 73.34 億錢後，僅餘 86.9 億錢，這還不包括公共工程和皇室消費開支。

（四）西漢社會財富在不同階段的狀況

如果我們把西漢社會的主要社會財富的擁有者分為勞動階層、豪強集團和政府集團（具體定義見下文），根據中國封建時期勞動人民只能維繫一般性生活水平的通常狀況，我們姑且認為勞動階層在滿足了基本生活需要外剩餘不多的情況下，或者說剩餘部分可能用於了商業購買行為，考慮西漢社會的土地兼併因素，那麼依據以上的數據分析，我們可以粗略的得到如下的數據表：

表 10：西漢社會財富分佈狀況

西漢社會	經濟總規模	社會總剩餘	政府總剩餘	豪強總剩餘
第一階段	713.14 億錢	－1.38 億錢	14.37 億錢	幾乎沒有什麼
第二階段	998.74 億錢	58.48 億錢	－3.88 億錢	58 億左右
第三階段	2308.42 億錢	462.84 億錢	86.9 億錢	375 億左右

我們可以看到，隨著西漢社會經濟的發展，政府集團的經濟財富總剩餘量相對來說並沒有得到明顯的增長，而豪強集團所獲得的經濟財富剩餘總量卻呈現幾何級數的增長現象。

五、西漢有限經濟總量分析

（一）西漢傳統經濟模式

西漢社會是一個以農業經濟為基礎的社會生產模式，通過上面西漢社會

經濟數據的分析，我們可以知道西漢社會傳統經濟模式有如下幾個主要特點：農業是整個社會最根本的經濟基礎，畜牧業和手工業只占生產總量的一小部分；土地是最重要的生產資源，並處於相對短缺狀態，可耕種土地面積是有限的；生產技術有一定改進，但總體發展緩慢，可認為階段性停滯；社會經濟容易受到戰爭和氣候（自然災害）的較大影響；社會商品經濟不發達。

（二）西漢經濟總量總體上是相對有限的

雖然西漢經濟總量在其發展過程中一直是在增長的，而且到公元 2 年時人口和經濟規模應該說都達到了一個峰值，但是由於西漢畢竟是農業經濟社會，全部社會財富幾乎都依靠農業生產，所以在漢高祖劉邦統一中國建立西漢王朝後，從西漢所處的地緣狀況和當時的生產力水平來看，可耕種土地面積是有限的，這樣在農業生產力水平沒有質的提高以及對外貿易無法產生財富增量，同時也無法通過戰爭有效掠奪財富的情況下，有限可耕種土地面積的生產總量一定也是有邊界的，這樣就從根本上決定了西漢農業社會經濟總量是有限的。

可耕種土地面積決定了農業經濟社會大的總量有限，而實際的可耕種土地人口就決定了實際的農業經濟總量，在可耕種土地可以滿足不斷增加的人口條件下，有效農業人口的增長就決定了財富的增長狀況，從西漢社會三個階段的經濟數據分析可以看到，隨著人口的增長（西漢的可耕種土地能夠滿足人口的需要）社會財富是在不斷增加的，而到了公元 2 年的時候西漢社會人口總量和財富總量都達到了最高值，甚至是在中國歷史上清王朝以前的相對最高值上下〔註45〕。從漢高祖於公元前 206 年到公元 2 年，西漢人口由大約 1300 萬增長到 5800 萬，用了 200 多年的時間。從上面的分析我們可以看到，在有限的可耕種土地面積能夠滿足人口對土地需求的情況下，有效農業勞動人口的多少就決定了社會財富的多少，由於人口增長畢竟相對緩慢，而且在人口集中區域實際可耕種土地是相對短缺的，新開墾可耕種土地的增加並不是與人口等比例增加的，會存在一定的時滯，所以在某個時點區域上，例如 1～3 年左右的時間，有效農業勞動人口增長並不明顯，而新增實際耕種土地面積更不會十分明顯，這樣在時點上的經濟總量也表現為相對的有限。

〔註45〕梁方仲：《中國歷代戶口、田地、田賦統計》，上海人民出版社 1985 年版，歷代人口比較圖。

（三）農業經濟有限總量狀態下手工業瓶頸

在傳統農業經濟模式下的封閉區域經濟體中，農業作為基礎的可再生的經濟支柱，很顯然，這個產業的產值越高，社會基本經濟總量就越大。但手工業卻有所不同，在經濟總量相對有限的農業經濟環境中，對整體社會而言，需要分離出一個群體專門從事手工業生產和商業流轉的社會群體，而由於對外貿易總量非常有限，這個社會群體就無法通過手工業生產和商業流轉從其他的經濟實體中獲取資源，自然這些資源就需要由封閉區域經濟體內農牧業生產的剩餘產品來提供，在生產力水平相對穩定，土地資源有限的情況下，每個勞動單位在單位土地上生產出來的農業剩餘產品是有限的，而這個有限的量也就從根本上決定了貴族、豪強、地主以及勞動階層的消費經濟會受制於農業所提供的剩餘農產品，同樣社會整體工商業的規模也會受農業所提供的剩餘農產品總量限制。也就是說，在傳統農業經濟社會的有限經濟總量環境中，工商業受制於農業剩餘產品規模，不可能無限發展。由於手工業完全是依靠本行業的產出去滿足社會的現實需求，是以交換為目的的，所以手工業的產量必然是依附於農業和社會消費的需求量，而這個需求量在封閉區域經濟體中顯然是有限的，這就決定了手工業在封閉的區域經濟體中更多是依附於農業和生產生活以及少數群體的奢侈消費量而存在的。從西漢社會經濟數據的分析中我們也可以看到手工業總產值與農業總產值的比值三個階段分別為：26.76％；26.94％；23.81％。基本上很難突破 30％，而且相對穩定，這就表現出了手工業對農業的依附性與總量相對有限性。正如馬克思所說「能夠投於工商業上面無須從事農業的勞動者人數……是取決於農業者在他們自身的消費額上，能夠生產多少的農產物」〔註46〕。

第二節　西漢有限經濟總量下的財富流動問題及分析

通過以上分析我們可以看到，西漢是一個在相對封閉的環境下、以自給自足的農業經濟為社會財富之根本、大一統中央集權的農業經濟社會，在這樣一個封閉的區域經濟體中，以農業和手工業為主創造出來的社會財富必然面臨著分配與流動的問題，那麼西漢社會財富是如何地分配與流動，其內在規律如何，這樣的分配與流動又對社會從經濟和政治上引發怎樣的影響。本

〔註46〕馬克思：《剩餘價值學說史》（第一卷），三聯出版社 1949 年版，第 41 頁。

節將結合已經進行的西漢經濟狀況分析，就這些問題的存在進行系統性分析。

一、西漢社會中的社會集團劃分

　　對於西漢社會幾個階層的劃分，學界基本已經有比較系統的說法，主要就是中央政府、社會豪強和勞動群眾三類。軍隊雖然是社會構建中不可或缺的存在，但由於其的獨立性、特殊性和穩定性（防禦狀態下），可看成為理性政府進行管理中的一種固定開支，暫時不予考慮。在這裡我們依據學界的基本劃分結合本書的分析特點，將西漢社會階層分為：政府集團、豪強集團和勞動階層三個社會層次，具體劃分如下：

　　政府集團：理性的社會管理者，具有現實而有力的社會權力。其目的是保持社會的穩定與平衡。其群體是具有理性的政治理想和不帶有私人利益的、為政權基本利益服務的政治參與者。

　　豪強集團：社會既得利益群體，由具備政治資源和經濟實力的皇室貴族、官僚、其他貴族，以及富有的商人和地主組成的，以商業理性以及小集團利益為出發點的社會剝削階級。

　　勞動階層：最廣大的勞動人民，社會的被統治者和受剝削者，以勞動換取生活資源的社會底層人民，在西漢社會主要包括農民和手工業者。

二、西漢社會財富的轉移途徑

　　西漢社會經濟是典型的農業經濟社會，社會財富的絕大部分是由農業人口創造的，這樣就決定了每戶農業經濟單元為社會最基本的經濟單位，那麼由這些農業生產單位創造的社會財富如何實現財富的分配與再分配，在西漢社會中應該主要有如下的影響因素與途徑，即：政府稅收、鹽鐵資源、權力對價、土地兼併四種主要途徑。

（一）政府稅收

　　政府稅收是最直接也是最為有效地將農業社會的基本財富由分散的農業經濟單元集中到政府的一種轉移途徑。「溥天之下，莫非王土；率土之濱，莫非王臣」〔註47〕，中國封建社會政府稅收是在國家強制權力基礎上，要求社會群體特別是勞動階層必須承擔的職責。

〔註47〕《詩經‧小雅‧谷風之什‧北山》。

在西漢社會的三個階段中，農業人口稅收幾乎佔據了整個國家財政的絕大部分，從這一點上也可以看出在西漢時期農業經濟對國家的重要性。但我們也要看到由於政府稅收的公開性和敏感性，其的任何變動都可能引發社會較大的影響，所以一般來說除非非常時期，政府稅收往往呈現出一定的穩定性。從上文中西漢社會經濟數據分析中可以看到，西漢社會三個階段政府稅收占農業經濟單位產值的比值分別為 16.6%、15.6%、13.37%，由此可見政府稅收在西漢時期是保持相對穩定的，而且隨著生產力的提高和人口的增多，政府稅收占比反而呈現相對緩慢下降的趨勢，不過絕對值是增長的。

（二）鹽鐵資源

食鹽和鐵礦這樣的重要物資具有這樣兩個特點，一個是生產地比較少，而且集中，例如食鹽一般主要是海邊才有，鐵礦則往往在深山密林裏，更加不易開採；另一個是這類物資的開採與生產必須是資本密集和人員密集模式，但是能滿足這樣生產條件的除了富豪大商外，就只有政府有能力實現了。

在本書中列示的西漢社會五口農業家庭支出中，我們可以很容易的發現，事實上糧食、衣服、留種、飼料，包括少量的肉禽、手工業製品等物資都可以通過傳統自給自足的生產生活模式予以滿足，但只有食鹽和農具（鐵製品）是需要專業的採集與生產製造才可以滿足的，也就是說必須通過交換或購買等行為才能夠得以滿足。而由於食鹽和鐵器本身具有的特殊性和壟斷性，就使得鹽鐵成為除了政府稅收外，可以導致西漢農業經濟單位財富轉移的有效工具，只要食鹽和鐵器的價格上漲就很容易引發財富向鹽鐵物資壟斷經營者流動，此外包括酒等生活必需奢侈品也具備這樣的特點，而且這種財富轉移比較隱蔽，很容易成為財富收集與轉移的有力手段。這也是為何漢武帝會進行鹽鐵專營，而賢良文學又就此引發激烈爭議的重要原因，這些我們在後文中將詳細分析。

（三）權力對價

權力對價相對比較好理解，主要是由於特權階層和官僚豪強利用政府賦予的權力資源，通過貪污、受賄、欺詐等手段，或者由於特權導致的資源優先配置權等因素引發的財富轉移過程。這種情況在西漢社會普遍存在，但似乎也很難成為財富的主流轉移途徑，這主要是由於政府的監察系統以及該類手段的隱秘性和個體性決定了權力對價的有限性。鹽鐵會議中文學言「有司

之慮遠，而權家之利近，令意所禁微，有僭奢之道著。自利官之設，三業之起，貴人之家雲行於途，轂擊於道，攘公法，申私利，跨山澤，擅官市，非特巨海魚鹽也」〔註48〕，指責的就是通過權利對價實現財富轉移。

（四）土地兼併

1、由於自然氣候引發的土地兼併

西漢社會經濟是以農業為主的經濟模式，農業生產由於受到自然氣候的影響很大，所以自然氣候就對以農業經濟為主的社會產生了很大影響。在上面的西漢社會經濟數據分析中我們可以看到西漢第一階段，農民在納稅後的剩餘是無法滿足基本生活需求的，也就是說每年是餓著肚子過的。到了西漢第二階段，隨著生產力的提高，農民家庭有了少量的生活節餘，在不考慮其他財富轉移的前提下，這部分生活節餘也是非常有限的，第二階段為 1668 錢，僅占年度基本生活成本的 12%；第三階段為 4373 錢，占年度基本生活成本的 30%。這部分節餘還是處於比較理想狀態下，都無法覆蓋一年的基本生活成本，說明西漢農業社會的農業家庭經濟是十分脆弱的，如果一旦遇到饑荒、自然災害或重大事故，很多農業家庭都會難以繼續維持正常生活，而豪強集團卻可以安然度過，於是農業家庭最可能的情況便是變賣田宅，這樣就會淪為佃農或雇傭勞動者，接受更為殘酷的剝削，而土地資源流失到了豪強集團手中，這樣豪強集團就擁有了更多的土地和財富，從而實現了財富的轉移。

2、由於投資行為引發的土地兼併

由於豪強集團掌握了大量的社會財富，必然會引發投資衝動，在農業社會裏除了被壟斷或相對壟斷的鹽鐵資源外，投資渠道非常有限，最為有效而能帶來財富增值的投資標的就是土地，佔有土地就能通過對佃農或雇傭勞動者的加重剝削獲取更多的剩餘財富。

三、西漢社會財富的流動

（一）西漢社會財富流動的基本模式

通過上述對西漢社會經濟數據、社會集團劃分以及財富轉移途徑的分析，我們可以大致地對西漢社會經濟狀況與財富流動進行如下的描述：

〔註48〕《鹽鐵論譯注·刺權第九》。

　　西漢社會是一個大一統的以農業經濟爲主的農業社會，農業產值佔據整個國家總產值的大約 70％以上，農業稅收也佔據了國家財政的 70％甚至於 80％以上，所以西漢社會的主要財富是由土地以及依附於土地的脆弱的農業家庭創造的。手工業及商業佔據一定的份額，但不是主流，而且手工業的規模是受制於農業總體生產規模的。由於土地資源與人口資源有限，農業生產力水平相對發展緩慢，而且整個國家幾乎沒有對外貿易，所以整個西漢社會經濟形成了完全封閉的經濟總量相對有限的財富內循環模式與體系。這個內循環的經濟基礎是廣大的勞動階層創造的主要源自於土地的財富，然後這些財富通過政府稅收、鹽鐵資源、權力對價和土地兼併等途徑實現財富在內循環體系中的分配，這種動態的財富流動主要是在政府集團、豪強集團和勞動群眾這樣西漢社會的三個主要階層之間展開。首先是財富由勞動群眾創造出來，在理論上保證人民最基本生活水平的條件下，然後通過政府稅收途徑將可支配收入的一部分轉移到了政府集團，主要用於軍費、政府薪俸、公共開支、自然災害等領域；其次就是通過鹽鐵資源途徑將另一部分可支配收入轉移到鹽鐵資源的壟斷者手中，當豪強大戶控製鹽鐵資源時，便轉移到豪強集團階層，當政府控製鹽鐵資源時，便主要轉移到政府集團，當然通過權力對價，部分財富依然會轉移到豪強集團；再次，通過權力對價和土地兼併等途徑再將剩餘的可支配財富主要轉移到豪強集團階層。

（二）西漢財富流動過程的分析

　　從上面的西漢社會經濟數據中我們可以看到，由於政府稅收關係重大，政府稅收的比率除非非常時期，一般都是比較穩定的，這就造成了當社會經濟走向繁榮時，政府稅收在社會可支配財富中的比例呈現逐步降低的趨勢。

　　西漢社會第一階段政府稅收（含諸侯國）大約爲 90.51 億錢，而扣除人口基本生活成本後社會剩餘財富大約爲 113.86 億錢，幾乎占 79.5％；而到了第二階段政府稅收大約爲 121.46 億錢，社會剩餘財富大約爲 222.58 億錢，占 54.6％；到了第三階段政府稅收大約爲 253.18 億錢，社會剩餘財富大約爲 644.98 億錢，占比下降到 39.3％。

　　通過以上數據我們可以看到，雖然政府稅收的絕對值在增長，但在整個社會可支配財富中所佔比例卻明顯下降。那麼剩下的這麼一筆巨大的社會財富又流動到哪個集團階層裏面去了呢。從西漢社會的現實狀況看，勞動群眾

生活水平雖然有所提高，但基本上沒有質的飛躍，只能滿足於溫飽，即便就算剩餘的社會財富全部平均分配到每個農民家庭，在最富裕的第三階段也只是每家增加 4373 錢可支配收入，並不會帶來生活上根本的改變，而我們應該看到這個時候通過鹽鐵資源、權力對價和土地兼併等途徑，社會剩餘財富就很容易流動到豪強集團階層，即便是政府稅收的二次分配，通過權力對價等途徑也會有部分流動到豪強集團，這樣，豪強集團就會成為這樣一個逐步發展成熟的封建社會中財富最為集中的也最容易集中的一個階層，而這些擁有財富的豪強集團又會通過既有財富擴大鹽鐵資源、權力對價和土地兼併的財富效應，特別是土地兼併，這樣財富就可能會向豪強集團階層更加集中。也就是說在西漢社會的農業經濟模式、封閉經濟狀態、稅收模式沒有根本改變的前提下，隨著社會經濟的發展，社會財富向豪強集團的大規模流動是無法避免的，本書中表 10 的數據就就直觀地說明了社會財富向豪強集團流動的趨勢。

四、西漢有限經濟總量理想狀態下社會靜態分析及其悖論

我們姑且以西漢社會經濟狀況和社會狀況為模型，構造一個在有限經濟總量下的靜態社會分析，即在封閉的西漢區域經濟體內，在土地資源和人口資源保持相對穩定的前提下，如果社會生產技術沒有較大的更新，社會經濟總量基本處於相對恆定狀態，或者說社會經濟總量是一個有限量。那麼根據前面分析，西漢社會的財富主要分配於勞動階層的基本消費、軍隊防禦、政府薪俸及消費、商人（地主）利潤及消費、政府公共工程開支等。

為了更便於直觀地表現這樣一種財富內在關係，我們可以用一個簡單的圖形表示如下：

表 11：西漢社會有限經濟總量

政府總收入		官僚貴族俸祿等開支	商人（地主）所獲得的收入
軍隊防禦開支	公共工程開支等		
皇室消費開支		官僚的消費	商人的消費
農業、畜牧業和手工業勞動階層基本生活消耗			

（一）政府集團財政收入狀況分析

政府財政存在著赤字和盈餘的可能性，從前面的數據分析能夠看到西漢第二階段，由於對匈奴戰爭，政府財政應該是赤字狀態。而第一階段和第三階段應該是盈餘：

1、當政府財政為贏餘時

當政府財政為贏餘時，說明財政支出後有節餘。由於這部分財富是由政府集團掌握，出於政治理性，在封閉的區域經濟體內，政府集團一般不會選擇投資的方式處理財富，一方面考慮不與民爭利，一方面考慮應付不時之需（諸如：戰爭、災害等），再一方面用於可能未來出現的財政虧空補充。這樣，從理性的政府集團考慮，一般會將該部分財富存留下來。

2、當政府財政為赤字時

當政府財政為赤字時，說明政府財政入不敷出，這樣就會出現財政危機。這個時候政府集團一般會選擇兩種模式來解決這個問題：第一，是加大對勞動階層的稅收，以彌補財政不足，但這應該以勞動階層的經濟承受能力為限度，否則，過度的稅收會造成勞動階層生活困難，降低社會再生產的積極性和個體投入，從而造成社會基本經濟總量的下降，進而進一步加大財政虧空，導致惡性循環，甚至出現大量流民和耕地荒廢。第二，是向豪強集團借貸或者採取暴力或非暴力方式掠奪，但這樣依然無法有效解決問題，具體見本節後文分析。

（二）豪強集團財富剩餘量分析

通常情況下，豪強集團會存在內部的財富再分配，但從整體上說，這個階層的財富是存在大量剩餘的，對於這部分剩餘財富，豪強集團與政府集團的政治理性也是不同的，豪強集團是出於小集團和自我欲望出發的，這個群體的理性是商業理性。於是，這便賦予了豪強集團對財富剩餘量完全不同於政府集團的理解與內涵。

而正是由於豪強集團剩餘財富的客觀存在，就必然導致對其所擁有的閒置資本要尋找投資渠道，這樣就使西漢農業經濟社會無可迴避地透射出自身的內在矛盾性，並導致了其動態平衡的悖論。下面我們從幾種可能的閒置資金運用渠道來具體分析：

1、投資於土地

由於豪強集團剩餘財富為正數，這會必然導致這個階層的群體在滿足消

費後，就不得不面對如何有效運用閒置資金的問題。很顯然，在封閉區域狀態下，從理性人的角度出發，如果要獲得穩定的投資回報，投資領域只可能局限於農業和手工業。由於在有限經濟總量的限定下，手工業本身所具有的內在依附性和有限性，在生產總量和社會消費需求相對恒定的情況下，擴大手工業的產量不能帶來有效收益，所以這筆資金最有可能的就是投向農業，而投資於農業的最有效手段就是土地，擁有了土地，也就是擁有了農業產出收益和土地增值收益。還有一種途徑就是投資於科技研發，提高單位畝產量，而在傳統經濟模式下，當鐵具、牛耕、水利甚至於精耕細作等農業生產技術發展到一定程度時，出現了在當時的生產力條件下，技術發展上可能存在的瓶頸，很難在相對短的時間內取得重大突破，於是，這筆資金能夠選擇的最有效的保值增值手段就是購買土地。由於人口和土地都是相對恒定的，所以，對於豪強集團而言，投資於土地就等於將相應的土地自耕農變成為佃農或者雇傭農民，這樣在單位糧食畝產量不變的情況下，豪強集團就加大了對所購買土地佃農的剝削，使其利潤更加豐厚，進而使其剩餘利潤也必然增加，從而就會進一步加大購買土地（或者說土地兼併）的驅動力。這樣就會產生兩個動態社會後果，一個是越來越多的自耕農變成為佃農或者雇用農民，生活水平迅速下滑，變得更為貧困；另一個是豪強集團的財富越來越多，出於追逐利潤的考慮，又不斷將資本投入購買土地，財富又更進一步增長。考慮到有限經濟總量，也就是 E（總值）是有限的，這樣豪強集團的財富增長必然引發政府財政收入的下降。於是，就會導致社會財富越來越流向官僚（貴族）和商人集團，即所謂的豪強集團，而勞動階層生活越來越困苦，政府財政也變得越來越緊張，最終可能導致社會的整體失衡。

2、借貸給政府

如果政府財政收入不足時，也就是政府的財政入不敷出時，這時候豪強集團可以將閒置資金借貸給政府賺取利息，這也可以作為豪強集團的一種投資手段。但這種方式一樣存在問題，由於在政府財政中，軍隊開支、政府薪俸和公共工程開支等因素的剛性性質比較強，軍隊作為國家防禦的客觀存在，其費用是相對穩定的，官僚（貴族）的工作報酬剛性也比較強，對於必須的公共工程來說想壓縮的空間也十分有限。而在有限經濟總量的狀態下，在稅收基本穩定的情況下，國家財政收入大幅變動的可能並不大，甚至在如果需要支付豪強集團利息的條件下，還可能進一步減少。這樣政府財政在無

法改善的條件下，還需要負擔借貸資金的利息，而由此又進一步導致豪強集團的財富增加，政府財政狀況的更加惡化。這個時候政府只可能採取兩個措施，一個是加大剝削勞動階層，緩解財政危機，但可能導致殺雞取卵，降低社會基本經濟總量，最終導致政府財政更深的危機；另一個就是搶奪豪強集團的財產以緩和財政危機，這個問題似乎就顯得更複雜一點，於是這樣便又存在兩種情況：第一種，只打擊純粹的商人，例如限制商人活動、增加商業稅收或者清繳商人財產等手段，也就是使得商人利潤變得比較小，政府財政收入就可能會相應變大，這樣財政情況就可以得到暫時的改善。但是要注意到，這時候官僚（貴族）的剩餘資金並沒有受到影響，當商人勢力受到限制和打擊後，留下來的市場空間很快就會由官僚資金通過投資和商業經營來實現，這樣官僚剩餘資金部分就會增長，這樣豪強集團的財富總量依然會保持一定的增長，其內在的投資行為無法根除。所以這種方式的確可以延緩理想模型的動態失衡，但無法從根本上解決問題；第二種，就是將豪強集團一起打擊，將這兩者的利潤規模控制在合理範圍內，如果這樣，從理想模型的結構上來說似乎變得合理與平衡了，但依然存在無法協調的矛盾，一方面由於社會商業從根本上受到衝擊，使得商業會變得蕭條，這樣必然會使商品流轉速度和效率受到影響，手工業受衝擊最大，並導致社會基本經濟總量的下降，使社會生產可能處於一個較低的水平上。（如果這個時候存在外族侵略的可能，則不排除會導致防禦能力不足的現實問題）；另一方面，由於豪強集團主要勢力同時受到打擊，而這個階層往往是政府統治的根基，一旦遭到侵害，很可能會危及到政府政權的穩定，甚至出現更嚴重的政治危機，雖然從純數量分析存在這種解決的可能。

3、加大豪強集團的消費

這個看上去頗為有些可笑的途徑卻的確是可以用來討論的。我們可以看到，要降低豪強集團剩餘財富總量，從而降低豪強集團的投資衝動，那麼在豪強集團剩餘財富總量相對穩定的情況下，鼓勵豪強集團進一步加大消費，也不失為一種方式。不過這種方式依然會存在一定的問題，當社會奢侈消費大幅度提升後，必然導致手工業的畸形繁榮，由於手工業存在一定的門檻，所以在一定時期內這種繁榮可能會持續，隨著手工業行業平均利潤的提高，這樣就會引發農業人口向手工業轉移，而導致社會基本經濟總量，特別是農業總產量的下降，這樣就會使豪強集團保持持續高消費受到一定的影響，從

而無法長期持續，高消費也將隨之下降，手工業的總量也會下降，但只要手工業的平均利潤高於農業和牧業，這個局面將也會持續。當平均利潤接近甚至低於農業時，手工業人口將向農業和牧業回歸，反而是社會有可能重新回到動態平衡。這是一個很有意思也許令人有點吃驚的結論，也就是說鼓勵豪強集團進行奢侈的高消費，不失為一種頗為有效解決傳統封閉經濟模式下動態平衡的途徑。

（三）勞動階層的變量分析

在有限經濟總量社會中，為了能使社會經濟達到動態平衡，我們似乎很容易意識到，如果增加勞動階層的收入，降低豪強集團的收入，社會就能達到我們所理想的動態平衡狀態。

當勞動階層的收入部分增加時，由於勞動階層人數比較多，在有限總量經濟狀態下，即便其在三個集團的博弈中獲得較大財富份額，但均攤到每個勞動者的財富量還是有限的，在這種情況下，勞動階層一方面有較高的勞動積極性，安心於農業勞動；另一方面又有相對較多的財富用於防備災害或者用於收成不好時儲備。於是，由於單位分攤財富量較少和儲備需求的存在，勞動階層往往缺乏進一步投資的衝動，而政府集團也可以基於勞動階層相對富裕而有效地實施稅收政策。當然，對於豪強集團就必須要進行堅決地抑制，降低這個階層的利潤水平。這個動態平衡很符合《論語·顏淵》中的「百姓足，君孰與不足？百姓不足，君孰與足？」，《揆度》也認為，要實現徹底排斥商賈，由君主完全操控市場，並穩定農民、保證稅源，從而實現民富國強的理想局面，它說：「人君操本，民不得操末。……故守四方之高下，國無遊賈，貴賤相當。……市朝閒則田野充，田野充則民財足，民財足則君賦斂焉不窮」。實際上這就是所謂的「藏富於民」和「重農抑商」。

雖然我們能夠推導出這種封閉區域經濟體模型理想的動態平衡方式。但的確也存在著現實難以迴避的幾個問題：

首先，由於封閉區域中主要商業資源具有壟斷性，而且礦產資源很可能分佈不均，交通運輸困難，使部分商品的成本本身就比較高，所以很多商業行為只可能是豪強集團和政府集團才能夠經營。

其次，如果由豪強集團經營，由於豪強集團追逐小集團或者個人利益的最大化，所以其對利潤的追逐必然是強烈的，即便政府集團參與調控，只要

不禁止，則必然無法阻擋財富向豪強集團的流動，特別是土地兼併等問題。

再次，如果由政府集團經營，就存在上面已經討論過的問題，是否將豪強集團徹底打倒，如果豪強集團被打倒，政府集團的政治支撐就會喪失，很難保持政府集團的穩定。即便是政府集團經營，其也必須經由官僚途徑進行具體操作，從而權力對價問題是無法迴避的，所以也很難阻止豪強集團官僚部分的逐利可能。

（四）有限經濟總量狀態下的幾個悖論

1、投資不經濟的悖論

在通常情況下，我們認為能夠帶來收益的投資便是有效投資行為，但在封閉的區域經濟體中，由於有限耕地、有限人口和有限經濟總量的限制，使得有效投資的途徑幾乎變得非常有限。手工業總量規模顯然受到農業總量規模的限制，當達到一定規模時便處於飽和狀態，繼續的投資行為只能加劇競爭和投資過剩引發的投資不經濟。所以，對於個體理性的豪強集團來說，最可能帶來穩定增值收入的便是土地，於是引發持續的土地兼併。而正如前面已經分析了的，土地兼併又會帶來財政收入下降和流民問題，從而危及整個社會穩定。所以不難理解，在封閉的區域經濟體中，投資衝動是要受到抑制的，過度的投資並不能帶來社會總效益的增加。

2、有限經濟總量和局部經濟過剩的悖論

對於封閉的區域經濟體來說，由於經濟總量是有限的，那麼從邏輯上很容易接受勤儉節約的理念。而在有限經濟環境中，在上文分析中我們已經看到投資存在不經濟，而且很可能對社會的穩定產生直接影響，所以政府集團要限制豪強集團的投資衝動，在不可能採取極端措施來打擊豪強集團的前提下，鼓勵豪強集團將多餘的剩餘資本更多地用於奢侈消費，而不是土地兼併，不失為緩和投資不經濟矛盾的還不錯的選擇。這樣便出現了全社會的經濟總量有限，而在豪強集團局部內的經濟過剩的悖論。於是，政府集團就會一方面要求勞動階層要勤儉節約，而另一方面對豪強集團的奢侈消費不但視而不見，反而還多少有推波助瀾之嫌。

3、社會階層主要矛盾的悖論

在我們通常的理解中，統治階級往往和勞動群眾構成了社會最基本也是最主要的矛盾，但通過對封閉區域經濟體有限經濟總量環境的分析中我們可

以發現，在政府集團、豪強集團和勞動階層三個階層的相互關係中，以政府集團和豪強集團的關係最為複雜，一方面政府集團和豪強集團的矛盾最為突出，重點表現在政府集團的政治理性與豪強集團的小集團或商業理性之間的矛盾，從外在表現形式上就集中在對社會財富的分配與使用上。從政府集團的政治理性來說，財富的分配與使用是為社會政治穩定服務的，所以在某些方面，政治集團會更多地考慮勞動階層的利益。而對於豪強集團來說，由於其出發點往往是小集團或個體的利益，所以其行為往往會不顧及政府集團和勞動階層的利益，造成可能危及社會政治穩定的經濟行為。從這個角度來說，政府集團和豪強集團之間的矛盾是難以調和的，也是封閉區域經濟體中最為重要的矛盾之一。但另一方面，政府集團和豪強集團之間又的確是相互依存的關係，他們只有相互依存，才能維繫對勞動階層的共同統治，失去了豪強集團支持的政府集團顯然變得缺乏穩定的基礎，而豪強集團也確實需要政府集團的支持與保護才能保持政治和經濟上的穩定性。這樣，政府集團和豪強集團便處於既存在重大矛盾又不得不相互依賴的關係。在與勞動階層的關係上，政府集團和豪強集團都處於社會的強勢地位，屬於統治和被統治的關係，勞動階層在社會中沒有太多發言權，處於弱勢地位。相對而言，政府集團出於整體社會政治穩定地考慮，會更多地考慮勞動階層的部分利益，而豪強集團從其利益角度說，對勞動階層更缺乏理解和同情。

第三節　鹽鐵之爭的經濟問題及軍事問題分析

通過上面的分析，我們對西漢社會的基本經濟狀況以及社會各階層間財富流動問題有了一定的認識，在此基礎上我們再來審視鹽鐵會議中大夫與文學賢良關於經濟問題和軍事問題所引發的爭論。

一、鹽鐵之爭的經濟問題分析

上文中我們已經歸納出了鹽鐵之爭所涉及的經濟問題主要集中在本末問題、官營與私營問題以及財富分配問題，以下我們逐一進行深入的剖析。

（一）對本末問題的分析

鹽鐵之爭的本末問題實際上就是農商問題，在這個問題上前面已經分析過主要集中在本末從量上的相互影響和本末功用的不同兩個方面。

文學賢良認為「國有沃野之饒而民不足於食者，工商盛而本業荒也；有山海之貨而民不足於財者，不務民用而淫巧眾也」〔註49〕，提出了「重本輕末」的主張，「故衣食者民之本，稼穡者民之務也。二者修，則國富而民安也」〔註50〕。雖然，文學賢良確實也沒有徹底否定「末」的價值，賢良也曾提到「市、商不通無用之物，工不作無用之器。故商所以通鬱滯，工所以備器械」〔註51〕，但文學賢良的觀點很鮮明，就是堅決地「重本輕末」。

大夫在辯論中則更強調「末」的作用，「是以縣官用饒足，民不困乏，……，此籌計之所致，非獨耕桑農也」〔註52〕，但大夫也不否認「本」的重要性，基本持「本末並重」的觀點。

事實上，我們在西漢的經濟數據分析過程中已經看到，農業經濟在整個社會經濟成分中占比很大，達到了 70% 以上，而在國家財政中的比率更高，接近 80%。從這個角度來說在西漢社會中農業經濟已經成為國家財富最根本的來源，所以「重本」的思想是必然的，也是基於農業經濟社會條件下不得不做出的選擇。的確無論是文學賢良還是大夫都沒有談及「本」的不重要，只是文學賢良更為著重於此，大夫沒有否認而已。

但對於「末」，雙方的立場則非常地鮮明，而且是涇渭分明。我們在前面已經討論過，在西漢農業經濟社會中手工業和商業是依附於農業經濟存在的，而且在西漢手工業和商業作為一個產業在整個社會經濟中所佔比例無論哪個階段都沒有超出過 30%，甚至呈現下降趨勢，這說明無論是主觀上還是客觀上，在農業經濟社會中「末」都是無法超越「本」的，不過這並不能表明「末」不重要，特別是對於一些壟斷資源來說，其社會作用及其巨大，這些會在後面論及。文學賢良出於「重本」的因素，尤其強調「輕末」，雖然有厚此薄彼的嫌疑，但基本原則是正確的。而大夫則更多地從「末」的功效出發，更側重於局部作用的發揮，不能說沒有道理，並在一定程度上對文學賢良所「輕」的因素進行了有效地調整與補充，只是從西漢社會農業經濟為基礎的全局來說，「重本輕末」的經濟思想是有其內在合理性的。應該說文學賢良的「重本輕末」與大夫的「本末並重」在原則上並沒有根本的衝突，只是側重點不同，觀點有差異罷了。

〔註49〕　《鹽鐵論譯注·本議第一》。
〔註50〕　《鹽鐵論譯注·力耕第二》。
〔註51〕　《鹽鐵論譯注·本議第一》。
〔註52〕　《鹽鐵論譯注·輕重第十四》。

（二）對官營和私營問題的分析

對於鹽鐵（包括酒榷）等特殊資源是官營還是私營問題，大夫與文學賢良各持己見。大夫從官營的必要性和私營的危害性兩方面進行了比較詳細地論述，官營的必要性主要是輕重御民、調節貧富、統一標準和建本抑末；私營的危害性主要是民富危主、豪民壟斷。而文學賢良主要針對官營過程中出現的問題進行批駁，主要是示民以利、不給民用和貪污腐敗幾個方面，然後從孔孟聖言強調不要與民爭利。

首先我們應該看到，鹽鐵資源的開採並不是隨處可以採集的，這些資源正如大夫所言「夫權利之處，必在深山窮澤之中，非豪民不能通其利」〔註53〕，就說明了鹽鐵資源絕對不是普通老百姓可以從事的行業，顯然能夠啟動這樣的產業，只有資金實力雄厚的政府或者豪強。所以對於文學賢良來說，他們所謂的「民」必然是我們所說的「豪民」，而非普通大眾，而賢良所謂的「去權詭，罷利官，一歸之於民」〔註54〕等言論則實有偷換概念的嫌疑，從這個角度來說，文學賢良至少在這個問題上的確是代表著豪強集團的利益。前面我們已經分析過，由於鹽鐵資源的特殊性，使得鹽鐵資源成為西漢農業經濟社會中每個農業經濟單元必需的社會資源，其天然就帶有壟斷屬性，從而自然成為社會財富的一種重要的轉移途徑，無論是政府集團還是豪強集團，誰控制了鹽鐵資源，實際就是控制了社會財富轉移的一個重要手段，進而導致社會財富的一部分通過鹽鐵等壟斷資源的商業行為向某個社會集團流動。很顯然，政府稅收帶來的財富，由於受到稅收程度的影響，一般是有限增長的，那麼如果鹽鐵資源和土地兼併等主要的社會財富轉移途徑控制在豪強集團，則必然導致豪強集團財力的強大和政府集團財力的相對不足，其後果是不言而喻的，大夫所分析的官營的必要性和私營的危害性的確是非常合理的，政府加強對壟斷性資源的控制與管理應該是不容質疑的。當然由於官營的弊端，其導致的文學賢良所謂的官營的危害性也確實存在，甚至很嚴重，對於這些問題應著重考慮如何加強監督，以及使產品符合生產需求。西漢社會中對壟斷資源的經營或者完全放開或者完全官營，並沒有摸索出更為折中或者合理的方式，但從社會政治經濟角度說，政府集團對壟斷性資源的控制與管理是必要的。

〔註53〕《鹽鐵論譯注·禁耕第五》。
〔註54〕《鹽鐵論譯注·能言第四十》。

（三）對財富問題的分析

對於財富問題，大夫的觀點非常鮮明，明確提出了「夫理國之道，除穢鋤豪，然後百姓均平，各安其宇。張廷尉論定律令，明法以繩天下，誅奸猾，絕併兼之徒，而強不淩弱，眾不暴寡。大夫君運籌策，建國用，籠天下鹽、鐵諸利，以排富商大賈，買官贖罪，損有餘，補不足，以齊黎民。是以兵革東西征伐，賦歛不增而用足。夫損益之事，賢者所睹，非眾人之所知也」〔註55〕，也就是說通過「除穢鋤豪」和「籠天下鹽、鐵諸利，以排富商大賈」，從而實現「百姓均平」、「損有餘，補不足，以齊黎民」的財富均衡模式。當然，其實際上是將財富用於了「是以兵革東西征伐，賦歛不增而用足」的匈奴戰爭中，後面我們還會分析到，最終的戰爭負擔還是會大部分轉移到勞動階層。相比之下，文學賢良在這個問題上語意含糊，在社會財富分配上的觀點主要就是「藏富於民」和「不與民爭利」，這些認識的根源來自於孔孟，孔孟著意強調富民，但關鍵環節還是在於「民」的所指到底是豪強還是勞動階層，顯然文學賢良有意偷換概念，並沒有把豪強從「民」的概念中區分出來。

事實上，我們在前面已經對西漢社會財富的流動問題作過探討，西漢的主要社會財富是由勞動人民（包括手工業者）共同創造的，然而由於社會財富產生途徑的單一性和有限性，相對有限的社會財富就通過政府稅收、鹽鐵資源、權力對價和土地兼併等途徑流入到了政府集團和豪強集團手中，並且從西漢的實際情況來看，社會財富的相當部分是不斷地加速流向豪強集團的，這樣就必然危及政府集團的利益，同時由於豪強集團的膨脹，客觀上會加速鹽鐵資源、土地兼併和權力對價等財富轉移途徑的轉移效能，從而也會危及勞動階層的利益，造成嚴重的社會兩極分化和政治不穩定因素。於是，大夫從政府集團的利益出發以及從執政角度考慮，就必須要打擊豪強集團的膨脹。而文學賢良在一定程度上的確是傾向於維護豪強集團的利益，或者是過於篤信孔孟之言而缺乏執政經驗，在這個問題上始終試圖通過聖人之言再加上偷換概念予以辯論，缺乏有效的論證支撐。所以，對於文學賢良與大夫的財富問題之爭，明顯大夫顯得更具說服力，不過，如果過度採取嚴重的打擊豪強集團，特別是通過暴力的形式得以實現，從實際情況而言，由於豪強集團（特別是官僚地主集團）構成了皇權的統治基礎，這樣便又會造成另一方面的社會問題與政治不穩定問題。

〔註55〕《鹽鐵論譯注·輕重第十四》。

（四）鹽鐵之爭的經濟問題綜析

鹽鐵之爭是一場涉及經濟、政治、軍事、文化等廣泛內容的大辯論，但毫無疑問，經濟問題是所有問題中最為核心的議題，從桓寬將這次辯論定名為《鹽鐵論》似乎就已經有所指明了。文學賢良和大夫從各自的角度和立場對西漢社會的經濟問題提出了自己的觀點，綜合起來大致如下：

鹽鐵之爭辯論的雙方在經濟問題上都意識到西漢農業經濟社會中農業經濟單元的生產狀況直接決定了國家的貧富，所以都強調「本」的重要性，尤其是文學賢良，但是文學賢良對整個西漢經濟問題的理解和解答似乎也只是都集中在了「本」的根本性上，認為「故衣食者民之本，稼穡者民之務也。二者修，則國富而民安也」〔註56〕，雖然文學賢良並沒有完全否定工商，但用「輕末」來解釋其核心觀點是沒有問題的，至於對政府集團、豪強集團與勞動階層之間的關係與問題則沒有提出任何有價值的見解和主張，更多地是用孔孟之言來應對或轉移，對現實經濟的運行狀況缺乏有效地認識和深刻的理解，其經濟主張歸結起來就是「重本輕末」，雖然這一思想確實是合乎西漢農業經濟的大環境的，但文學賢良似乎更多地是停留在對孔孟之言的追隨與理解上，沒有形成有實踐價值的經濟政策模式，帶有更多的理想主義色彩。大夫則觀點比較明確，一方面在重視「本」的基礎上，客觀地肯定「末」的重要性，實際提出了「本末並重」的觀點；另一方面對於社會財富在政府集團、豪強集團和勞動群眾的關係上，通過執政經驗有了一定的認識，雖然他們對獲取高額利潤的豪強集團倍加讚許，肯定他們的能力與智慧，但同時大夫也很清楚地看到了豪強集團的膨脹對社會的危害和對統治的威脅，豪強集團成為大夫重點限制和打擊的對象，從而緩解軍費開支、貧富分化和政治上的不穩定因素，並堅定地執行和支持鹽鐵官營與打擊豪強集團；再者，大夫們很清醒地意識到了農業經濟社會壟斷資源的重要性，通過鹽鐵官營的方式來達到控制社會資源與增強政府實力的目的。這些都是作為大夫在西漢的歷史環境下基於政府的利益而富於遠見的認識，更多地從現實政治角度出發採取相應的經濟措施。

二、鹽鐵之爭的軍事問題分析

對於漢武帝從元光二年（公元前 133 年）「馬邑之圍」正式開始對匈奴發

〔註56〕《鹽鐵論譯注・力耕第二》。

動的戰爭，史學界普遍認爲是西漢社會到漢武帝時期變得更爲強大，試圖要將過去的「無爲而治」改變爲「有爲而治」，從而徹底終止過去西漢對匈奴的屈辱、不平等的關係，所以必然對匈奴發動的戰爭。從現象來看，鹽鐵之爭的軍事問題更多地是基於政治而採取的軍事行動，而在筆者看來並非如此，這場戰爭更多地是基於經濟問題或者圍繞經濟問題而展開的。對於戰爭雙方來說，匈奴更多是經濟驅動戰爭模式，而西漢更多是經濟決定對外戰爭，歸根結底軍事問題應該歸屬在經濟問題中來詮釋與分析。

（一）鹽鐵之爭雙方對軍事問題觀點

軍事問題是鹽鐵會議中很重要的一個議題，甚至可以說鹽鐵專賣也是由於對匈奴戰爭所不得不採取的措施，所以在鹽鐵會議中對匈奴的戰爭問題也是爭論比較多的問題，對於這個問題的爭論主要集中在該不該發動匈奴戰爭及如何有效解決匈奴問題這樣兩個環節上。

對於該不該發動匈奴戰爭，文學賢良明顯持反對態度，文學提出：「……今匈奴牧於無窮之澤，東西南北，不可窮極，雖輕車利馬，不能得也，況負重羸兵以求之乎？其勢不相及也。茫茫乎若行九皋未知所止，皓皓乎若無網羅而漁江、海，雖及之，三軍罷弊，適遺之餌也。……」〔註57〕，而大夫則堅決支持漢武帝發動的匈奴戰爭，認爲「……是以聖王懷四方獨苦，興師推卻胡、越，遠寇安災，散中國肥饒之餘，以調邊境，邊境強，則中國安，中國安則晏然無事……」〔註58〕。

對於如何有效解決匈奴問題，文學賢良的方法頗爲迂腐，他們認爲「……畜仁義以風之，廣德行以懷之。是以近者親附而遠者悅服。故善克者不戰，善戰者不師，善師者不陣。修之於廟堂，而折衝還師。王者行仁政，無敵於天下……」〔註59〕。大夫則態度鮮明，認爲只有戰爭才能解決問題，提出「漢興以來，修好結和親，所聘遺單于者甚厚；然不紀重質厚賂之故改節，而暴害滋甚。先帝睹其可以武折，而不可以德懷，故廣將帥，招奮擊，以誅厥罪；功勳粲然，……」〔註60〕。

〔註57〕　《鹽鐵論譯注・西域第四十六》。
〔註58〕　《鹽鐵論譯注・地廣第十六》。
〔註59〕　《鹽鐵論譯注・本議第一》。
〔註60〕　《鹽鐵論譯注・結闔第四十三》。

（二）匈奴的經濟模式與戰爭必然性

公元前二零九年，冒頓殺其父頭曼自立爲單于。西漢初期，他建立起一個奴隸制國家——匈奴單于國，奴隸來源大部分都是從戰爭掠奪來的俘虜。控制的地區南起陰山，北抵貝加爾湖，東到遼河，西逾?嶺，匈奴政權的建立，結束了我國北方游牧部落的分散局面。在冒頓單于統治時期，匈奴先後征服了許多部族和部落，據《史記・匈奴列傳》中記載，（匈奴）滅東胡，擊走月氏，南並樓煩、白羊河南王，北服渾庾、屈射、丁零、鬲昆各族，隨後又滅月氏，平定樓蘭、烏孫及其旁二十六族。

匈奴是一個以畜牧業爲主的游牧民族，畜牧業生產在其社會經濟中佔有特殊的地位，它既是匈奴人衣食住行的最主要來源，也是它賴以擴大再生產的基礎。所謂「人食畜肉，飲其汁」、「衣其皮革，被旃裘」、「各有分地」、「隨畜牧而轉移」〔註61〕，就是其社會生活的生動概括與反映。由於匈奴的經濟基礎主要是畜牧業，農產品和手工業品大都不能自給，因此爲了補充日用必需品的不足，迫切要求用牲畜等物同中原人民進行交換。史載「匈奴自單于以下皆親漢，往來長城下」。自公元前 133 年起，匈奴與漢朝雖絕和親，又不時發生戰爭，但卻仍然「樂關市」，往來迄未中斷。根據考古發掘材料，匈奴與中原地區的貿易交換一直很頻繁，內容也極豐富，鐵器、銅器、木器、漆器、玉器、馬具、服飾，黃金、絲織品等，幾乎無所不有，充分反映了彼此間經濟生活難以分割的密切聯繫。

正是由於匈奴經濟的特殊性，就決定了其經濟結構中有很多元素需要從外界獲取，例如上面所說的匈奴無法自給的農產品和手工業品，而從地緣經濟狀況來說，匈奴選擇以農業經濟爲主，且擁有相對豐富的農產品和手工業品的中原地區進行交換是最爲可能的。但這種交換本身就存在著比較大的問題，中原地區更多的是自給自足的農業經濟狀態，對外界商品的需求並不強烈，而匈奴是單一畜牧業的生產經濟，對外界商品需求旺盛，所以在這樣兩種狀態下，商品交換必然存在不對等性，如果僅僅從商品交換層面來分析，很有可能形成對匈奴非常不利的局面，這就決定了匈奴會選擇掠奪的方式，能更爲簡單更爲豐富的獲取其所需要的生活必需品。

由於匈奴的生存環境和生存方式本身就決定了他們不可能停止掠奪，只有通過掠奪才能平衡他們貿易上的赤字與不對等地位，也只有通過掠奪才能

〔註61〕《史記・匈奴列傳》。

滿足他們生產生活產品的供應與需求。正如恩格斯轉述塔西佗所說的，「只有通過不斷的戰爭和搶劫，才能把他們糾合在一起。掠奪成了目的，如果靠從隊首領在附近地區無事可做，他就把他的隊伍帶到發生了戰爭、可以指望獲得戰利品的別的民族那裡去……」〔註62〕。

（三）漢武帝發動匈奴戰爭的整體分析

應該說漢武帝發動對匈奴戰爭的動機可能主要來自兩個方面，一方面是西漢王朝長期對匈奴納貢進妃，並且「饒給之」，對於西漢財政來說不能不說是一個負擔；另一方面西漢王朝對匈奴長期的隱忍退讓，使得漢代統治者以及民眾對匈奴也鬱積了強烈的仇恨，《漢書・匈奴傳》中記載，「高皇帝遺朕平城之憂，高后時單于書絕悖逆，昔齊襄公復九世之仇，《春秋》大之」，再加之匈奴長期地對中國邊境的侵擾，漢武帝在國庫充裕的情況下發動對匈奴戰爭也是合理的。

但是當這場戰爭持續幾十年時間跨度的時候，就注定了漢武帝發動的這場戰爭，必然對西漢王朝的經濟帶來災難性後果。因為中國是一個相對封閉的農業經濟社會，正如上文所分析的，社會財富的總量是相對有限的，而匈奴由於其生產和生活方式決定了他的侵略性也是不可能徹底根除的。這樣，用有限的社會財富去尋求四處游牧而且無法從根本上解決侵略問題的匈奴，就決定了這將是一場消耗戰，時間越長對有限經濟總量農業社會的西漢就越不利。事實證明，雖然西漢王朝給於了匈奴以沉重打擊，但同時也消耗了西漢王朝大量的人力、物力與財力，到武帝統治末期，國庫空虛，各地農民起義風起雲湧，此時的漢武帝也「悔遠征伐」〔註63〕，並由此有了歷史著名的輪臺「罪己詔」，漢武帝公開宣佈，「當今務在禁苛暴，止擅賦，力本農，修馬復令，以補缺，毋乏武備而已」〔註64〕。而匈奴對中原地區的侵略，也並沒有因為武帝極富成效的匈奴戰爭而從此結束，只是階段性停歇而已。

在鹽鐵會議中，應該說賢良文學對於該不該發動這場戰爭問題，整體還是論述的比較清楚的，一方面他們指出戰爭的危害，「……且數戰則民勞，久

〔註62〕馬克思、恩格斯：《家庭、私有制和國家的起源》，《馬克思恩格斯選集》第4卷，人民出版社1995年版，第141頁。（以下引用同）
〔註63〕《漢書・西域傳》。
〔註64〕同上註。

師則兵弊，此百姓所疾苦，而拘儒之所憂也」〔註65〕。一方面他們也指出了與匈奴戰爭存在的問題，就是游牧的匈奴無法徹底根除，「……今百姓所以囂囂，中外不寧者，咎在匈奴。內無室宇之守，外無田疇之積，隨美草甘水而驅牧，匈奴不變業，而中國以騷動矣。風合而雲解，就之則亡，擊之則散，未可一世而舉也」〔註66〕。但是賢良文學提出的對於解決匈奴問題的方法就顯得過於迂腐，試圖用「文德」去感化匈奴，這顯然是不可能的，匈奴的經濟模式決定了其無法脫離掠奪的財富獲取模式。而大夫則始終堅持要進行戰爭，並且是在漢武帝下發「罪己詔」之後以及國內經濟嚴重受損的情況下，依然認爲要繼續這場戰爭，這顯然也是不合適宜的。事實上，自春秋戰國一直到明清時代，北方游牧民族一直是對中國農業經濟形成了巨大的威脅，這是由游牧民族的經濟特性決定的，而作爲社會總量經濟有限的農業經濟社會，中國也難以發動對匈奴的持續戰爭，最爲核心的就是中國發動這樣的戰爭無法獲得經濟上的利益，特別是無法獲得可以持續開墾的宜糧耕地，而北方游牧民族則正好相反。所以對於農業經濟社會的中國來說，採取軍事防禦的策略才是在這一條件下最爲有效的手段。最能說明這個問題所在的，就是在冷兵器時代，中國不惜巨大代價修築的長城正是這種經濟模式和軍事防禦策略最好的標注。

〔註65〕 《鹽鐵論譯注‧復古第六》。
〔註66〕 《鹽鐵論譯注‧備胡第三十八》。

第三章 鹽鐵論之爭的社會政治哲學分析

　　鹽鐵會議上爭論的另一個焦點問題就是政治問題，其核心就是如何更為有效地治理西漢這樣一個大一統封建農業經濟國家的問題，具體涉及到了國家至上與以民為本的問題、集權與分權問題、德治與刑治問題，大夫與文學賢良在這幾個問題上展開了激烈的辯論，在許多方面產生了不同的分歧。那麼這些問題產生的深層次原因是什麼，在前章分析了西漢社會的經濟狀況以及相關問題後，本章將在前章對西漢經濟系統分析的基礎上，圍繞著由西漢的經濟模式引發的社會管理模式，從而在社會政治思想上產生的影響進行深入的分析探討，並從政治哲學的理論視角對西漢社會內在的政治需求進行挖掘與梳理。

第一節　西漢社會財富流動與系統性問題

　　西漢社會的財富由農業與手工業創造出來以後，就會在社會既有利益集團之間進行分配與流動，而分配與流動又必然存在主要的轉移途徑，並體現出這一分配與流動的特質，由此勾勒出西漢社會財富流動的基本圖式。一旦這樣一種財富流動圖式形成並固定下來，那麼這種流動的過程就必然引發該模式下固有的系統性問題。

一、西漢社會財富流動的基本圖式

（一）社會財富的生產

西漢是一個以農業經濟爲主的社會生產生活模式，由於是一個封閉的經濟體，幾乎沒有對外貿易，所以土地成爲社會財富最主要的發源地。在前章的西漢社會經濟數據中我們可以看到，農業產值佔據整個國家總產值的大約70％以上，農業稅收也佔據了國家財政的70％甚至於80％以上，其餘的部分則主要是手工業產值，而事實上手工業在西漢社會中也是受制於農業總產量的，所以西漢的社會財富是以土地爲基礎由農民和手工業者共同創造的，他們的生產決定了西漢社會基本的財富總量。

（二）社會財富的利益集團

前面已經述及，西漢社會主要由政府集團、豪強集團和勞動階層三個社會利益集團構成，對於借助於土地等資源通過社會勞動生產出來的社會財富，最終是由這樣三個社會利益集團來劃分的。在這三個利益集團中，政府集團是具有高度的統治權，屬於最強勢的利益集團；豪強集團最爲既得利益者，也具有很多的特權和優勢地位；勞動階層則屬於這三個利益集團中最爲弱勢的群體。

（三）社會財富的轉移途徑

在西漢社會中，社會財富的轉移途徑主要有政府稅收、鹽鐵資源、權力對價和土地兼併四種主要途徑，通過這四種途徑，社會財富從勞動階層的生產者手中分別轉移到政府集團和豪強集團，其中政府稅收是轉移到政府集團的主要途徑，鹽鐵資源作爲轉移途徑主要是看其被控制在政府集團手裏還是豪強集團手裏，從而決定財富轉移的流向，而權力對價和土地兼併則主要是將勞動階層生產的社會財富轉移到豪強集團，同時權力對價也會導致部分政府集團的財富向豪強集團轉移。

（四）社會財富的流動

西漢社會是以農業經濟爲主的社會經濟模式，土地成爲財富的主要生產來源，土地的產出量在一定程度上就決定了社會財富的主要部分。西漢社會的財富主要部分通過土地，由農業家庭生產出來，以及依附於農業生產規模

的手工業者創造出另一部分相對少的社會財富，這些財富一旦創造出來（總量是有限的）除了滿足勞動階層基本自給自足的生活需求外，剩餘部分就通過政府稅收、鹽鐵資源、權力對價和土地兼併等幾種途徑轉移到政府集團和豪強集團。轉移到政府集團的社會財富主要投入了軍費開支、官員俸祿和公共工程等領域，部分用於皇室消費和賞賜等方面；轉移到豪強集團的社會財富則主要用於了土地兼併等可以擴大財富增長的領域，其他的則用於了奢侈消費與財富囤積等方面。這樣，西漢的社會財富就由有限的生產產出，通過各種財富轉移途徑，實現了在勞動階層、豪強集團和政府集團間的分配與流動，並通過這三個集團不同的消費與使用方式實現了財富的再分配與全過程的流動。具體情況如下圖所示：

西漢社會財富流動圖示

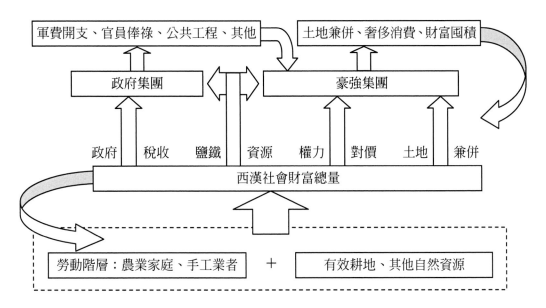

二、西漢社會財富流動的系統性問題

從上面的圖示中我們可以看到，西漢的社會財富通過幾個途徑在不同的社會利益集團中進行分配和流動，形成了西漢的社會財富流動體系，然而這一體系存在著幾個系統性的問題，並最終成為西漢社會（乃至整個封建社會）無法迴避的問題，主要有以下幾個方面：

（一）社會財富總量相對有限

在西漢社會的經濟模式下，社會財富的總量是由勞動階層利用土地等社會資源產生的，由於有效耕地的有限性、單位土地產能的有限性、人口的相對有限性以及其他自然資源的相對有限性等綜合因素，最終決定了西漢社會財富總量的相對有限性，這一部分內容的具體解答已經在本書第三章中進行了系統性的論證。不過，正是由於社會財富對有效的勞動人口和土地的過度依存性，一定程度上導致了整個社會對勞動階層（「民」）的一種依賴和畏懼，也導致了對農業生產有巨大影響的天氣（「天」）的依賴和畏懼。

（二）四種轉移途徑的特點與相互作用

我們列舉的社會財富轉移途徑主要有四種，由於西漢社會財富產生的來源比較單一，所以社會財富轉移途徑的起始端，都是指向由區域內勞動階層產生的社會財富總量，這樣就必然存在著四個轉移途徑之間此消彼長的可能性，從而這其中也必然存在著一定的衝突與矛盾。從一般特性上來說，權力對價屬於非陽光的財富轉移途徑，雖然其效果是存在的，但終究無法成為社會財富轉移的主流，這樣政府稅收、鹽鐵資源和土地兼併就成為西漢社會最主要的社會財富轉移途徑。在通常意義上說，政府稅收（主要指農業稅收）具有一定的剛性，因為政府稅收水平的上漲直接關係到國家的政治基礎和民心向背，通常情況下很難上調，相對而言下調和減免倒是容易的多，這樣就決定了在一般情況下政府稅收的財富轉移量是相對穩定和有限的，除非在特殊社會政治環境下，但顯然過度的政府稅收會導致政治統治根基的鬆動。這樣鹽鐵資源和土地兼併就成為最為靈活以及最為便利的財富轉移途徑，在前面已經分析過，政府不太可能以官方的形式參與到土地兼併中去，所以政府集團如果要增加在社會財富總量中的分配量，一般來說只有兩種途徑，一個是提高政府稅收，一個是控製鹽鐵資源，提高政府稅收一般來說是不太現實的，正如前面提到的，可能會影響國家的政治基礎和民心向背，同時如果過度提高政府稅收，由於稅收帶有強制性，就可能導致農業家庭因為稅收過高而變賣田地，從而加速社會的土地兼併，進而危及以農業家庭為基礎的國家統治之根本並加速豪強集團的土地兼併與財富集中。所以，一個相對理性的政府集團，一般情況下不會採取提高政府稅收的方式來增加財富分配量，這樣鹽鐵資源就成為政府集團和豪強集團集中爭奪也是唯一可以爭奪的財富轉

移途徑，事實上，這是西漢時期得以發生鹽鐵之爭的根本性原因之一。

（三）土地兼併的持續性和放大性

　　形成土地兼併現象的最核心因素主要有三個，一個是由於西漢社會經濟模式下，土地才是眞正社會財富的生產源頭，其他穩定的投資渠道非常有限，這樣土地的多少就決定了獲取財富的多少與獲取財富的穩定性；一個是由於小農經濟的脆弱性，任何自然災害、政治動盪、意外事故等因素都很容易導致農業家庭的破產，農業家庭破產唯一能出售的財產主要就是土地，而自然災害、政治動盪、意外事故等因素的發生總體上又是相對常態的，如果沒有國家和地方政府的救濟，小農家庭面臨災難時只有破產一途，所以土地兼併在西漢社會存在內在需求空間；再者就是，豪強集團出於追逐利益的內在動力，對於所擁有的大量剩餘財富尋求投資渠道，很顯然在西漢社會土地是有限資源而且最能帶來穩定回報的投資方式。由於這樣三個因素，土地兼併在西漢社會是必然持續存在的。至於土地兼併作為財富轉移途徑的放大效應，主要是由於豪強集團擁有剩餘財富時，便會通過購買土地的方式加大財富獲取方式與數量，於是就會將剩餘財富用於購買土地，而擁有更多的土地必然就意味著會擁有更大的剩餘財富，原因在於將土地交給雇農耕種獲得的收入更高，這樣越土地兼併財富就越集中，而越集中的財富在投資渠道非常有限的條件下就越去追逐土地，於是就形成了以豪強集團土地兼併為特點的社會財富放大效應。土地兼併作為西漢社會財富的轉移途徑，是西漢社會財富轉移空間最大也是對社會影響最大的。對於豪強集團勢力的擴張以及他們對於農民階層的危害，西漢晁錯曾有十分清楚的論述「商賈大者積貯倍息，小者坐列販賣，操其奇贏，日遊都市，乘上之急，所賣必倍。故其男不耕耘，女不蠶織，衣必文采，食必粱肉。亡農夫之苦，有阡陌之得。因其厚富，交通王侯，力過吏勢，以利相傾。千里遊敖，冠蓋相望，乘堅策肥，履絲曳縞。此商人所以兼併農人，農人所以流亡也」〔註1〕。還需要指出的是土地兼併致使大量農民成為豪強所屬的佃農，而豪強集團由於處於相對強勢地位以及錯綜複雜的官僚地位，欺隱土地以及偷稅漏稅非常普遍，於是，由於作為政府集團主要收入來源的自耕農數量減少，從而導致國家財政收入的減少，並對國家造成損失。所以，從國家角度不可能支持土地兼併，只是客觀上無法阻

〔註1〕《漢書‧食貨志》。

止。這個問題長期存在，漢初就開始出現，或者說是中國傳統農業社會無法迴避的必然現象。

（四）社會財富呈現向豪強集團集中的趨勢

從「西漢社會財富流動圖示」中我們可以比較直觀的感覺到，西漢社會財富總量似乎更多地在向豪強集團集中，事實上也的確如此。在第二章中我們通過對西漢經濟數據的估算已經比較清楚地看到，隨著西漢農業社會經濟的發展，社會財富更多地分配到了豪強集團手中。而從圖示中我們也能得到一致的結論，首先從社會財富的第一次分配中，豪強集團擁有比政府集團更多的財富轉移途徑，主要有鹽鐵資源、權力對價和土地兼併，而政府集團的政府稅收是相對穩定和有限的，所以在社會財富的初次分配中豪強集團就有著很大的彈性；其次，在社會財富的第二次分配中，政府集團的稅收收入主要用於了軍費、官員薪俸、公共工程以及皇室消費等領域，而流向這些領域的社會財富又通過直接（例如：俸祿）或者間接（例如：權力對價）的方式，又有相當一部分流入到了豪強集團手中；再者，政府集團為了保證社會的穩定，一般不會主動去進行政府行為的土地兼併，同時反對豪強集團的土地兼併行為，但土地兼併者首先就是官僚貴戚，政府集團對於這一群體的控制往往顯得力不從心；其次是地方豪強和商人，這方面政府通常採用徵重稅，或者遷徙守陵，或者強調財產稅等非常規的方式令其破產，也就是西漢曾經採用過的各種抑商政策，但總體上來說打擊範圍和力度有限，依然無法改變土地兼併作為豪強集團最願意採取而且也是最為有效的財富轉移模式。上文已經論述了土地兼併對於豪強集團的社會財富放大效應，所以，從時間和空間上來說，西漢社會的財富呈現向豪強集團持續集中的趨勢。鹽鐵會議上大夫曰「交市通施，民事不及，物有所併也。計本量委，民有饑者，穀有所藏也」〔註2〕，其意思就是人民的生活必需費用供給不足，是因為有人把財物兼併了，根據農業收入計量支出（老百姓應該夠用），老百姓還有挨餓的，是因為有人把糧食囤積起來了，其實質就是豪強集團通過土地兼併或者囤積居奇等手段將財富轉移到了自己手中，而原本根據單位農業產出，一般在扣除政府稅收後是可以滿足農業家庭的日常所需的，但社會現實結果卻是由於其他財富轉移途徑的現實存在，致使西漢社會中農業家庭很難長期維繫基本生活所需。

〔註2〕 《鹽鐵論譯注・錯幣第四》。

第二節　西漢社會管理與社會政治思想

　　如果社會財富流動與分配出現問題，就可能會產生無法迴避的社會整體系統出現問題，系統性問題就會帶來社會發展的不平衡，政府集團對於可能危及政治統治不平衡的存在，就必然要通過社會管理模式的調整和強化，借助於必要的政治手段來實現平衡，而這一政治目標就需要系統性的政治思想來支持。本節就依據這樣的思維邏輯來進行系統性分析。

一、西漢社會的不平衡與社會管理

（一）勞動階層的根本性與脆弱性

　　西漢社會以農業家庭和手工業者為主體的勞動階層是社會財富的主要創造者，也是社會經濟與政治的根本所在。其特點是，以自給自足的農業家庭或手工業家庭為基本的社會財富產出單位，由於土地生產能力有限，使得每個社會財富產出單位相對比較脆弱，在第三章的表 7、表 8、表 9 中可以看到，在西漢社會的第一階段單位農業家庭的理論剩餘甚至是負數，而即便是最富有的西漢社會第三階段單位農業家庭的理論剩餘也只有 4373 錢，不及一年生活成本的四分之一，這樣單位農業家庭的抗風險能力就非常低，在政治穩定、風調雨順的年頭裏生活還可繼續，一旦遇到自然災害或者勞動力缺失等非正常情況出現時，就很容易面臨破產。同時，在西漢農業經濟社會中，居於主導地位的還是自耕農小土地經營，這種小土地經營存在較大的局限性，無法實現比較完全的自給自足，只能採取一種與商品市場有著較多聯繫的半自給自足性質的生產經營方式，這也就給橫征暴斂、高利貸以及商業攫取提供了空間，從而決定了西漢勞動階層的脆弱性，而這些都為豪強集團土地兼併提供了持續性的可能和必要空間。但無論如何，勞動階層是西漢社會財富之根本，如果勞動階層的財富創造能力受到損害，就必然對整個國家經濟產生巨大的負面影響，所以文學賢良在鹽鐵會議上提出「……草萊不闢，田疇不治，雖擅山海之財，通百末之利，猶不能贍也。是以古者尚力務本而種樹繁，躬耕趣時而衣食足，雖累凶年而人不病也。故衣食者民之本，稼穡者民之務也。二者修，則國富而民安也。……」〔註3〕，並不是沒有道理的。雖然政府集團有非常系統的賑災政策與舉措，但從現實效果來說往往力不從心，一方面政

〔註3〕《鹽鐵論譯注・力耕第二》。

府集團本身擁有的可支配財富就比較有限，財政經常處於入不敷出的狀態；另一方面就是賑災資金往往在下放過程中，很大一部分就通過權力對價的途徑轉移出去，真正落實到賑災中的要大打折扣。所以，西漢農業經濟下的勞動階層表現出較明顯的脆弱性。

（二）政府集團與豪強集團的博弈

前文已經論及，權力對價具有非陽光性，雖然普遍存在，但不是主流；政府稅收單獨歸屬於政府集團，但具有穩定性和有限性；土地兼併單獨歸屬於豪強集團，具有長期性和可擴展性，是非常強有力的社會財富轉移途徑；鹽鐵資源相對機動性比較強，既可以歸屬政府集團，也可以歸屬豪強集團，也可以兩個集團同時分享，靈活性比較強。這樣，政府集團和豪強集團就依據各自掌握的社會財富轉移途徑，針對勞動階層創造的社會財富，彼此雙方產生了綜合性博弈，這種博弈特徵主要表現在：

1、政府集團政治理性與豪強集團商業理性的博弈

通常政府集團是具有政治理性的，也就是說維持社會穩定和政治穩定是政府集團的首要目標，政府集團的很多政策或舉措會依據這樣一個政治理性來考慮。豪強集團則更多的是出於商業目的，所以更多的是具有商業理性，也就是說追求利潤最大化或者財富可持續增長是其行為的主要驅動力。這兩個集團由於各自的利益點不同，所以在目標和行為上必然產生不同的路徑，從而產生不同的結果與矛盾。這一博弈過程，在西漢社會中就會產生許多現實的社會問題，雖然豪強集團掌握了大量的社會財富，但基於商業理性，使其很難佐國家之急，正如鹽鐵會議中大夫提到的「民大富，則不可以祿使也；大強，則不可以罰威也」〔註 4〕，而且豪強集團出於小集團利益的考慮，往往還會對國家的政治統治造成威脅，「……私威積而逆節之心作。夫不蚤絕其源而憂其末，若決呂梁，沛然，其所傷必多矣。太公曰：『一家害百家，百家害諸侯，諸侯害天下，王法禁之。』今放民於權利，罷鹽鐵以資暴強，遂其貪心，眾邪群聚，私門成黨，則強禦日以不制，而併兼之徒奸形成也」〔註 5〕。由此，政府集團和豪強集團在利益驅動的出發點上就存在著先天的博弈性。

〔註 4〕《鹽鐵論譯注‧錯幣第四》。
〔註 5〕《鹽鐵論譯注‧禁耕第五》。

2、政府集團財富有限性和豪強集團財富集中性的博弈

政府集團由於政治理性，除非遇到戰爭或財政拮据等特殊情況下會增加稅收，一般不會輕易提高政府稅收，否則隨意的稅收政策會對整個社會的政治穩定性產生很大影響，所以通常情況下，政府集團可控制的社會財富或者說財政收入是相對有限的；而豪強集團由於商業理性，往往追求利潤最大化，很少考慮對政治和社會的影響，並試圖通過各種途徑使社會財富向豪強集團集中。以西漢鹽鐵私營為例，一些大鹽鐵主壟斷了鹽鐵的生產和流通，從中積累了上億的家產。《史記‧貨殖列傳》中記載，歷史上有名的曹邴氏，「以鹽冶起，富至億萬」；在鹽商中，齊地的刀間，「逐漁鹽商賈之利」，「起富數千萬」。鹽鐵會議中，上大夫在談到漢初鹽鐵私營的弊端時也說，「……令意總一鹽、鐵，非獨為利入也，將以建本抑末，離朋黨，禁淫侈，絕并兼之路也。……鐵器兵刃，天下之大用也，非眾庶所宜事也。往者，豪強大家，得管山海之利，採鐵石鼓鑄，煮海為鹽。一家聚眾，或至千餘人，大抵盡收放流人民也。遠去鄉里，棄墳墓，依倚大家，聚深山窮澤之中，成奸偽之業，逐朋黨之權，其輕為非亦大矣！今者，廣進賢之途，練擇守尉，不待去鹽、鐵而安民也」〔註6〕。由於政府集團以財稅收入為主的財政模式，其政府財富呈現有限性的特點，而豪強集團對財富的追逐以及手段的相對多元化，使得社會財富更多地向豪強集團集中，這一現象與政府的初衷以及社會的平衡性需求是相對背離的，由此也形成了政府集團與豪強集團的財富博弈。

3、政府集團與豪強集團的相互依存與相互矛盾

由於政府集團出於政治理性而豪強集團更多的是基於商業理性和區域利益，導致了兩個集團在社會財富的獲取途徑以及獲取總量上都產生了不同的效果，這樣就引發了社會財富有向豪強集團流動的趨勢，當然就必然造成政府集團與豪強集團的利益與立場衝突，尤其是豪強集團依仗其特殊地位或者財富優勢，往往利用自己經濟、政治或宗族的勢力在地方上橫行霸道，違法越制，甚至與官府分庭抗禮，從而形成與中央集團背道而馳的離心力。實際上，對豪強集團的打擊，自秦始皇時期便已經開始，秦始皇統一六國後，即「徙天下豪富於咸陽二十萬戶」〔註7〕。劉邦建立西漢後，亦下令「徙齊楚大

〔註6〕《鹽鐵論譯注‧復古第六》。
〔註7〕《史記‧秦始皇本紀》。

族昭氏、屈氏、景氏、懷氏、田氏五族關中」〔註8〕，遷徙規模接近 10 餘萬口。漢武帝時期，接受主父偃的建議頒行的「推恩令」就是爲了消弱諸侯；算緡與告緡的政策，雖然有匈奴戰爭的大歷史背景與財政的缺乏，但其實質就是針對豪強集團產生的，至漢武帝元鼎二年已經是「楊可高緡遍天下」了，結果是「中家以上，大抵皆遇害」，朝廷「乃分遣御史、廷尉正監分曹往，即治郡國緡錢。得民財物以億計，奴婢以千萬數。田，大縣數百頃，小縣百餘頃，宅亦如之。於是商賈中家以上大抵破」〔註9〕。漢武帝還任用「酷吏」打擊不法的地方豪強與宗室貴族，如王溫舒爲河間太守，對治下的「郡中豪猾」嚴加懲治，「相連坐千餘家」，「大者至族，小者乃死，家盡沒入償臧」，又如尹齊「斬伐不避權貴」〔註10〕。漢武帝所採取的這些政策措施，固然一方面是由於與匈奴戰爭時期爲了增加財政而又不至於使老百姓負擔過重而採取的特殊政策，但卻也不能掩蓋政府集團與豪強集團的正面矛盾。所以，由此也不難看出政府集團與豪強集團存在著必然的矛盾性。

然而，事情並不是簡單的矛盾性能解答的，事實上，政府集團與豪強集團又是相互依存的，對於西漢的豪強集團而言，特別是漢武帝以來，主要有兩部分：一是貴族官僚地主，這一地主階層往往是皇親國戚或者政府要員，他們形成了西漢王朝的統治核心與政府構建基礎；另一個主要是大工商業主，這些大工商業主通過控制礦產資源以及商業資源積聚財富，並進行大規模的土地兼併，「以末致富，以本守之」〔註11〕，一方面壯大自我的實力，一方面獲得農業經濟社會中穩定的財富資源，成爲鹽鐵會議中大夫所指的「成奸僞之業，遂朋黨之權」〔註12〕，他們往往與官僚階層緊密結合在一起，並通過各種途徑也成爲官僚階層中的一部分，對西漢社會的政治經濟都有舉足輕重的影響。正是由於豪強集團所形成地位的特殊性，以及對政府集團統治的重要性，加之在對勞動階層統治等方面利益上的一致性，使得政府集團又不得不緊密地依存於豪強集團，我們可以從西漢時期政府集團對豪強集團的兩面政策來進行闡釋，除了上面提到的對豪強集團的打擊之外，政府集團則另一方面也對豪強集團進行拉攏與扶植。漢文帝時，由晁錯提出的在於解決

〔註 8〕《漢書・高帝紀》。
〔註 9〕《漢書・食貨志》。
〔註10〕《漢書・酷吏傳》。
〔註11〕《史記・貨殖列傳》。
〔註12〕《鹽鐵論譯注・復古第六》。

邊境軍糧運輸困難而實行的「輸粟拜爵」〔註13〕政策就是一例，當時擁有大量餘糧並有運輸能力的多數都是豪強集團中的地主，這樣的法令頒佈，就使得這些豪強集團能夠獲得爵位，從而增強政治實力。武帝時期也為解決窮兵黷武的財政問題，在元朔六年實行賣官賣爵的政策，買低爵可免徭役，買高爵可授官職。西漢時期，政府集團扶植豪強集團的另一個舉措就是輕田租，重人頭稅，由於田租是按土地繳納的，佔有土地多的由於田租很輕，自然稅負也就不重，而且大量由於兼併產生的土地，政府也無法核實征稅，這對擁有大量土地的豪強集團來說無疑是非常有利的，同時大量失地農民逃離戶籍的控制而成為豪強的僕役，這也就必然使國家失去大量的稅收，所以東漢時期的政論家、史學家苟悅就批評過這一舉措是「恣豪強」〔註14〕。

（三）西漢社會的不平衡

西漢社會由於社會經濟模式的單一性、社會財富的流動性以及流動過程中的不均衡性，導致了我們已經討論過的系統性問題，從而也引發了西漢社會自身的不平衡性，這種不平衡主要表現在各社會集團自身的不平衡和社會集團之間的不平衡。

1、社會集團自身的不平衡

（1）勞動階層自身的不平衡

勞動階層是西漢社會財富的主要創造者，其中以農民為主體，還包括手工業者，他們通過自己的辛勤勞動，通過土地和手藝技能等方式以不同的途徑創造著西漢社會的財富總量，從而維繫社會的生產生活，應該說勞動階層是整個社會的根基。然而由於西漢社會現實政治與財富流動模式，致使勞動階層自身存在著不平衡，主要表現在三個方面：

財富上的不平衡：勞動階層作為社會的主要財富創造者，卻無法成為社會財富的主要支配者，甚至於無法滿足自身基本的生活需求。

政治上的不平衡：西漢社會勞動階層雖然作為一個不能忽視的社會集團而客觀存在，但幾乎沒有政治發言權與參與權，處於完全被統治地位，從而成為社會的最弱式群體。

心理上的不平衡：勞動階層作為西漢社會的主要群體以及財富創造者，

〔註13〕《漢書·文帝紀》。
〔註14〕〔漢〕范曄：《後漢書·苟悅傳》，中華書局1901年版。

既沒有社會財富的主要支配地位也沒有政治地位，而且隨時可能遇到生存困難，這就必然會導致心理上的不平衡，對國家社會政治產生離心傾向，引發社會動盪。事實上，這種不平衡在先秦時代的詩經《魏風‧碩鼠》以及《魏風‧伐檀》文中就有了直白和鮮明的寫照，「坎坎伐檀兮，置之河之干兮，河水清且漣猗。不稼不穡，胡取禾三百廛兮？不狩不獵，胡瞻爾庭有縣貆兮？彼君子兮，不素餐兮！……」。

（2）政府集團自身的不平衡

就政府集團來說，其自身的不平衡性主要表現在財富上的不平衡或者說財政上的不平衡，由於政府集團的社會財富轉移途徑比較單一主要為政府稅收，間或鹽鐵資源，而且也由於政治理性的因素，再加之社會財富總量的有限性和財政開支渠道的固定性以及剛性，導致了政府集團所能支配的社會財富實際上是比較有限的，財政經常處於入不敷出的狀態。其主要矛盾表現為皇室貴戚的非理性支出與有限財政之間形成的緊張關係，主管行政的官員出於政治理性要控制稅收和開支，但是又無力控制，這就造成各種利益集團之間的爭鬥。

（3）豪強集團自身的不平衡

就豪強集團來說，其自身的不平衡主要表現在兩個方面：

政治上的不平衡：豪強集團雖然擁有多手段的社會財富轉移途徑並且掌握了大量的社會財富，但在政治上並沒有獲得與其所掌握的社會財富量相一致的地位。

投資渠道的不平衡：正如第二章已經分析過的，在西漢農業經濟社會中，財富的再投資渠道非常單一，主要就局限在資源類領域，而這其中最有效和穩定的就是土地，但是這類資源的可供給空間是有限的，而且是影響巨大的，所以作為豪強集團來說，社會財富向豪強集團的集中趨勢與投資渠道單一的不平衡也是客觀存在的。

2、社會集團之間的不平衡

（1）社會財富流動的不平衡

西漢社會財富主要由勞動階層生產和創造，同時是總量相對有限的，通過幾種主要的財富轉移途徑實現了財富的分配與流動。從整體上來說，西漢的社會財富客觀上存在著最終向豪強集團集中流動的趨勢，以並存的及政府集團財富有限性，與勞動階層財富短缺與脆弱性的現實，這就必然造成社會財富在利益集團之間的分配與流動不平衡。最為核心的是，由於自給自足的

農業經濟模式的相對固定性，在一個相對封閉的區域農業經濟內，這一種社會財富流動的模式——從前文的分析中我們已經意識到——幾乎是無法變更的，也就是說這一不平衡在生產生活方式沒有根本改變的基礎上是客觀存在的，是難以逆轉的。

（2）土地資源引發的社會不平衡

對於勞動階層來說最為重要的生產資料就是土地資源，但由於小農經濟的脆弱性，以及社會財富向豪強集團流動的趨勢性，使得土地兼併成為西漢社會的主要問題，土地越來越集中到豪強集團手中，一方面導致財富進一步向豪強集團流動，一方面則使得政府集團的財源萎縮，再一方面就是會產生大量的流民，從而導致整個社會的政治經濟不平衡。

（3）各社會集團的博弈與不平衡

上文已經具體論述了勞動階層的根本性與脆弱性，以及政府集團與豪強集團的博弈關係，事實上勞動階層是社會財富的根本與社會統治的基礎，然而卻是無論在社會財富分配上還是政治上都是最弱勢的群體。政府集團和豪強集團從根本上來說都要依附於勞動階層的，政府集團從政治理性的角度出發對勞動階層相對來說更為關注與敏感，豪強集團從商業理性的角度出發則對勞動階層相對漠視與冷酷，不過，從社會的角度，豪強集團的存在客觀上也為勞動階層在農業經濟中無法迴避的經常性破產問題提供了一定的緩衝作用，使部分農民或者手工業者在破產後選擇成為豪強集團的雇傭者，從而得以維持基本的生存條件。鹽鐵會議中大夫也提到這個問題，「往者，豪強大家，得管山海之利，採鐵石鼓鑄、煮鹽。一家聚眾，或至千餘人，大抵盡收放流人民也」〔註15〕。反過來，當勞動階層中越來越多的人無法維繫生存，而緩衝空間又非常有限，致使大量流民產生，發展到一定程度就必然危及整個社會的穩定與統治。

至於政府集團與豪強集團的相互依存與對立關係，我們已經論述過，在此應該看到，當與勞動階層的矛盾還沒有最後激化到無法緩和的地步時，政府集團與豪強集團的博弈就變得對社會政治經濟的影響很大，畢竟政府集團的根本利益在於國家的富強和穩定，而豪強集團的利益在於自身財富和利益的追逐。事實上，政府集團與勞動階層矛盾的激化更確切地說是不平衡的結果，而政府集團與豪強集團的博弈更接近不平衡的過程。

〔註15〕《鹽鐵論譯注·復古第六》。

　　所以，過去很多學者將封建時代的主要矛盾比較簡單地歸結爲「地主階級和勞動人民的矛盾」，這種劃分方式在我看來顯然是過於簡單和不科學的。事實上，封建時代的主要矛盾既有「既得利益階級（政府集團與豪強集團）與勞動人民（勞動階層）的矛盾」，又有「政府集團與豪強集團的矛盾」。相比較而言，政府集團與豪強集團之間的矛盾與博弈應該更成爲中國傳統社會的主要矛盾，正是這一矛盾與博弈主導了中國傳統社會演進與變遷的歷史過程。

（四）西漢社會的管理目標

　　面對西漢農業經濟社會由於財富流動以及社會集團之間的各種不平衡，作爲整個國家的統治者與主導者的政府集團就存在一個如何更爲有效管理地社會，才能杜絕或者緩和這些社會不平衡問題，從而實現社會政治經濟的相對穩定與延續，這就涉及到政府集團該如何有效管理農業經濟社會的問題。

1、西漢社會管理模式的目標

　　基於共存於西漢社會的不同利益主體，不同利益主體自身和相互之間存在的諸多不平衡，以及這種不平衡的客觀存在性和難以逆轉性，作爲西漢社會的管理主體政府集團而言，其社會管理的主要目標應該就是針對存在著的不平衡不斷地修正，也就是盡力達成「平衡」。如何讓不平衡盡可能的平衡，或者盡可能地緩和不平衡的程度，從而使西漢農業經濟社會穩定健康發展，就成爲西漢社會政府集團實施社會管理的根本目標。通過前面的分析我們已經知道，當西漢農業經濟社會存在的各種不平衡如果不加以控制任其發展，那麼土地兼併就會沒有休止的進行下去，最終導致大量的流民，豪強集團也將迅速壯大自己的實力，從而威脅政府集團的統治基礎，而勞動階層也會對現實的不平衡有所反應，引發社會動蕩，所以對於政府集團來說，相比較於其他的政治目標而言，如何使現實的不平衡盡可能平衡，從而保證社會的穩定和政權的牢固是其最爲重要的政治使命，至於「發展經濟，增強國力」等我們通常理解的目標，一般說來只能作爲一個附屬目標，而不可能成爲根本目標。主要在於，一方面由於農業經濟社會經濟總量受可耕土地、有效人口和農業周期的制約，不可能爆發式增長，而且是相對有限的；另一方面如果能實現或者接近「平衡」，則「發展經濟，增強國力」等的目標往往也就能基本實現。所以，在政府集團看來「平衡」是最根本的政治目標。

2、平衡目標需要解決的幾個問題

（1）平衡既得利益集團與勞動階層的矛盾（或不平衡）

既得利益集團就是我們本書中所說的政府集團和豪強集團，勞動階層是財富的創造者，但無法成為財富的支配者，無論是在經濟上、政治上和心理上都處於絕對弱勢的地位，但卻是幾個利益集團中最為龐大且最具備潛在力量的集團，如何平衡這種不平衡，是作為社會管理者的政府集團必須要解決的問題。

（2）平衡政府集團與豪強集團的矛盾（或不平衡）

政府集團與豪強集團既相互依存又相互對立。政府集團基於政治理性，一方面要防止豪強集團由於經濟上的強大而在政治上產生威脅；一方面又要防止豪強集團由於商業理性而產生對勞動階層的過度剝削與侵佔，從而威脅社會的統治基礎；再者，就是要盡可能地削弱社會財富向豪強集團的過度集中。同時，政府集團還要考慮豪強集團作為其社會統治的無法或缺與相互依存性。

二、西漢社會的政治理念與政治手段

圍繞著西漢社會客觀存在的不平衡與社會管理目標，西漢的政府集團必須通過具體的政治思想以及政治手段來解決問題並實現社會管理的目標，這就涉及到西漢社會系統性政治思想與管理手段的環節。其實，從西漢社會創建之初，面對一個大一統的農業經濟社會，在總結秦朝統治經驗的基礎上，針對存在的系統性社會問題，西漢統治階層一直在摸索有效的統治手段與模式，主要有以下幾個方面：

（一）集權的統治方式

在談及集權的統治方式時，首先要區分一下「大一統」和「集權」的概念，很多學者通常認為「大一統」就意味著「集權」，「集權」也就是「大一統」，筆者認為將這兩個概念混淆是存在問題的。事實上，「大一統」的觀念在中國可以追溯到三皇五帝時期，在《尚書・堯典》就有「光被四表」，「平章百姓」，「協和萬邦」的記載，那一時期就已經有了大一統觀念的雛形；在正式文字中「大一統」一語始見於《公羊傳・隱公元年》，「何言乎王正月？大一統也」；在周天子時期，有了「溥天之下，莫非王土，率土之濱，莫非王

臣」〔註16〕的說法。所以「大一統」的觀念在古代中國是一直延續的，應該說夏商周時期到秦朝統一後的秦漢時期都是大一統的政治格局，只有周天子衰微的春秋戰國時期處於群雄割據的局面，不能稱之爲大一統。但春秋時代，五霸率諸侯尊周室，以及戰國時代，七雄並立，力圖一統天下，都是對大一統觀念的繼承和實踐。至於在「大一統」的政治格局下，具體是採用「分封制」的管理模式還是「集權制」的管理模式，才是需要區分和辨析的地方。由於對於勞動階層來說，無論是「分封制」還是「集權制」，他們都是弱勢群體，都是被統治階層，基本上都沒有任何發言權和決策權，所以「分封制」和「集權制」實際上就成爲社會的既得利益集團內部進行權力分配，從而實現社會統治的一種社會管理模式。

對於商周實行的「分封制」大一統管理模式而言，由於分封的諸侯國有很大的獨立性和自主性，官吏、財政等權力完全自己支配，對天子只有朝聘和進貢的義務，使得諸侯國很容易強大起來，通過商周的歷史變遷我們可以看到，殷商最終是被其諸侯國周氏所滅，而周朝歷經四百年後也爲各諸侯國割據泯滅，從而說明了中央天子過度分權所帶來的危害。之後，在秦始皇統一中國建立秦朝後，實施了以郡縣制爲代表的中央集權社會管理模式，但很快也隨著農民起義滅亡了，隨之而建立起來的西漢王朝就面臨著是選擇「分封制」還是「集權制」管理模式的問題。

從歷史來看，「分封制」已經被證明是存在嚴重問題的，雖然在漢初這一分封的思想還沒有完全褪去，由於軍功等問題漢高祖劉邦進行了異姓王和同姓王的分封，從而採取了郡縣和分封並舉的模式，不過很快異姓王就被剪除，但是同姓王也並不代表安全，隨著這些同姓諸侯王的羽翼漸成，勢力迅速膨脹，並足以同西漢中央政權分庭抗禮，先後發生了濟北王劉興居和淮南王劉長的叛亂，以及隨後的「吳楚七國」之亂，通過對各諸侯國的消藩與翦滅，西漢王朝逐步加強了中央集權，應該說，大一統條件下的中央集權管理模式在西漢於此時基本獲得最終確立。

在漢文帝和漢景帝最終消除了諸侯王之後，西漢中央集權的步伐並沒有因此而停止，到了漢武帝時期，爲了進一步加強中央集權，漢武帝又在西漢的官制等方面進行了改革，實行了中外朝制度，其原因是君權和相權的矛盾發展的必然結果，使得整個國家的權力向君權集中，中央集權從而在漢武帝時

〔註16〕《詩經注析‧小雅‧谷風之什‧北山》。

期得到了進一步的鞏固。那麼在諸侯王相繼被消滅以後，漢武帝何以還要如此強化中央集權呢，這裡面有中國自古以來對天的理解，有歷史經驗的總結，但也有著政府集團與豪強集團內在博弈的重要因素。正如我們前面已經分析過的，西漢社會財富有最終向豪強集團集中的趨勢，而豪強集團獲得相對多的社會財富之後，便可能隨著其經濟地位重要性的加強，政治地位也會隨之提升。在財富上，豪強集團可以「富可敵國」；在政治上，豪強集團可以「因其富厚，交通王侯，力過吏勢，以利相傾」〔註17〕，甚至「封君皆低首仰給」〔註18〕；同時豪強集團還大量佔有對農業經濟社會關係重大的生產資料——土地，漢武帝時期富商大賈佔有土地「大縣數百頃，小縣百餘頃」〔註19〕，正如鹽鐵會議中大夫所說「豪強大家，得管山海之利，採鐵石鼓鑄、煮鹽。一家聚眾，或至千餘人，大抵盡收放流人民也。遠去鄉里，棄墳墓，依倚大家，聚深山窮澤之中，成奸偽之業，遂朋黨之權」〔註20〕，最終會對政府集團構成威脅。所以在政府集團和豪強集團的博弈過程中，正如前面已經分析過的，由於政府集團無法從社會財富的佔有方面在根本上取代豪強集團，那麼政府集團只有通過進一步的加強中央集權，使豪強集團在政治上無法獲得強勢，並在一定程度上始終處於政府集團的權力控制力度之內，從而依附於政府集團，這樣對於政府集團來說保持一個強有力的集權政治，才能保證政府集團在與豪強集團的博弈中不至於處於劣勢，只有加強中央集權才有利於政府集團直接干預社會財富向豪強集團的流動趨勢，直接干預土地兼併，對豪強集團實施局部的直接打擊，當然從現實政治來說政府集團與豪強集團各種利益往往複雜膠著在一起，很難最終阻止這一趨勢的擴大。至於從「分封制」走向「集權制」，將政府權力高度集中在一個人或者少數幾個人手裏，客觀上存在著合法性的問題，對於這個問題不是政治思想所能合理解答的，具體的論述我們將在下一章中進行探討。

　　此外，中央集權的統治方式與中國一直以來小農經濟的生產方式也是緊密聯繫在一起的。在中國封建社會中，自給自足的小農生產方式在經濟領域中占統治地位。考慮到農業生產週期性的特徵，以及這種分散經營、彼此獨立的小農經濟，沒有也不可能有緊密的聯繫，只能靠超經濟的行政權力和手

〔註17〕　《史記‧貨殖列傳》。
〔註18〕　《漢書‧食貨志》。
〔註19〕　《史記‧平準書》。
〔註20〕　《鹽鐵論譯注‧復古第六》。

段來強行管理，使之成爲一個經濟聯合體，以此來防禦游牧民族對農業種植經濟的破壞，同時也便於實施統一的水利等社會公共工程，以保護封建社會生存之基礎——小農經濟的穩定。客觀地說，秦漢以來建立的大一統中央集權的統治方式，是適應了中國封建社會小農經濟生產方式的需求。

（二）民本的政治理念

1、民何以爲本

首先需要定義的是，本書中的「民」指勞動階層，並不涵蓋少數不具備政治地位的豪強集團成員，也不包括奴隸。在大一統的農業經濟社會中，民本思想源遠流長，中國古代歷史一直將勞動階層視爲治國安邦根本的政治理念而存在，從現存資料來看，民本的政治思想萌芽於殷商時期，當時的統治階級就已經從桀紂的亡國與現實鬥爭中感受到了勞動階層的力量。在《尚書‧五子之歌》就有「民可近，不可下，民惟邦本，本固邦寧」的民本思想體現，同時又在《尚書‧酒誥》中提出了「人無於水監，當於民監」和《尚書‧康誥》中的「敬德保民」的思想，開始重視勞動階層的力量。可以看出，在中國古代，民本的政治理念已經早已有之，並不斷地得到發展，那麼民本的政治理念產生的根源在哪裏呢，實際上我們在前面已經進行了論述，這裡再進行一次梳理，關於「民何以爲本」主要有三個因素：

（1）民是社會財富的創造者與最終來源

對於這個問題，本書第二章的農業經濟分析中用數據進行了詳細的描述，在一個相對封閉的農業經濟社會，土地等資源是一切財富來源之基礎，而勞動階層是這些財富的直接創造者，戰國時期的虢文公就曾向周宣王進諫道，「夫民之大事在農，上帝之粢盛於是乎出，民之蕃庶於是乎生，事之供給於是乎在，和協輯睦於是乎興，財用蕃殖於是乎始，敦厖純固於是乎成，是故稷爲大官」，春秋時期楚靈王的臣子也提出：「夫君國者，將民之與處，民實瘠矣，君安得肥？」〔註21〕。

事實上，勞動階層是社會財富之源，對於歷代王朝而言都有深刻的體會和認識，也將之作爲立國的重要政治理念來面對，西漢時期賈誼在《論積貯疏》中說道「古之人曰：一夫不耕，天下必受其饑者；一婦不織，天下必受其寒者」，充分反映了勞動階層的重要性，以及農業經濟中社會財富的有限性。

〔註21〕徐元誥撰，王樹民、沈長雲點校：《國語集解》，中華書局 2002 年版。

（2）民對王朝的興亡有決定性影響

民對王朝的興亡有決定性影響，並不是說民隨時想推翻一個王朝就能夠推翻，而是當社會的積弊發展到一定程度，勞動階層處於普遍的無法生存狀態時，所爆發出來的巨大革命性，每一次王朝的更替幾乎都是依靠勞動階層的力量得以完成的。對於這一問題政府集團其實是有著清醒地認識的，得民者昌，失民者亡，荀子曰，「《傳》曰：『君者，舟也；庶人者，水也。水則載舟，水則覆舟。』……故王者富民，霸者富士，僅存之國富大夫，亡國富筐篋，實府庫。筐篋已富，府庫已實，而百姓貧：夫是之謂上溢而下漏。入不可以守，出不可以戰，則傾覆滅亡可立而待也」〔註22〕，同時荀子還指出「用國者，得百姓之力者富，得百姓之死者強，得百姓之譽者榮。三得者具而天下歸之，三得者亡而天下去之」。這些政治思想都反應了政府集團對勞動階層力量的認識與畏懼。

民眾如果失掉經濟能力，就會反叛，成為社會政治的破壞力量，所以傳統政治必須要以民為本。

（3）民本的政治理念源自於政府集團

在傳統農業經濟社會中，出於對勞動階層作為財富創造者以及對這一階層所蘊含巨大力量的認識，政府集團是深知勞動階層的重要性的，並自始自終有著「民本」的政治理念，歷朝歷代都對民本有著共同的認識，這是政府集團出於政治理性，在面對農業經濟的社會格局下必然產生的。但我們也應該看到，政府集團所理解的「民本」並非我們現在經常談論的「民主」，政府集團的「民本」政治理念是為了更好地統治勞動階層，即所謂的「牧民」，是為了使勞動階層保持基本的生活水平，從而維繫集權社會政治的穩定，勞動階層並沒有因為「民本」而獲得更高的政治地位，而更多的是一種工具。政府集團重民的主要目的是為了緩和階級矛盾，穩定社會秩序，同時盡可能防止勞動階層過度破產，從而加劇豪強集團的土地兼併，形成大量流民，造成社會動蕩，危及政府集團的統治基礎。而對於豪強集團而言，一方面基於商業理性和小集團利益，一方面由於不出於國家治理的角度，很難形成「民本」的理念，即便是從政治角度能夠理解民本，但從自我的行為角度不會去做也無法做到以民為本。

〔註22〕〔清〕王先謙撰，沈嘯寰、王星賢點校：《荀子集解》，中華書局 1988 年版。
（以下引用同）

2、民本的內在矛盾性

作爲政府集團來說，意識到民本的重要性並不難，但如何基於民本的政治理念採取具體的政治舉措卻並非容易的事情，而且在民本的政治理念和政治現實中本來就存在著難以調和的矛盾，具體說來主要是由於農業經濟社會中主要財富都是勞動階層所創造的，但在前面的分析中我們已經知道，這些社會財富最終都有流向豪強集團的趨勢，而且這樣的趨勢在政府集團和豪強集團的相互依存關係中往往是不可逆的，於是任何我們通常理解的「富民」的政治舉措（例如減稅等）都可能最終通過其他途徑流入到豪強集團手中，導致進一步增強豪強集團的財富而卻削弱政府集團財富的效果，反過來隨著政府集團的財富削弱，政府集團的財政開支往往又是相對剛性的，就會又只能通過提高政府稅收的手段增加財政收入，反過來又直接導致「勞民」。正所謂「談民本易，行民本難」，在歷史上，雖然政府集團都清醒地認識到民本的重要性，但除了少數所謂盛世階段有過短暫的「國泰民安」開明政策外，大部分時期眞正民本的政治舉措或者停留在形式上、或者收效不大，這與農業經濟社會財富流動的趨勢以及不可逆的特徵是密切相關的，但客觀上這些舉措是可以達到延緩社會財富流動趨勢行進速度的效果的。

這裡需要特別提出來，對於農業經濟社會來說最爲重要舉措之一就是賑災。由於農業經濟社會的財富來源主要是土地，所以自然災害對農業生產的影響極大，然而更爲重要的是，由於勞動階層的脆弱性，在自然災害面前幾乎沒有任何的緩衝餘地，如果政府集團不及時予以賑災就會帶來三個問題，一個是災區農民大面積破產而將土地賣給豪強集團，加速土地兼併；一個是大量農民流離失所，造成社會動蕩，影響社會穩定；再者就是影響政府的財政收入基礎。正是基於這些因素，所以中國古代一直高度重視賑災工作，也是所謂的基於「民本」政治理念的「善政」。政府集團往往會採取興修水利、積蓄備荒、減免稅賦等措施來預防或者救濟災害所造成大損害。例如：武帝元狩四年，山東水災，天子派使者打開郡國糧倉，用以賑濟饑民仍感不足，於是將 70 萬貧民遷至關西及朔方以南新秦中〔註23〕。

最後還需要提出來的是，正如前面所說的雖然政府集團非常重視「民本」，但現實政治中很難充分做到，這就會涉及到最終如何解決勞動階層作爲社會財富的創造者卻無法支配財富，而且無論在經濟上還是政治上勞動階層

〔註23〕丁光勳：《兩漢時期的災荒與荒政》，《歷史教學問題》1993 年第 3 期。

始終是弱勢群體的這一不平衡問題，如果最終經濟環節上無法解決，那麼就要考慮如何在精神層面上解決該不平衡的問題，從而使民能安存於不平衡而平衡，這個問題我們將在下一章深入探討。

（三）社會等級與秩序

　　隨著私有制的產生，便產生了階級，人類社會也就有了各種類型的等級劃分，從整體而言，社會等級的劃分對於加強社會管理、穩定社會秩序是有正面作用的，特別是對於一個經濟總量有限的農業經濟社會就顯得更有必要。在荀子看來，由於社會財富是有限的，而人的「欲惡」又是相同的，有限的財富無法滿足所有人共同欲望，就必然會導致爭奪，爭奪又是導致社會混亂和更加貧困的根源，所以國家如果沒有等級差別，就沒有辦法治理，人心就難以控制，正所謂「物不能澹則必爭，爭則必亂，亂則窮矣」〔註24〕、「離居不相待則窮，群而無分則爭。窮者患也，爭者禍也。救患除禍，則莫若明分使群矣」〔註25〕。

　　中國自夏、商、周三代以來，形成了以宗法血緣為特徵的社會等級模式，並與國家統治和社會秩序結合起來，成為國家政治秩序和社會等級秩序的內在基礎。「天有十日，人有十等，下所以事上，上所以共神也。故王臣公，公臣大夫，大夫臣士，士臣皂，皂臣輿，輿臣隸，隸臣僚，僚臣臺。馬有圉，牛有牧，以待百事」〔註26〕。貴族對土地的領有是按宗法血緣關係的親疏遠近來逐級分封而確定，等級結構是在不同土地領有的基礎上形成的。天子是全國土地的領有者，是天下之大家；諸侯是封國土地的領有者，是一國之大宗；卿大夫是封邑內土地的領有者，是封邑和本族內之大宗；士接受卿大夫分給的小塊土地，是家庭內的族長，不再分封；士之下的族成員與天子有血緣關係，耕種各級貴族的土地，基本上還保留著族居形式進行生產、生活的庶人。君統和宗統是結合的，互為表裏，構成了等級秩序〔註27〕。

　　但是這樣一種以宗法血緣為紐帶的等級秩序，隨著春秋戰國時期商品經濟的發展，受到了很大的衝擊，正如恩格斯所說的「商品形式和貨幣就侵入那些為生產而直接結合起來的社會組織的內部經濟生活中，它們逐一破壞這

〔註24〕《荀子集解·王制》。
〔註25〕《荀子集解·富國》。
〔註26〕《春秋左傳詁·昭公七年》。
〔註27〕黃啟標：《試論春秋戰國時期商品經濟對社會等級結構變化的影響》，《廣西教育學院學報》1997年第2期。

個社會組織的各種紐帶」〔註28〕，其中最主要的一個因素就是土地買賣的出現和盛行，以及社會中新的商人階層的出現。在經歷了春秋戰國，秦朝最終統一之後，從國家管理模式來說，中央集權的建立取代了宗法血緣的世襲分封管理模式，一些軍功貴族與地主的出現也打破了原有的宗法血緣關係。

到了漢代中央集權的政府管理模式進一步鞏固和加強，作為平民出身的漢高祖劉邦成為天下之大統，宗法血緣已經不再是社會等級的劃分標準，客觀上設立嚴格合理的社會等級與社會秩序，以適應中央集權的需要和新的社會形勢的需要，並有利於政府集團的管理與各利益集團的平衡。從西漢的實際情況來看，西漢的社會結構基本上由皇帝、貴族、官僚、平民、賤民以及奴隸組成，形成自上而下層層分級的等級社會，劃分社會等級的標準很多，如爵位、官品、門第、職業、種族等等，這些等級制度一般都由政府集團以法律等形式嚴格確定下來。由於從宗法血緣的等級制度演進到西漢的等級制度已經有所發展與變化，如何對這一變化進行詮釋，劃分的合理性與合法性是什麼，以及如何讓豪強集團與勞動階層從根本上接受這樣的等級劃分，從而更有利於社會管理與社會穩定，我們在下一章將進行深入地探討。

（四）崇本抑末的政治舉措

崇本抑末在古代中國幾乎成了歷朝歷代的基本國策，早在春秋戰國時期，崇本抑末的政治理念就被明確地提出來。戰國時期的李悝就提出「農事害則饑之本也。女工傷則寒之原也，饑寒並至，而能不為姦邪者，未之有也。……故上不禁技巧則國貧民侈」〔註29〕，管仲則說「務五穀則食足，養蠶麻，育六畜則民富」〔註30〕「行其田野，視其耕芸，計其農事，而饑飽之國可知也」〔註31〕，商鞅云「農少商多貴人貧」〔註32〕，漢人賈誼謂「背本趨末，食者甚眾，是天下之大殘也」〔註33〕。到了西漢社會，國家對農業生產的重視得到了進一步的加強。那麼，作為政府集團來說，採取崇本抑末的政治舉措的根本原因是什麼，筆者認為主要有以下三點：

〔註28〕恩格斯：《反杜林論》，《馬克思恩科斯選集》第 3 卷，第 350 頁。
〔註29〕〔漢〕劉向撰，向宗魯校證：《說苑校證》，中華書局 1987 年版。
〔註30〕《管子輕重篇新詮·牧民》。
〔註31〕《管子輕重篇新詮·八觀》。
〔註32〕蔣禮鴻：《商君書錐指》，中華書局 1986 年版。
〔註33〕〔漢〕賈誼撰，閻振益、鍾夏校注：《新書校注·大政》，中華書局 2000 年版。
（以下引用同）

1、崇本是國家財富之源

對於這個問題，本書中實際上已經通過數據進行了詳細的說明，正如馬克思所說的「農業是整個古代世界的決定性的生產部門」〔註34〕，在西漢的農業經濟社會中，主要的財政收入幾乎都來自於對農業家庭的各種稅收，整個社會的財富也基本上由農業生產出來，手工業的發展與繁榮在根本上是由農業生產的水平決定的，西漢文帝在勸民務農的詔書中明確提出「農，天下之大本也，民所恃以生也」〔註35〕。

2、抑末是政府集團與豪強集團的博弈

抑末實際上有兩個層面的含義：

（1）抑制豪強集團的財富轉移途徑。我們在前文已經分析過，農業經濟社會中的「末」，實際上是豪強集團藉以將社會財富進行轉移分配的一個途徑，比較典型的就是鹽鐵資源，當然其它的商業行為效果是一樣的，只是規模大小不等。所以，如果「末」過於繁榮，則必然意味著由「本」而產生的有限社會財富就會大量地通過「末」的途徑轉移到豪強集團手中，正如荀子所說「工商眾則國貧」〔註36〕，這樣就出現了豪強集團與政府集團財富爭奪的問題，在社會財富總量相對有限的格局下，政府集團必須要「抑末」，一方面保證財政的財源，一方面防止豪強集團財富集中，加速土地兼併，影響統治根基。

（2）抑制商人的社會等級地位。豪強集團的財富集中，特別是其中的大工商業者的崛起，嚴重地影響並破壞著西漢社會的等級秩序，「工虞商賈，為權利以成富，大者傾都，中者傾縣，下者傾鄉里者，不可勝數」，「千金之家比一都之君，鉅萬者乃與王者同樂」，人稱為「素封者」〔註37〕。這些大工商業主以財力相君長，嚴重地威脅著封建宗法專制秩序，也衝擊了底層農民和手工業者的社會穩定。工商業主因其出身不一，往往有富無貴，故必竭力因其富厚之資僭越禮制，顯示尊貴，使封建等級制度堤防日益潰壞。所以政府集團「抑末」的另一個原因就是要打擊工商業者，壓低他們的社會地位，《史記·平準書》云「天下已平，高祖乃令賈人不得衣絲乘車，重租稅，以困辱之」。

〔註34〕馬克思、恩格斯：《馬克思恩科斯全集》第21卷，人民出版社1998年版，第169頁。（以下引用同）

〔註35〕《漢書·文帝紀》。

〔註36〕《荀子集解·富國》。

〔註37〕《史記·貨殖列傳》。

3、崇本抑末有利於政府集團的社會管理

崇本抑末對於加強社會管理來說，主要有兩個方面的好處：

（1）有利於勞動階層的穩定。管仲很早就說過「倉廩實則知禮節，衣食足則知榮辱」〔註38〕，政府集團崇本就能促進農業生產的發展，從而在一定程度上改善勞動階層的生活水平，使勞動階層能夠安居樂業，否則社會難以穩定。西漢的晁錯對於這個問題就曾尖銳地提出「民貧，則姦邪生。貧生於不足，不足生於不農，不農則不地著，不地著則離鄉輕家，民如鳥獸。雖有高城深池，嚴法重刑，猶不能禁也」〔註39〕。

（2）有利於淳厚民風，易於統治。持有這一觀念比較典型的就是《呂氏春秋》。《呂氏春秋》重農事之要，不從食為民天、豐衣足食這一點發揮，而側重於農業對時風世俗的影響，強調重農「非徒為地利也」，而是為了使民情質樸，易於統治，安土重遷，危急可待。若不重農，則風俗詭詐，民不可依，故說：「民舍本而事末則不令，不令則不可以守，不可以戰。民舍本而事末則其產約，其產約則輕遷徙，輕遷徙則國家有患，皆有遠志，無有居心。民舍本而事末則好智，好智則多詐，多詐則巧法令，以是為非，以非為是」〔註40〕。

（五）德主刑輔的政治手段

德刑問題在中國古代的政治理念中是一個非常重要的問題，關於這個問題從可記載的資料中應該在西周時期就已經發端，西周《呂刑》中周公提出「明德慎罰」思想，核心就是提倡德治，推崇德政，但也不排斥刑罰。真正的「德刑之辨」則起於春秋戰國時期，當時的諸子百家各抒己見，到了秦國用法家思想為指導統一了六國，建立了大一統中央集權的國家，「法治」的思想盛行一時，但很快隨著秦王朝的覆滅而遭到質疑。西漢王朝的統治者借鑒秦朝的滅亡，又重新進入了一次新的「德刑之辨」，以陸賈、賈誼等為代表的西漢政治家通過對秦亡的總結，批駁了法家嚴刑峻法的政治觀點，陸賈在《新語·輔政》中說「昔者，堯以仁義為巢，舜以稷、契為杖，故高而益安，動而益固。處宴安之臺，承克讓之途，德配天地，光被八極，功垂於無窮，名傳於不朽，蓋自處得其巢，任杖得其人也。秦以刑罰為巢，故有覆巢破卵之患，以李斯、趙高為杖，故有頓仆跌傷之禍，何者？所任者非也。故杖聖者

〔註38〕《管子輕重篇新詮·牧民》。
〔註39〕晁錯：《論貴粟疏》，《漢書·食貨志》。
〔註40〕張雙棣譯注：《呂氏春秋·上農》，中華書局2007年版。（以下引用同）

帝，杖賢者王，杖仁者霸，杖義者強，杖讒者滅，杖賊者亡」。賈誼則在《過秦論》一文中，詳述了秦朝由弱到強、由強到覆滅的整個歷史過程，並尖銳地提出了為何如此強大、不可一世的秦王朝，卻被陳涉這樣一些既無才智，又無財富，既無疆土，又無兵戈，僅以「斬木爲兵，揭杆而起」的農民所推翻的問題，他的結論是「仁義不施，而攻守之勢異也」，「夫民者，諸侯之本也。教者，政之本也。道者，教之本也。有道，然後教也。有教，然後政治也」〔註41〕。此後，漢武帝在接受了董仲舒「罷黜百家，獨尊儒術」的建議後，「德主刑輔」就作爲西漢社會的基本政治方略確定了下來。

其實，「德刑問題」是一個比較複雜的問題，涉及到人性、倫理、法學等許多方面，但是作爲統治階級來說，無論是「德治」還是「法治」，必然是基於政治角度來考慮的。總的來說，對於是「德主」還是「刑主」問題，對於政府集團的政治理想來說沒有根本的衝突，這兩者的政治秩序觀應該說來是基本一致的，他們都是要維繫農業經濟社會下宗法等級制度爲核心的政治秩序，他們主要的不同就在於政治策略以及手段上的差異。從本書的分析角度來看，「德主刑輔」的政治理念之所以被最終確定下來，是有其必然性的。

1、大一統的中央集權

秦自「商鞅變法」後，以法家思想爲指導迅速增強了國力，先後滅了六國，應該說這是法家思想的勝利，但是我們應該看到在戰國時期對於一個國家來說主要問題和矛盾就是各諸侯國之間的強弱對比及戰爭勝負，外部矛盾大於內部矛盾，法家的思想有利於快速整合國內資源進行對外戰爭，但是當秦統一中國，建立了大一統的中央集權國家後，外部矛盾已經消失，內部矛盾就迅速上昇爲主要矛盾，在這樣一個格局下，繼續嚴刑峻法從秦朝覆滅的現實結果來看的確存在問題。西漢在秦亡以後到漢武帝時期，最終完成了大一統的中央集權，在大一統中央集權的政治環境下，外部環境和內部環境都有了不同過去的變化，我們前面已經分析過，對於中央集權的農業經濟社會來說，「平衡」是最終的政治目標，嚴刑峻法顯然對西漢社會的休養生息和社會平衡沒有太大正面作用。

2、德主：政府集團對勞動階層平衡手段

平衡的實質是和諧，是完美的理想，不是簡單地利益權衡，因此應當以

〔註41〕《新書校注・大政下》。

德治爲主；而以刑治爲主則造成對立，與和諧相反。勞動階層是社會財富的創造者，但卻沒有相應的經濟權利和政治地位，從政治的角度說，德治爲主是政府集團得以實現平衡政治的主要方式，是政府集團用以平衡勞動階層的重要手段。

（1）在相對有限經濟總量的農業社會中，勞動階層除了力圖滿足基本的生活需求外（往往這也很難），幾乎什麼都沒有，而這一階層又是社會財富之源，是政府集團需要保護和安撫的一個階層，營造一個嚴刑峻法的社會環境並不符合政府集團的利益。

（2）勞動階層無論在經濟上、政治上、心理上都存在著巨大的現實落差，而政府集團推行「德主」的政治理念，至少在心理上和環境氛圍上有利於緩和勞動階層的這種落差，客觀上也有利於勞動階層的生產生活。

（3）在嚴刑峻法的環境下，勞動階層的勞動者很容易由於可能不重要的過錯就遭到懲罰，甚至導致破產或危及生命，就可能造成有效勞動力的非正常減少，客觀上就會影響農業社會的經濟生產，對國家經濟造成影響，故而「德主」相對來說更有利於農業生產的經濟環境。

3、刑輔：政府集團、勞動階層和豪強集團的平衡

刑罰的存在是必要的，從政治的角度來看，統治者沒有象儒者那樣天眞地相信人性善，而是對人性社會行爲存在邪惡的舉動充滿自覺，因此對刑罰的注重必然成爲統治者不可或缺的治理手段。其實儒家思想只有在宋明理學那裡才被解釋爲以性善論爲正統，在先秦兩漢儒家思想一直以性惡、性三品觀點爲主，這就爲德刑相輔的政治方針提供了理論支撐。

西漢著名思想家賈誼認識到禮、法結合才能使國家長治久安，他說，「夫禮者禁於將然之前，而法者禁於已然之後，是故法之所用易見，而禮之所爲至難知也。若夫慶賞以勸善，刑罰以懲惡」〔註42〕。客觀上說，刑罰作爲政府集團維持社會秩序的有效工具也是非常重要的，適當運用刑罰，政府集團賞功罰罪，德威並用，是震懾人心，協調社會關係的必要手段，有利於規範社會行爲，保持社會穩定。這裡我們還應該注意到，刑罰的存在對於政府集團來說也是在通過合法的渠道在一定程度上限制或者打擊豪強集團的一個手段。

〔註42〕《漢書·賈誼傳》。

（六）酷吏現象

自《史記・酷吏傳》起，《漢書》及歷代官修史書多列《酷吏傳》，以記載這些「好殺行威不愛人」〔註43〕以嚴刑峻法著稱的官吏，由於他們的行事有悖於傳統儒家的宗旨，所以歷史上來看，封建史家對酷吏通常以批評和責難為主。但酷吏作為一種現象的出現，的確在歷史上發揮了其特殊的作用，這裡我們就從政治角度出發去審視酷吏現象的原因：

1、酷吏打擊的對象是豪強集團

《史記・酷吏傳》中大約記載了漢高祖之後到武帝時期的大約十幾個酷吏，這些酷吏所擔任的官職一般都與司法部門相關，酷吏的共同特徵是：精通刑法條文，善於深文周納，執法手段殘酷無情〔註44〕。酷吏打擊的對象基本上都是屬於豪強集團，我們從《史記・酷吏傳》中具體引證如下：

趙禹「見文法輒取，亦不履案，求官屬陰罪」；

張湯「鋤豪強併兼之家，舞文巧詆以輔法」、「治淮南、江都，以深文痛詆諸侯。別疏骨肉，使蕃臣不自安」、「所治即上意所欲罪」；

義縱「為長陵及長安令，直法行治，不必貴戚」；

王溫舒「部吏如居廣平時方略，捕郡中豪猾，郡中豪猾相連坐千餘家」、「舞文巧詆下戶之猾，以熏大豪」；

尹齊「所斬伐不避權貴」；

減宣「使治主父偃及治淮南反獄，所以微文深詆，殺者甚眾，稱為敢決疑」；

杜周「為天子決平，不循三尺法，專以人主意為獄」。

可見，酷吏打擊的主要對象一般是兩種人，一個是地方豪強大族，一個是宗室貴戚，這兩種人都屬於我們定義的豪強集團成員。當然，酷吏也確實存在著濫殺無辜、破壞法律的行為。

2、酷吏現象深層次原因

酷吏作為大一統的中央集權下一種現象的出現，顯然不是偶然的，其實質上是政府集團與豪強集團博弈的結果，是政府集團藉以平衡與豪強集團內在矛盾的一種手段。西漢社會在經歷了前期的休養生息後，經濟出現繁榮景象，但正如我們前面所分析的，廣大的勞動階層並沒有得到太多的實惠，真

〔註43〕《史記・酷吏列傳》。

〔註44〕張三夕：《中國古代吏治精神探微》，《寶雞師院學報》1988年第3期。

正得到實惠的是以貴族官僚地主和大工商業主為代表的豪強集團，土地兼併現象也越來越嚴重，加劇了兩極分化，一些地方豪強「役財驕溢，或至併兼豪黨之徒以武斷於鄉曲」〔註45〕，並與官府勾結在一起，橫行鄉里，成為獨霸一方的割據勢力。武帝時期，「涿郡大姓西高氏、東高氏，自郡吏以下皆畏避之，莫敢與忤，咸曰：『寧負二千石，不負豪大家』」〔註46〕，鹽鐵會議上賢良也指出「故百官尚有殘賊之政，而強宰尚有強奪之心。大臣擅權而擊斷，豪猾多黨而侵陵」〔註47〕。董仲舒上書漢武帝說，「富者奢侈羨溢，貧者窮極愁苦，窮極愁苦而上不救，則民不樂生，尚不避死，安能避罪？」〔註48〕，同時，董仲舒還尖銳地指出武帝時期嚴重的土地兼併問題「富者田連阡陌，貧者無立錐之地」〔註49〕。可見，豪強集團的發展壯大已經構成了對政府集團的嚴重威脅，不僅僅是對皇權和政府統治的威脅，更重要的是會使農業經濟社會的不平衡最終偏離政府集團可控制範圍，而造成整個社會的危機。酷吏正是迎合了這樣一個社會政治現實，從維護政府集團利益的角度出發，對豪強集團進行打擊。但我們也應該看到，由於政府集團和豪強集團兩者的相互依存性和相互妥協性，所以這種打擊的往往是困難的，政府集團一般都將酷吏作為打擊的工具，這就要求酷吏必須具備精通刑法、不畏權貴以及殘酷無情的特質，但由於他們侵害的是豪強集團的利益，所以酷吏的最終結局通常都非常悲慘。由此可見，酷吏現象的產生是有其內在必然性的，它是代表著政府集團的利益，基於政府集團與豪強集團的矛盾而產生的，是政府集團用以「平衡」農業經濟社會不平衡的工具。

（七）提倡尚儉的政治導向

　　中國自古以來就提倡「勤儉節約」，崇尚節儉已經成為中華民族的一種美德，以及一種消費理念影響著國人數千年，直至今日還在發揮著巨大作用。在傳統思想中，包括墨、儒、法等各派思想家們從不同角度不同程度地提出過節儉的思想，主張節用，反對奢侈。而儒家則從治國的角度，提出尚儉的主張。孔子說，「道千乘之國，敬事而信，節用而愛人，使民以時」〔註50〕，

〔註45〕《漢書・食貨志》。
〔註46〕《漢書・酷吏傳》。
〔註47〕《鹽鐵論譯注・國疾第二十八》。
〔註48〕《漢書・董仲舒傳》。
〔註49〕《漢書・食貨志》。
〔註50〕楊伯峻：《論語譯注・學而》，中華書局1980年版。（以下引用同）

而且孔子也將「儉」融入到了其道德規範的範疇，提出了「溫良恭儉讓」，「奢則不遜，儉則固。與其不遜也，寧固」〔註51〕。荀子也認為，「足國之道，節用裕民而善藏其餘」，「故知節用裕民，則必有仁義聖良之名」〔註52〕。尚儉的傳統觀念在中國的發展歷史中無論是對於民族性格的塑造，還是對於以農業經濟為主的傳統社會的穩定與發展，都發揮了重要的影響。

1、尚儉是經濟上的需要

西漢的中國是處於一個相對封閉的農業經濟社會中，社會財富從總量上來說是有限的和相對短缺的，而且相對封閉的農業經濟社會對自然的依賴，也決定了社會財富的生產周期也是相對比較長，受氣候影響大，那麼在這樣一個整體經濟不足的社會格局下，提倡尚儉的主張也是完全合理的。

尚儉觀念同時也是與西漢農業經濟社會自然經濟相適應的消費觀念，西漢傳統小農經濟是建立在自給自足的自然經濟基礎上的，因此節約生活資料的要求是與以家庭為單位的小農經濟相適應的。在商品經濟和交換不發達、物質產品相對短缺的時代，要求減少消費，節本開源是十分有必要的。

2、尚儉也是政治上的需要

作為政府集團來說，尚儉的政治主張也是保證國家財富和平衡勞動階層的重要手段。前面已經說過，由於經濟上的有限性，就決定了社會財富不可能肆意消耗，從國家財富利益考慮就必須提倡尚儉。同時，由於在社會財富的分配過程中，勞動階層能夠得到的利益非常有限，通常只能保證基本生活需要或者略有結餘，一方面提倡尚儉的政治主張，形成「勤儉節約」的社會風氣，有利於勞動階層在有限經濟條件下能維持正常的生產生活，避免原本就脆弱的小農經濟模式進一步由於不注意節儉而更加脆弱；另一方面提倡尚儉的政治主張，也有利於勞動階層能夠節約下來更多的社會財富，從而間接地保證國家稅賦來源的穩定性與持續性。

3、社會的尚儉與局部的尚奢

在本書的第三章中我們已經分析過，對於豪強集團來說，政府集團反而有鼓勵其加大奢侈消費的意願，這與提倡全社會節儉的主張顯然有相互矛盾的地方，而事實上，這裡面並沒有本質的矛盾性。政府集團提倡全社會節儉，

〔註51〕《論語譯注・述而》。
〔註52〕《荀子集解・富國》。

其主要目標是指向勞動階層的，因爲勞動階層是社會財富創造之本以及國家財政的重要來源，由於勞動階層經濟資源的有限性，對勞動階層提倡尚儉的思想，有利於勞動階層對有限的生產生活資源進行有計劃使用，避免無謂的消耗以及財政來源的穩定，因此在全社會提倡尚儉是確實必要的。但對於豪強集團來說，他們掌握了大量的社會財富，這些閒置的財富在客觀上就存在投資的衝動，這種投資衝動最直接引發的就是土地兼併，而土地兼併對西漢社會經濟及政治的危害都是極大的，爲了限制或減少豪強集團的這種行爲，鼓勵豪強集團的奢侈消費也不失爲一種方式。當然，豪強集團也的確有足夠的財力去從事奢侈的消費行爲。或許，這也是中國飲食文化、花炮音樂、名貴藝術品等眾多奢侈物品與風尚得以發達的重要原因之一。這樣就在客觀上造成了全社會尚儉與局部尚奢的社會現象。

第三節　鹽鐵之爭的政治問題分析

一、集權與分權問題

在集權和分權問題上，大夫觀點明確，強調「家強而不制，枝大而折幹」的觀點，重點提出「今夫越之具區，楚之雲夢，宋之鉅野，齊之孟諸，有國之富而霸王之資也。人君統而守之則強，不禁則亡。齊以其腸胃予人，家強而不制，枝大而折幹，以專巨海之富而擅魚鹽之利也。勢足以使眾，恩足以恤下，是以齊國內倍而外附。權移於臣，政墜於家，公室卑而田宗強，轉轂遊海者蓋三千乘，失之於本而末不可救。今山川海澤之原，非獨雲夢、孟諸也。鼓鑄煮鹽，其勢必深居幽谷，而人民所罕至。奸猾交通山海之際，恐生大奸。乘利驕溢，散樸滋僞，則人之貴本者寡。大農鹽鐵丞咸陽、孔僅等上請：『願募民自給費，因縣官器，煮鹽予用，以杜浮僞之路。』由此觀之：令意所禁微，有司之慮亦遠矣」〔註53〕，從大夫的言語中我們可以感受到在集權與分權問題上，更側重於對豪強集團的限制，防止由於豪強集團的過於強大而危及政府集團的統治，所以其加強集權的觀點就是希望通過集權削弱豪強集團的力量，從而保證政府集團統治的穩定與平衡。

賢良文學在這個問題上的觀點相對迂腐，確實也表現出來了儒家學者的

〔註53〕《鹽鐵論譯注·刺權第九》。

理想主義色彩，他們基於儒家理想社會的三代政治，對於分封制的大一統統治模式還有所憧憬，「古者，天子之立於天下之中，縣內方不過千里，諸侯列國，不及不食之地，禹貢至於五千里；民各供其君，諸侯各保其國，是以百姓均調，而繇役不勞也。……夫治國之道，由中及外，自近者始。近者親附，然後來遠；百姓內足，然後恤外。故君臣論或欲田輪臺，明主不許，以爲先救近務及時本業也。故下詔曰：『當今之務，在于禁苛暴，止擅賦，力本農。』……」〔註 54〕。不過在這個議論中，賢良文學的落腳點還是在對待匈奴問題上，更多表現的是對三代政治的嚮往，其根本落腳點並不是要恢復分封制，而是意圖盡可能減少集權，「……公卿誠能自強自忍，食文學之至言，去權詭，罷利官，一歸之於民，親以周公之道，則天下治而頌聲作。……」〔註 55〕。儒家雖然強調大一統，維護集權統治，但是其目的並不是單純地維護專制權力，而是把權力當作實現王道理想工具，所以對於片面強調君權的政治舉措保持警惕。

在鹽鐵會議這樣一個歷史時期，由於大一統郡縣制的中央集團體系已經比較成熟，所以在集權和分權問題上，並不是分封制與郡縣制的衝突，而更多的是在郡縣制的統治模式下，政府集團是否應該高度集權的討論。那麼從前面的分析中我們可以知道，加大集權對於平衡政府集團與豪強集團之間的矛盾是有好處的，對於限制和削減豪強集團的勢力是有現實政治意義的。而文學在這個問題上，帶有強烈的儒家理想主義色彩，對於「民」的概念也沒有區分勞動階層和豪強集團，以儒家的三代理想和周公之道爲依據要求放權於民，而實現天下大治的理想，顯然是存在問題的。

二、德治與刑治問題

在鹽鐵會議上，德刑問題是辯論雙方爭論的一個重要議題，賢良文學堅持儒家道統「德主刑輔」的德刑觀，並進行了系統地論述，文學一方面強調「故令者教也，所以導民人；法者刑罰也，所以禁強暴也。二者，治亂之具，存亡之效也，在上所任」〔註 56〕，一方面又指出德治於未然的特性，「殘材木以成室屋者，非良匠也。殘賊民人而欲治者，非良吏也。故公輸子因木之宜，

〔註 54〕　《鹽鐵論譯注・地廣第十六》。
〔註 55〕　《鹽鐵論譯注・能言第四十》。
〔註 56〕　《鹽鐵論譯注・詔聖第五十八》。

聖人不費民之性。是以斧斤簡用，刑罰不任，政立而化成。扁鵲攻於湊理，絕邪氣故癰疽不得成形。聖人從事於未然，故亂原無由生。是以砭石藏而不施，法令設而不用。斷已然，鑿已發者，凡人也。治未形，睹未萌者，君子也」〔註57〕，同時，賢良文學基於董仲舒的「天人感應」觀點指出「天道好生惡殺，好賞惡罪。故使陽居於實而宣德施，陰藏於虛而為陽佐輔。陽剛陰柔，季不能加孟。此天賤多而貴春，申陽屈陰。故王者南面而聽天下，背陰向陽，前德而後刑也。霜雪晚至，五穀猶成。雹霧夏隕，萬物皆傷。由此觀之：嚴刑以治國，猶任秋冬以成穀也。故法令者，治惡之具也，而非至治之風也。……」〔註58〕。

大夫則更注重「刑」在實踐中的政治實效，並提出「……民者敎於愛而聽刑。故刑所以正民，鉏所以別苗也」〔註59〕，而且在德與刑的關係上，大夫認為「……非服其德，畏其威也。力多則人朝，力寡則朝於人矣」〔註60〕，針對於賢良文學「申陽屈陰，前德後刑」的觀點，又反駁其「金生於巳，刑罰小加，故薺麥夏死。易曰：『履霜，堅冰至。』秋始降霜，草木隕零，合冬行誅，萬物畢藏。春夏生長，利以行仁。秋冬殺藏，利以施刑。故非其時而樹，雖生不成。秋冬行德，是謂逆天道。《月令》：『涼風至，殺氣動，蜻蛚鳴，衣裘成。天子行微刑，始貙蔞，以順天令。』文學同四時，合陰陽，尚德而除刑。如此，則鷹隼不鷙，猛獸不攫，秋不蒐獮，冬不田狩者也」〔註61〕。

應該說「德主刑輔」的政治觀點我們在上文中已經分析過，其根本是基於政府集團為平衡和緩和勞動階層的社會不對等性，是從鞏固封建統治的長遠利益著眼的，所以文學賢良所堅持的道統儒家德刑觀，實際上是與西漢的社會政治需求相契合的。但是大夫從執政的實踐經驗出發，更注重「德刑」中刑的政治實效，甚至於對當時相當盛行的董仲舒關於由陰陽五行所推導的「德主刑輔」觀點都提出質疑，表現出來了強烈的現實主義精神。不過在著眼點上辯論的雙方可能有所不同，賢良文學在德刑問題上所謂的「民」，更側重於勞動階層，一定程度上迴避了豪強集團的問題；而大夫所說的「民」，應該涵蓋了豪強集團的成員，甚至包括其中的官僚貴族。所以大夫主張的嚴刑

〔註57〕　《鹽鐵論譯注・大論第五十九》。
〔註58〕　《鹽鐵論譯注・論災第五十四》。
〔註59〕　《鹽鐵論譯注・後刑第四十三》。
〔註60〕　《鹽鐵論譯注・誅秦第四十四》。
〔註61〕　《鹽鐵論譯注・論災第五十四》。

峻法包含了在一定範圍內和某種程度上打擊豪強地主、地方分裂勢力和富賈大商的考慮，以及對付勞動階層的反抗與鬥爭活動。由於豪強集團是屬於商業理性所驅動，所以對這一群體強調「刑」相對來說更有懲戒意義和實效性。不過，整體而言，在這個問題中賢良文學更多地體現的是儒家道統思想和西漢政府集團的長遠利益，而大夫則更多地體現的是政治中的現實主義色彩。

第四章　西漢社會政治與思想意識形態

　　「經濟基礎決定上層建築，上層建築又反作用於經濟基礎」，這是馬克思《資本論》的基本原理。關於經濟基礎，恩格斯也曾說道：「我們視為社會歷史的決定性基礎的經濟關係，是指一定社會的人們用以生產生活資料和彼此交換產品的方式說的。……決定著國家、政治、法律等等」〔註1〕。列寧也指出：「人的社會認識（即哲學、宗教、政治等等的不同觀點和學說）反映社會的經濟制度。政治設施是經濟制度的上層建築」〔註2〕。從《資本論》這樣一個基本原理中我們可以深刻的感受到經濟與政治的相互關係與彼此間的重大影響，事實上，在一個社會中一旦一種生產經濟模式確定下來，往往從歷史的階段性來說是相對穩定的，那麼這樣一種社會生產經濟模式就必然決定了這個社會的財富創造模式，也就決定了社會財富的流動模式，社會財富的流動自然就會引發社會的財富分配與社會管理問題，從而導致了社會政治需求與政治舉措的產生。顯然，缺乏思想理論為基礎的政治舉措是無法合理解釋其行使依據，而且難以得到社會認同的，所以社會政治需求本身就存在著尋求政治思想理論支持，以便使國家的政治方略得以統一併合理合法地穩定下來，從而實現社會的平衡與發展。中國的傳統農業經濟社會發展到西漢時期，相對封閉、自給自足、大一統的農業經濟格局已經最終形成，社會財富的流動模式也因此而確定下來，社會政治需求也日益清晰，那麼對於西漢政府集團來說選擇什麼樣的意識形態作為國家的政治指導思想，從而滿足社會政治的內在需求是其必須要完成的使命。本章將在前幾章分析的基礎上，就西漢

〔註1〕《馬克思恩格斯全集》第39卷，第198頁。
〔註2〕列寧：《列寧全集》第23卷，人民出版社1984年版，第45頁。

社會政治與思想意識形態的相互契合與衝突問題，從政治哲學與文化哲學的視角進行深入的剖析。

第一節　黃老思想於西漢社會政治的興衰

　　黃老思想盛行於西漢之初，但很快又在漢武帝時期隨著「罷黜百家，獨尊儒術」而歸於消沉，並在此後近二千年的封建統治期間，基本上沒有再現西漢初年之輝煌，那麼黃老思想何以在中國封建統治思想史上只是曇花一現，造成黃老思想階段性現象的深層次原因是什麼，在本節中我們將對黃老思想於西漢社會政治的興衰進行系統的剖析。

一、西漢初期黃老思想成爲統治思想的原因

　　秦王朝嚴刑峻法以及之後的迅速覆滅，引起了漢朝統治者的高度重視，西漢王朝建立後，漢高祖劉邦面臨的首要問題就是：以何種學說作爲西漢政權的統治思想？

　　對於這一問題應該說劉邦在一開始並沒有明確的認識，於是同樣缺乏對大一統中央集權國家統治經驗的漢王朝則採取開放的政策，「求亡書於天下」，禮聘秦博士和鄒魯儒生等學者，以探討一種適合大一統中央集權國家統治思想的理論，這反映了漢初統治集團在選擇、確定新的統治思想方面，進行了積極摸索的實際情況。同時也反映了當面對一個全新的社會經濟與政治情況，對於統治階級也好，對於各政治思想流派也好，都還缺乏充分地準備與深刻地認知。不過，現實政治最終要選擇一種政治思想或者意識形態作爲其治國的理論依據，西漢初年之所以選擇了黃老道家作爲國家政治思想的基礎，主要原因大致有如下幾個方面：

（一）「休養生息」成爲社會頭等政治問題

　　在先後經歷了春秋戰國、秦王朝苛政以及西漢代秦的連年戰爭之後，整個社會經濟遭到極大破壞，勞動階層迫切需要休養生息，「漢興，接秦之弊，諸侯並起，民失作業，而大飢饉。凡米石五千，人相食，死者過半。高祖乃令民得賣子，就食蜀漢。天下既定，民無蓋藏，自天子不能具醇駟，而將相或乘牛車」〔註3〕，由此可見當時的社會經濟確實已經到了極端凋敝的狀況。

〔註3〕《漢書·食貨志上》。

如何恢復生產、發展經濟，使社會儘快從戰亂的影響中走出來，是剛剛誕生的西漢政權必須要解決的頭等政治問題，至於我們前面分析過的大一統中央集權下其他重要問題，由於歷史經驗不足還沒有充分顯現，所以黃老道家「清靜無為」的政治理論很好地契合了西漢初年的社會政治現實。同時，漢初政治無力和百姓疲憊的慘淡局面，使社會又退回到了那種不同領域未加分化的原生性形態之中。這便為主張「清靜無為」思想的黃老之學提供了最大的生存空間。……這種功能混溶、領域不分的原生性社會形態，既是黃老之學存在的根基，亦是黃老之學所要達到的最高理想社會，即《老子》中所描述的那種「小國寡民」的社會理想〔註4〕。從效果上來看，從漢高祖到竇太后參政的漢武帝初年，一直把「無為而治」的黃老思想作為制定政策的理論依據，採取了「約法有禁，輕田租，什五而稅一，量力祿，度官用，以賦於民」〔註5〕等一系列與民休息、強本節用的政策，為生產勞動創造了一個相對穩定的社會環境，出現了「文景之治」的社會繁榮。《史記》記載，「漢興七十餘年之間，國家無事，非遇水旱之災，民則人給家足，都鄙廩庾皆滿，而府庫餘貨財。京師之錢累鉅萬，貫朽而不可校。太倉之粟陳陳相因，充溢露積於外，至腐敗不可食」。歷史史實上的西漢文景之時，是否真的如司馬遷所說無法考證，多少存在著溢美之詞，但可以肯定的是，整個西漢社會確實得到了極大的恢復，社會經濟取得了較大的發展，在一定程度上也說明了黃老思想對於解決西漢早期的經濟問題同時也是政治問題是有積極意義的。

（二）核心統治團隊多好黃老之學

漢高祖劉邦的主要謀臣之一陳平就好黃老之學，《漢書・陳平傳》中記載「陳平少時家貧，好讀書，治黃帝、老子之術」，而陳平自己則說「我多陰謀，是道家之所禁」〔註6〕。漢初的重要思想家陸賈也在《新語・本行》中說到「夫道莫大於無為……昔虞舜治天下，彈五弦之琴，歌《南風》之詩，寂若無治國之意，漠若無憂民之心，然天下治。周公製作禮樂，郊天地，望山川，師旅不設，刑格法懸，而四海之內奉供來臻，越裳之君重澤來朝。故無為也乃無不為也」。此外，張良、曹參也都崇尚黃老之學，即便是蕭何在天下平定後也趨向「清靜無為」。由於這些朝廷重臣都好黃老之學，則這一思想必然會影

〔註4〕 鄧文鋒：《武帝時代黃老之學的興衰》，《學術論衡》2004年第4期。
〔註5〕 《漢書・食貨志》。
〔註6〕 《史記・陳丞相世家》。

響到作爲皇帝的劉邦，應該說，就當時而言黃老思想已經被統治階層的核心團隊所接受。馬上得天下的劉邦建國後接受了具有黃老思想的陸賈的建議，實施了治國方略，在陸賈《新語》中貫穿了很多黃老思想的治國理念，其中比較有代表性的是《無爲》篇，王利器先生評價爲「大倡清靜無爲之治。其精義所在，就是要求：人君在上而無爲，百官在下而有爲，……垂拱無爲而天下治矣」[註7]。此外，我們也注意到漢高祖劉邦「不好儒」也應該起到一定的影響，《史記·酈生陸賈傳》有劉邦「不好儒」的記載，「沛公不好儒，諸客冠儒冠來者，沛公輒解其冠，溲溺其中，與人言，常大罵，未可以儒生說也」。

（三）道家思想自身的發展演變

從春秋戰國到秦朝興滅，再到西漢建國，在這個中國歷史的大震蕩時期，各種思想也都不斷地進行著自我修正與兼容並蓄，源自於道家思想的黃老思想在繼續堅持其理論本源的「道」的基礎上，逐漸拋離了某些虛幻縹緲的理論元素，開始與現實政治相結合，邁向了世俗化的進程，黃老思想著重發展了原始道家中救世治弊的思想理論，在注重總結歷史經驗的基礎上，從自然無爲的天道中推演出治國救世之道。其中1973年長沙馬王堆三號漢墓出土的黃老學派代表作《黃老帛書》，這一著作中突出了道生法的思想，成功地將自然無爲之道與治世之道通過「法」結合起來。此後，《呂氏春秋》、《新語》等著作在吸收了儒、陰陽、墨、名、法諸家思想長處的基礎上，進一步把黃老思想進行了世俗化的發展與豐富，最終到《淮南子》將黃老思想集大成。應該說，原始道家思想通過發展與演進而形成的黃老思想是其能夠成爲適應西漢初期社會現實政治的重要因素。金春峰先生在其的《漢代思想史》中這樣描述道，「歷史的經驗表明，法家思想仍然是這段時期適合社會需要的政治指導思想。儒家式的崇尚仁恩，宗法情誼，婦人心腸，不僅不適合於戰爭時期的形勢，也不適合戰後建立社會秩序，奠定統治基礎，削平反抗的尖銳複雜的政治，軍事鬥爭的需要。因此漢代統治者採用外具寬容、清淨而內行嚴屬法治的黃老思想作爲指導思想，是很自然的」[註8]。

綜合以上的分析，我們可以看到，由於多種原因的綜合作用，最爲重要

[註7] 王利器：《新語校注》，中華書局1986年版。
[註8] 金春峰：《漢代思想史》，中國社會科學出版社2006年版，第249頁。

的是黃老思想在西漢初年這一特定的歷史時期契合了西漢政府集團「休養生息」的首要政治目的，從而成爲西漢政府集團的統治思想。然而，當「休養生息」、恢復社會經濟的政治目的逐步達到後，以黃老思想爲指導的一系列政策措施所帶來的負面作用也日益顯現。

二、西漢推行黃老思想導致的社會問題

西漢從漢高祖到武帝初年的大約七十年時間，基本上是以黃老思想作爲政府集團的指導思想來進行統治的，一方面通過黃老思想的確使得「休養生息」的政治目標基本得到實現，但另一方面黃老思想的推行也存在著很多難以解決的問題，大致總結有如下幾個方面：

（一）百家爭鳴局面再起

自西漢推行黃老「無爲而治」的政策以來，使得先秦百家爭鳴的局面再度興起，不過這個時期的各種思想都與現實政治緊密相關，陸賈、賈誼、淮南王劉安等人的著作都是爲解決現實政治問題而作，同時又將各種思想兼容並蓄，這種局面的出現是與西漢推行黃老無爲政治有關，又與當時如何有效治理中央集權大國的現實政治課題有關。但客觀地說，黃老無爲而治的政治理念無法對社會中產生的各種思想進行有效地約束與控制，而多元的思想格局對於大一統中央集權政府治理來說顯然是不利的，正如《漢書・董仲舒傳》中董仲舒所言「春秋大一統者，天地之常經，古今之通誼也。今，師異道，人異論，百家殊方，指意不同，是以上亡以持一統；法制數變，下不知所守。臣愚以爲諸不在六藝之科孔子之術者，皆絕其道，勿使並進。邪辟之說滅息，然後統紀可一而法度可明，民知所從矣」。

（二）中央集權統治模式受到影響

由於漢初統治者實行的是「治道貴清靜而民自定」〔註9〕的政策，就使得君主與臣下、中央與地方的矛盾變得日益尖銳，構成了對中央集權統治模式的嚴重威脅。主要表現在：

1、漢初丞相的權力很大。丞相有獨立的辦事機構，總理中央行政事務，而且還有任免 400 石以下官吏的權力，對於 600 石到 2000 石高級官吏的任用，

〔註9〕何寧：《淮南子集釋・原道訓》，中華書局 1998 年版。（以下引用同）

丞相也起著很大的作用。以至於漢武帝初年，丞相田蚡無視武帝的權威，「薦人或起家至二千石，權移主上」〔註10〕。

2、諸侯王實力膨脹。漢初中央把相當部分的權力授予各同姓和異姓諸侯王，當時的諸侯王不僅封地大而且有較大的獨立性，隨著政治、經濟實力的增強，諸侯王日益膨脹，他們「官制百官同制京師」〔註11〕，甚至「不用漢法」、「自爲法令，擬於天子」〔註12〕，嚴重地影響到了中央集權的統治以及至高無上的皇權，以至於出現了文帝時期濟北王劉興居和淮南王劉長的叛亂，景帝時期的吳楚七國之亂，武帝時期的淮南王劉安和衡山王劉賜圖謀與中央分庭抗禮，從某種意義上來說，這些在一定程度上也是漢初實行黃老「無爲而治」政治思想產生的消極後果。

3、地方郡縣以及豪強權力很大。西漢初年郡縣的管理者在地方財政方面權力很大，郡守在財政方面全權負責本郡的收入與支出，有徵收賦稅、徵發勞役、調撥物質、考覈縣令、進行手工業監督等權力。郡守幾乎重於當時的諸侯，在自己的郡中擁有相對獨立的行政、財政權，中央對郡守的控制較鬆，這對中央直接管理是不利的。同時，一些地方豪強實力也迅速增強，並與當地官吏勾結在一起，「武斷於鄉曲」。《漢書・食貨志》中記載，「網疏而民富，役財驕溢，或至兼併豪黨之徒，以武斷於鄉曲。宗室有土，公卿大夫以下，爭於奢侈，室廬輿服僭於上，無限度，物盛而衰，固其變也」。

（三）豪強集團財富集中，土地兼併日益嚴重

西漢社會在黃老思想「無爲而治」的指導下，既不控製鹽鐵等重要商業資源，也盡量不去影響社會的生產流通，這樣就使得豪強集團的財富迅速增加，土地兼併日益嚴重。例如西漢第一任丞相蕭何就強買民田爲子孫置業，地方豪強也巧取豪奪兼併土地，使農業家庭大量破產，加劇了社會的不穩定因素。《史記・貨殖列傳》記載「若至力農畜，工虞商賈，爲權利以成富，大者傾郡，中者傾縣，下者傾鄉里者，不可勝數」。

（四）吏治敗壞

由於奉行無爲而治的政治理念，對吏治的管理也受到「無爲」的影響，

〔註10〕《漢書・竇田灌韓傳》。
〔註11〕《漢書・諸侯王表》。
〔註12〕《史記・淮南衡山列傳》。

致使吏治敗壞。漢初奉行「議論務在寬厚，恥言人之過失」〔註13〕，曹參爲相時「見人有細過，專掩匿覆蓋之」〔註14〕，在加之皇帝、丞相奉行無爲，不宜太多過問政事，致使各級官吏大多消極苟安、瀆職怠工，官場上貪污受賄盛行，「張武等受賄金錢」〔註15〕，漢文帝知道了也不予處罰，這樣就出現了「廉吏釋官而歸爲邑笑，居官敢行奸而富爲賢吏」〔註16〕的怪現象。《漢書·文帝紀》中這樣記載，「朕親率天下農，十年於今，而野不加闢，歲一不登，民有饑色，是從事焉尚寡，而吏未加務。吾詔書數下，歲勸民種樹，而功未興，是吏奉吾詔不勤而勸民不明也。」，可見當時官吏的執行力是非常有限的，針對郡縣官吏不認眞執行其舉孝悌、力田、三老、廉吏之詔，文帝也直接提出過批評「今萬家之縣云無應令，豈實人情？是吏舉賢之道未備也」〔註17〕。

（五）社會秩序混亂

黃老倡導無爲，使得西漢社會秩序變得混亂，缺乏制度與禮儀，社會等級不清，社會風氣也日漸敗壞。賈誼在《新書·瑰瑋》中描述到「世以俗侈相耀，人慕其所不如，悚迫於俗願，其所未至，以相競高，而上非有制度也。今雖刑餘鬻妾下賤，衣服得過諸侯，擬天子」，另在《新書·俗激》中又描述到「今世以侈靡相競，而上亡制度，棄禮儀，捐廉恥，日甚，可謂月異而歲不同矣」。

（六）匈奴擾邊問題

西漢王朝自建立以來就始終受到北方匈奴的威脅和侵犯，一方面由於西漢初年的經濟與軍事力量有限，再加之於諸侯王地方勢力的鬥爭，無法調動大規模的軍隊與之對抗；另一方面也由於黃老「無爲而治」的思想指導，漢初的各代皇帝基本都採取對匈奴的妥協政策，用和親、開放關市和兩族首領結盟的方式來緩和匈奴問題。正如我們在第三章所分析的，這種方式改變不了匈奴貴族的掠奪野心，在某種程度上甚至還助長了匈奴更大的貪欲，漢初的匈奴政策基本上都是在西漢政府委曲求全的條件下進行的，使得西漢王朝統治者處於極端屈辱的地位。雖然與匈奴問題是一個系統性的問題，並非某

〔註13〕《漢書·刑法志》。
〔註14〕《史記·曹相國世家》。
〔註15〕《漢書·文帝紀》。
〔註16〕《新書校注·時變》。
〔註17〕《漢書·文帝紀》。

個意識形態可以解決，但是黃老「無爲而治」的思想指導方向，的確使得問題變得更加尖銳，匈奴的侵擾也更爲嚴重。

三、黃老思想最終失去統治思想地位的深層次剖析

黃老思想作爲西漢初年的統治思想，由盛而衰僅僅七十餘年的時間，可謂短暫。那麼何以黃老之學就如此快地最終讓位於他學（儒學）而失去統治地位了呢？

學界有不少學者，往往簡單地將這一轉變歸結在：漢武帝時期，西漢已經強盛，武帝要變「無爲政治」爲「有爲政治」，以抗擊匈奴。這個理由顯然是單薄的，如果僅僅因爲武帝的個性使然或者匈奴問題的原因而改變國家統治思想，那麼漢武帝百年之後黃老思想依然無法復興就難以合理解釋了。當然，也有學者羅列了漢初實施黃老政治所顯現出來的諸多弊端，歸結這些弊端源自於「黃老之學」自身無法解決的理論問題，並最終導致了黃老思想的衰落，應該說這一解釋原則上是合理的，但似乎仍沒有將問題詮釋清楚。在筆者看來，黃老思想最終失去其統治思想地位是與中國大一統中央集權封閉的農業經濟社會的特性密切相關的，具有社會歷史發展的必然性，具體說來，我們認爲最爲重要的原因主要有以下幾個方面：

（一）無法平衡政府集團與豪強集團之間的不平衡

在前幾章我們已經分析過，在相對封閉農業經濟的西漢社會中，政府集團、豪強集團和勞動階層是主要的社會利益集團，由於社會財富流動的不均衡以及向豪強集團流動的最終特性，再加之政治統治的需要，致使各利益集團之間存在著相互的矛盾，而他們之間彼此的矛盾也就成爲社會的主要矛盾，並因此而帶來了諸多的不平衡。作爲政府集團來說，在這樣一個社會政治經濟體系下，其統治的最終政治目標就是爲了盡可能地使社會相對「平衡」，而黃老思想在這樣一種平衡的政治需求下，顯然表現出了其理論本身以及政治實踐中明顯的不足。黃老之學承老子之意，認爲宇宙之本體爲「道」，「夫道有形者皆生焉」〔註18〕，人爲有形之體，亦即道之所在，「身者道之所託，身得則道得矣」〔註19〕，欲身之得，就要行「無爲」，這樣才能合於道德，

〔註18〕《淮南子集釋·泰族訓》。
〔註19〕同上註。

「率性而行謂之道，得其天性謂之德」〔註20〕，這些都說明黃老之學秉承了道家以自然為本、無為的思維源頭。在《黃老帛書》這一標誌性著作中突出了道生法的思想，而這裡所崇尚的法，它體現的是人類社會的根本規律和普遍原則，而不是某一政治力量的意志，「道生法」的實質是自然與社會的同構合一，是自然決定社會，因而治理社會的最高原則就是因順自然之道。正是基於這樣的黃老政治理念，西漢政府集團在建朝之後基本採取放任社會經濟發展，盡可能地少干預、少管理的治理方式，而正如我們前面所分析的，在農業經濟社會中土地兼併幾乎是社會常態，社會財富最終會流向豪強集團，反過來又加速土地兼併，而黃老的無為政治在根本上就是放任農業社會的財富集中，放任豪強集團的迅速膨脹，這樣就必然導致前面所分析的，諸侯王、豪強集團的財富膨脹與西漢現實存在的大量土地兼併，並由此擠壓勞動階層的利益，造成大量的流民，嚴重危害社會穩定。事實上，如果繼續按照黃老的無為政治理念行進，很快西漢社會土地兼併就會達到難以容忍的程度，則必然會帶來系統性的社會問題，乃至改朝換代。黃老思想非但不能減緩這一社會財富向豪強集團流動集中的趨勢，反而有助長這一趨勢的作用，很顯然這是黃老無為理論所表現出來的明顯缺陷。

（二）難以平衡政府集團和勞動階層的不平衡

　　既然黃老政治思想無法減緩社會財富流動的根本趨勢，甚至有加速這一趨勢行進的可能，在一個經濟總量相對有限的農業經濟社會中，就必然意味著勞動階層會遭受更大的剝削與侵害。西漢文帝時期，晁錯在《論貴粟疏》中談到「今農夫五口之家，其服役者，不下二人；其能耕者，不過百畝；百畝之收，不過百石。春耕，夏耘，秋獲，冬藏，伐薪樵，治官府，給徭役，春不得避風塵，夏不得避暑熱，秋不得避陰雨，冬不得避寒凍：四時之間，亡日休息。又私自送往迎來，弔死問疾，養孤長幼在其中。勤苦如此，尚復被水旱之災，急政暴賦，賦斂不時，朝令而暮當具。有者，半賈而賣；亡者，取倍稱之息；於是有賣田宅，鬻子孫，以償債者矣！而商賈大者積貯倍息，小者坐列販賣，操其奇贏，日遊都市，乘上之急，所賣必倍。故其男不耕耘，女不蠶織；衣必文采，食必粱肉；亡農夫之苦，有阡陌之得。因其富厚，交通王侯，力過吏勢；以利相傾，千里遊敖，冠

蓋相望，乘堅策肥，履絲曳縞。此商人所以兼併農人，農人所以流亡者也」。應該說，晁錯的這段文字比較客觀地反映了文帝時期勞動階層的現狀，而且也將豪強集團與勞動階層財富轉移關係充分地顯現了出來，在這樣一種情況下，要求黃老統治思想在現實中平衡這樣的社會現狀的確存在很大的困難。在現實層面難以平衡的客觀環境下，試圖從精神層面來尋求平衡，也是一種可以嘗試的路徑，然而我們發現，對於黃老之學來說這方面也是缺乏的。黃老之學雖然以道爲本體，將仁義禮法結合在了一起，也倡導「仁義」和「道德」，更大程度地實現了道家與百家之學的融合，但是其所闡述的「仁義」和「道德」決然不同於儒家思想，黃老著作之一的《文子·上仁》中記載「古之爲道者，深行之，謂之道德；淺行之，謂之仁義；薄行之，謂之禮義。此六者，國之剛維也。深行之，厚得福；淺行之，薄得福；盡行之，天下服」，基於西漢建國的社會現實，在繼承《文子》對於仁義闡述的基礎上，漢初黃老思想對於「仁義」的理解更傾向於行仁義就是要實行無爲政治。這種思想的指導方針顯然也是消極的，勞動階層難以對於現狀能夠得到合理的解釋，現實生活中的不平衡，也無法從思想意識上實現精神上的平衡，這樣就很容易導致社會混亂與動蕩。

（三）無法滿足中央集權統治模式的需要

自秦朝正式確立中央集權的大一統模式之後，漢承秦制，西漢帝國也在秦朝的基礎上建立了大一統中央集權統治模式的國家，這一模式由於要求國家權力高度集中於皇權，就必然要求社會的制度、權力、思想、秩序都要高度統一。但是漢初以來奉行的「無爲而治」的黃老思想顯然無法滿足這一統治模式的需求：

1、思想本源上並不強調集權。黃老道家的思想更強調「主無爲而臣有爲」，應該充分發揮臣的作用，認爲君主應該「尙寬舒以苞身，行中和以統遠」〔註21〕，這在實際效果上削弱了中央的統治權威，客觀上造成了丞相專權以及諸侯分立。

2、無法樹立至高無上的君權。君主專制的中央集權統治模式，將權力高度集中於君主是其發展的必然結果，而黃老道家思想認爲「君者也，外虛素服而無智，故能使眾智也；智反無能，故能使眾能也，能執無爲，故能使眾

〔註21〕王利器：《新語校注·無爲第四》，中華書局 1986 年版。

為也，無智、無能、無為，此君之所以執也」〔註22〕。顯然，對於君主的這樣一個界定很難成為君權至高無上的理論支點。

3、缺乏有效的政治手段和制度建構加強中央集權。黃老道家是哲學思想和治國之術的直接結合，更注重治國的思想理念，而缺乏制度的建構，因此在如何採取具體的措施來維護中央和地方的一致性方面，缺乏現實的政策措施。於是，黃老道家的治國理念對於中央集權的發展是存在著不協調的，君主權威應該建立在國家制度和國家結構的層面上，而不僅僅是停留在治國理念和意識形態的層面上。

（四）黃老思想缺乏文化建設，這對於社會政治文明來說也是必須的

黃老思想作為西漢前期的官方哲學，其缺乏文化建設的特質也在根本上影響了其於社會政治領域進一步發展的可能。我們知道，對於社會政治文明來說，必要的文化建設是其內在所必需的，也是維繫社會秩序與穩定的有效手段。而黃老道家中「清靜無為」的思想內核，使其整個理論體系中並沒有系統化的文化建設內容，或者說系統性的文化建設是與黃老道家最核心的理論相衝突的，任何性質的禁錮都是與「無為」的理念相衝突的，這樣在黃老思想的指導下，社會秩序出現混亂與無序，與其缺乏系統的文化建設是分不開的。

正是由於黃老道家作為一種統治思想來說，特別是作為一個大一統農業經濟社會的統治思想來說，存在著許多源自於其思想本源的、難以調和的問題，而這些問題與大一統中央集權的統治模式所尋求的政治解決途徑有著很大的距離，正是因為這些根本性的原因，注定了黃老道家作為一種統治思想的暫時性和階段性，當西漢社會「休養生息」的階段性政治目的達到之後，黃老道家退出官方統治思想的歷史舞臺也就只是時間問題了。

第二節　儒家意識形態的核心政治思想及董仲舒對儒家思想的系統性構建

一、先秦儒學的發展脈絡

先秦儒學作為諸子百家中的一個學派，只不過是各種思想學說的一個流

〔註22〕《呂氏春秋・分職》。

派而已，所謂「儒家者流」。這一學說由春秋時期的孔子在繼承了殷周奴隸制時期的天命神學和祖宗崇拜的宗教思想發展而來，宣揚仁義禮樂，其核心就是強調尊尊、親親，維護君父的絕對統治地位，鞏固專制的等級制度。

由於孔子自幼在魯國受到周禮的薰陶，使其對周禮融會貫通，面對春秋時期政治上「分崩離析」，文化上「禮崩樂壞」的社會現狀，孔子以力圖恢復周禮爲己任。有基於此，孔子提出了「仁」的學說，作爲禮的理論基礎，這樣「仁」和「禮」就成爲孔子或者說早期儒學的基本思想。孔子認爲周禮是最完善的倫理規範和制度，而仁則是最完美的道德觀念和品質。禮是道德的標準，仁是道德的屬性，只有具備了「仁」，才不會做違背禮的事情〔註23〕。這樣，在孔子看來仁是復禮的重要途徑和手段，有了仁才能使禮獲得新生，仁就成爲最高的道德觀念和必須具備的品質，孔子的最終目的就是要把他所崇尚的完美的周禮制度，由過去依靠宗法血緣以及制度維繫的外在約束變成人們內心中的自覺要求，並由此推演出「忠恕之道」、「爲政以德」等一系列政治思想。

繼孔子之後，先秦儒家也隨著時代的變遷以及自身的演進不斷地發展，其中最具代表性的就是孟子和荀子所各自發展的儒家思想。

孟子是戰國時期儒學的集大成者，把孔子的「德政」思想發展爲更爲完整系統的「仁政」思想，這一個重要的發展爲後來中國封建社會的儒家奠定了政治思想的理論基礎。孟子仁政學說主要有兩個部分組成，一個是以不忍人之心爲核心的性善論。所謂「不忍人之心」即「仁心」，是仁、義、禮、智四種道德觀念的萌芽，也就是「四端」，由這四端推而廣之，就成爲「仁政」。孟子認爲這四種道德觀念完全是天賦的與生俱來的，爲人心所固有。所謂「性善論」，就是認爲人的道德品質，例如仁義理智等，是與生俱來的本性，孟子從「性善論」進而發展了他的義利思想，提出了「重仁義和輕功利」這一重要的政治思想，從而把「仁義」作爲維護封建倫理規範的原則和手段。另一個則是一套社會政治經濟藍圖，這就是「不違農時，穀不可勝食也；數罟不入洿池，魚鱉不可勝食也；斧斤以時入山林，材木不可勝用也。穀與魚鱉不可勝食，材木不可勝用，是使民養生喪死無憾也。養生喪死無憾，王道之始也。五畝之宅，樹之以桑，五十者可以衣帛矣。雞豚狗彘之畜，無失其時，七十者可以食肉矣。百畝之田，勿奪其時，數口之家可以無饑矣。謹庠序之

〔註23〕任繼愈：《中國哲學發展史・先秦》，人民出版社 1983 年版，第 183 頁。

教，申之以孝悌之義，頒白者不負戴於道路矣。七十者衣帛食肉，黎民不饑不寒，然而不王者，未之有也」〔註24〕。應該說，孟子思想較之孔子要更多地探討了哲學宇宙觀的問題，從而完成了他的主觀唯心主義哲學體系，奠定了後續封建社會的孔孟之道。

荀子是戰國末期的儒家大師。相較於孟子比較重視道德中「人」的研究，但卻不注重人與自然的關係研究；而荀子一方面重視人與人的關係研究，同時也非常注重人與自然的關係研究，這就使得荀子的儒家思想更具有唯物主義色彩。也正是由於荀子這種唯物主義世界觀的存在，最終導致了荀子主張「人性惡」反對「人性善」，形成了與孟子明顯的分歧，也表明了儒家不同學派的對立。荀子說「人之性惡，其善者偽也」〔註25〕，否認有先驗的道德，認為人的道德屬性是後天環境薰陶養成的，由此荀子的性惡論強調禮儀法治的重要性。在義利問題上，荀子也與孟子不同，孟子只講義而反對講利，荀子則是將義利加以合理調整，承認兩者合法共存，從而以法治充實禮治，使得禮也具有強制的性質。不過，荀子的思想歸結起來仍然是將「王道」作為自己的理想，而「王道」的內容就是實行禮義、仁政，荀子突出禮治和教化，注重社會等級劃分的重要性。

先秦儒家思想，孔子、孟子和荀子應該說是這一思想脈絡最重要的代表者，根據馮友蘭先生的見解，孔子是儒家的始作俑者，孟子是儒家的理想主義流派，荀子則是儒家中的現實主義流派〔註26〕。儒家思想以「仁」為核心，由孔子之後不斷地得到豐富和發展，並最終成為影響中國社會二千年的主流思想體系。

二、儒家意識形態的核心政治思想

中國的儒家思想自孔子開創以來，圍繞著其內在核心形成了一個動態發展的過程，恩格斯指出：「每一個時代的理論思維，從而我們時代的理論思維，都是一種歷史的產物。在不同的時代具有非常不同的形式，並因而具有非常不同的內容」〔註27〕，儒家思想在先秦時期經歷了孔子的開創以及歷經子思、

〔註24〕　《孟子‧梁惠王上》。
〔註25〕　《荀子‧性惡第二十三》。
〔註26〕　馮友蘭：《中國哲學簡史》，新世界出版社2004年版，第61、125頁。
〔註27〕　馬克思、恩格斯：《馬克思恩格斯選集》第3卷，第128頁。

孟子、荀子等的發展豐富與不斷完善後，形成了以「仁」爲理論中心的系統化思想體系，這一儒家思想體系包含了哲學宇宙觀、政治思想、教育思想、生命哲學、自然哲學等涵蓋範圍非常豐富的較爲完整的哲學體系，然而這其中最爲核心也最爲重要的就是儒家政治思想與政治理想，並最終成爲中國封建社會的主流意識形態。由儒家意識形態理論核心推導出來的政治思想主要涵蓋民本、倫理、德刑、義利、經濟等幾個方面，以下我們將就這幾個方面進行闡述。

（一）儒家意識形態的民本思想

民本思想是中國傳統政治哲學的基礎，也是其根本與核心，中國歷史上的民本思想源遠流長，在《尚書‧夏書‧五子之歌》就有記載，「民爲邦本，本固邦寧」，春秋戰國時期是一個社會大動蕩的時代，也是一個思想大解放的時代，來源於西周時期產生的進步的「敬天保民」思想被繼承下來，並在此基礎上有所發展。人們對「天」、「人」關係作出新的解釋，從重視天道轉而重視人事的時候，民本思想也就隨之而生，並且越來越突出。隨著歷史的發展，儒家學派接過了民本思想的旗幟，並加以完善，使之系統化、理論化，逐步形成了比較完整的思想體系。

在夏商周朝代的更替與歷史的發展過程中，政治家與思想家逐步認識到了民眾在國家與社會中的重要地位，儒家學者們以「禮仁」爲出發點，對民眾、國家、君主之間的關係進行了深入地分析與辯證地闡述，從民爲國本、君民關係以及爲政養民三個方面系統性地提出了民本的政治思想。

1、民爲國本

民之所以爲國之本，這個問題實際上各個思想流派都進行過闡述，主要原因大致是三類：一是民眾人口最多，蘊含的力量最大。「民者，大族也，民不可不畏也」，「與民爲敵者，民必勝之」〔註 28〕；一是民是國家無法替代的基礎。「王者有易政而無易國，有易吏則無易民」〔註 29〕；再者，民是社會財富的創造者。「一夫不耕，或爲之饑，一婦不織，或爲之寒」〔註 30〕。總之，民爲國本強調了民眾在國家中的重要地位，如果統治者背離民心民意，得不

〔註 28〕吳雲、李春臺：《賈誼集校注》，中州古籍出版社 1989 年，第 257 頁。

〔註 29〕《新書校注‧大政下》。

〔註 30〕《新書校注‧無蓄》。

到民眾的擁護，不僅國家社稷不能鞏固，甚至還會為民眾所顛覆，人民構成了國家政治基礎和經濟基礎，只有基礎牢固，國家的安寧才有保障。孟子就提出：「得天下有道，得其民，斯得天下矣」〔註31〕、「人有恒言，皆曰：『天下國家』，天下之本在國，國之本在家，家之本在身」〔註32〕；荀子也說：「天下歸之之謂王，天下去之之謂亡」〔註33〕；漢代著名政治家賈誼說：「聞之於政也，民無不為本也。國以為本，君以為本，吏以為本，故國以民為威侮，吏以民為貴賤，此之謂民無不為本也」〔註34〕。

2、君民關係

在先秦中，孔子將「君與民」的關係比喻為心與體的關係，他說，「民以君為心，君以民為體；心莊則體舒，心肅則容敬。君好之，民必安之；君好之，民必欲之。心以體全，亦以體傷，君以民存，亦以民亡」〔註35〕。孟子是把「民」擡得最高的一個思想家，他的「君輕民重」理論是最富有人民性的口號，明確地提出了「民為貴，社稷次之，君為輕」〔註36〕的主張，由此出發，他提出了得民心者得天下的思想，認為，「得天下有道，得其民，斯得天下矣；得其民有道，得其心，斯得民矣」〔註37〕。荀子也提出了不少民本主張，影響最深遠、最為人所熟悉的是他的民水君舟說，「君者，舟也；庶人，水也。水則載舟，水則覆舟」〔註38〕，荀子的「民水君舟說」是對民眾力量最通俗而又最深刻的描述。他還說，「有社稷者而不愛民，不能利民，而求民之親愛己，不可得也。民不親不愛，而求為己用，為己死，不可得也」〔註39〕。他認為統治者是否能長治久安，就在於統治者能否取信於民，是否有愛民、惠民、裕民之心，這樣才能使百姓安定，「庶人政，然後君子安位」〔註40〕，統治者的統治方能長久。更為可貴的是，荀子也提出了「君為民」的思想。

〔註31〕楊伯峻：《孟子譯注‧離婁章句上》，中華書局 2005 年版。（以下引用同）
〔註32〕《孟子譯注‧離婁章句上》。
〔註33〕《荀子集解‧正論》。
〔註34〕《新書校注‧大政上》。
〔註35〕〔清〕孫希旦撰，沈嘯寰、王星賢點校：《禮記集解‧緇衣》，中華書局 1989年版。（以下引用同）
〔註36〕《孟子譯注‧盡心章句下》。
〔註37〕《孟子譯注‧離婁章句上》。
〔註38〕《荀子集解‧王制》。
〔註39〕《荀子集解‧君道》。
〔註40〕《荀子集解‧王制》。

他說：「天生之民，非爲君也。天之立君，以爲民也」〔註41〕。

3、爲政養民

爲政養民是在「民爲國本」以及「君民關係」得以成立的條件下，就統治者如何「養民」，從而達到「牧民」的目的。孔子說統治者所重：「民、食、喪、祭」〔註42〕，提出重民、利民、富民的「因民之所利而利之」的主張，把「養民也惠」、「使民也義」、「使民以時」、「使民如承大祭」、「博施與民而能濟眾」等作爲仁人君子之道來要求統治者遵守。孟子從他的「人皆可以爲堯舜」的「性善」論出發，主張統治者要以「仁政」治天下，要實行「德治」，孟子堅決反對「虐民」、「暴民」的思想，要看重人民，要順從民意，此所謂「得其心有道，所欲之聚之，所惡勿施」〔註43〕。同時，還要給民以物質生活上的保障：「明君制民之產，必使仰足以事父母，俯足以畜妻子，樂歲終歲飽，凶年免於死亡，然而驅而之善，故民之從之也輕」〔註44〕。還要「省刑罰，薄稅斂」〔註45〕，「易其田疇，薄其稅斂，民可使富也」〔註46〕。荀子則提出了「節用裕民」的富國理論，「節用裕民而善藏其餘。節用以禮，裕民以政。彼裕民故多餘，裕民則民富，民富則田肥以易，田肥以易，則出實百倍，上以法取焉，而下以禮節用之」〔註47〕。西漢賈誼認爲，「治國之道，上忠於主，而中敬其士，而下愛其民」〔註48〕，「民非足也，而可治之者，自古及今，未之嘗聞」〔註49〕。這樣，從思想上重視民，從經濟上給民以基本的物質生活保障，從政策措施上保護民眾，達到爲政養民的目的，從而實現社會繁榮與穩定的局面。

（二）儒家意識形態的倫理等級思想

中國古代的社會是一種宗法社會，這種社會以宗法倫理原則爲精神維繫紐帶，而宗法倫理原則的核心就是「親親」、「尊尊」，亦即禮。至西周，「禮」

〔註41〕《荀子集解·大略》。
〔註42〕《論語譯注·堯曰》。
〔註43〕《孟子譯注·離婁章句上》。
〔註44〕《孟子譯注·梁惠王章句上》。
〔註45〕同上註。
〔註46〕《孟子譯注·盡心章句上》。
〔註47〕《荀子集解·富國》。
〔註48〕吳雲、李春臺：《賈誼集校注》，中州古籍出版社1989年版，第283頁。
〔註49〕同上註，第137頁。

隨著宗法思想與制度的系統化而發展成以維護宗法等級制爲核心的禮制,「親親也、尊尊也、長長也、男女有別,此其不可得與民變革者也」〔註50〕。周朝通過制禮把政治與宗法倫理溝通起來,形成了中國古代特有的宗法倫理政治。

孔子對周朝的「禮」進行了新的闡釋和論述,並以西周開始的血緣與政治相結合的宗法制度爲起點,系統地提出了「君君、臣臣、父父、子子」〔註51〕的等級思想。他主張以禮治國、以禮治民,「道之以德,齊之以禮」〔註52〕,禮是穩固等級結構、調節各個社會等級之間關係的最好規範。在孔子看來,統治者若施以禮治,百姓就能服從之,並聽從之,所謂「上好禮,則民莫敢不敬」〔註53〕,「上好禮,則民易使也」〔註54〕。禮是決定上下尊卑的標準和尺度,「禮以爲紀,以正君臣,以篤父子,以睦兄弟,以和夫婦」〔註55〕。

孟子在孔子的基礎上,進一步明確了「父子有親,君臣有義,夫婦有別,長幼有序,朋友有信」〔註56〕五種人之大倫,從而有力地凸顯了人倫關係中維繫情感和諧與恪守道德規範的重要意義。孟子認爲禮是理想的治國之道,禮所確立的尊卑上下原則是各種等級結構中的人所應遵守的唯一原則,禮是確保國家長治久安,社會安定有序的制度保證,「無禮義,則上下亂」〔註57〕,「上無禮,下無學,賊民興,喪無日矣」〔註58〕。

荀子對倫理等級是持肯定態度的,並在肯定等級的基礎上強調禮在治國中的重要性,他從「性惡論」出發,認爲社會財富有限,而人的「欲惡」又是相同的,有限的財富不能滿足所有人的共同欲望,就會引發爭奪,而爭奪又會導致社會混亂以及更加貧困,正如荀子所說「無不能澹則必爭,爭則必亂,亂則窮矣」〔註59〕。同時,荀子又從「群」與「分」的關係來說明等級的合理性,他說,「離居不相待則窮,群而無分則爭。窮者患也,爭著禍也。

〔註50〕《禮記集解·大傳》。
〔註51〕《論語譯注·顏淵》。
〔註52〕《論語譯注·爲政》。
〔註53〕《論語譯注·子路》。
〔註54〕《論語譯注·憲問》。
〔註55〕《禮記集解·禮運篇》。
〔註56〕《孟子譯注·滕文公章句上》。
〔註57〕《孟子譯注·盡心章句上》。
〔註58〕《孟子譯注·離婁章句上》。
〔註59〕《荀子集解·富國》。

救患除禍，則莫若明分使群矣」〔註60〕。那麼「爭與亂」、「群與分」的關係如何來有效理順並予以維繫呢？，在荀子看來就是靠「禮義」。他說「禮起於何也？曰：人生而有欲，欲而不得，則不能無求，求而無度量分界，則不能不爭，爭則亂，亂則窮。先王惡其亂也，故制禮義以分之，以養人之欲，給人之求」〔註61〕。雖然他認為，「治之經，禮與刑」〔註62〕，同時認為禮法各有側重不同，他說，「由士以上，則必以禮樂節之；眾庶百姓，必以法教制之」〔註63〕。但他更強調禮治，他說，「禮者，法之大分，類之綱紀也」〔註64〕，認為「禮」可以使「貴賤有等，長幼有差，貧富輕重皆有稱」〔註65〕，荀子說，「義者，內節於人而外節於萬物者也；上安於主而下調於民者也；內外上下節者，義之情也。然則凡為天下之要，義為本」〔註66〕，在荀子看來遵照禮義，才能「皆使人載其事而各得其宜」〔註67〕。

西漢時期的賈誼也強調「禮者，所以固國家，定社稷，使君無失其民者也。主主臣臣，禮之正也；威德在君，禮之分也；尊卑大小，強弱有位，禮之數也」〔註68〕。

（三）儒家意識形態的德刑觀

中國從夏、商到周朝，人的思想意識從尊天、尊神逐步發展到尊人，治國理念也從重刑輕德逐步向輕刑重德發展，《禮記・表記》中記載孔子言「夏道尊命，事鬼敬神而遠之，近人而忠焉；殷人尊神，率民以事神，先鬼而後禮；周人尊禮尚施，事鬼敬神而遠之，近人而忠焉」，說明從西周開始統治階級已經開始注重以德治國，基於此，周公提出了「敬德保民」的思想。

德治論或者說德刑關係是儒家政治思想中的重要組成部分，它繼承了中國早期政治文化中的德治傳統，以天人合一、效法天地的天人觀和人皆可成聖賢的人性論為其理論依據，構建了儒家的德治政治思想。

〔註60〕《荀子集解・富國》。
〔註61〕《荀子集解・禮論》。
〔註62〕《荀子集解・王制》。
〔註63〕《荀子集解・富國》。
〔註64〕《荀子集解・勸學》。
〔註65〕《荀子集解・富國》。
〔註66〕《荀子集解・強國》。
〔註67〕《荀子集解・榮辱》。
〔註68〕《新書校注・禮》。

孔子繼承了周代「明德慎罰」的傳統，主張德刑並用，德主刑輔。他指出「政寬則民慢，慢則糾之以猛。猛則民殘，殘則施之以寬。寬以濟猛，猛以濟寬，政是以和」〔註69〕，為政難免需要動用刑罰，德治與刑罰相結合，「寬以猛濟，猛以濟寬」，才能治理好社會。因此，孔子主張為政以德，但並不排斥刑罰，而是要求德刑相配，以達致政通人和的目的。對於德與刑的關係與作用，孔子提出「道之以政，齊之以刑，民免而無恥；道之以德，齊之以禮，有恥且格」〔註70〕，孔子意識到僅用政令刑罰治國，國民雖然可能表面服從，但只是為了免於罪過，而不會從內心上自願順服；而以仁德禮義治國，不僅能使國民具有羞恥之心，而且會使他們發自內心的自願歸服，「德化」和「禮教」可以防患於未萌，即「禮之教化也微，其止邪也於未形，使人日徙善遠惡而不自知」〔註71〕，所以為政以德，可以使國家政通人和，實現社會長治久安。因此，孔子提出「為政以德，譬如北辰，居其所而眾星共之」〔註72〕，要求統治者依據自身優良的道德品質治理國家、引導民眾，以此獲得民眾在心理上的支持。同時，孔子也並不反對和排斥用刑，他說，「聽訟，吾猶人也」〔註73〕，但強調先德後刑的原則，孔子主張「慎殺」，反對「不教而殺」，認為「不教而殺謂之虐」〔註74〕，放在「從政」的「四惡」之首。所以當季康子問政於孔子曰，「如殺無道，以就有道，何如？」孔子對曰，「子為政，焉用殺？子欲善而民善矣。君子之德風，小人之德草，草上之風，必偃」〔註75〕。孔子這一「先德後刑」和「德行教化」的主張啟迪了後儒在為政上重德教而不重刑罰，即任德而不任刑，以德治教化為主，而以行政刑罰為輔，省刑罰、寬賦斂成為儒家為政的宗旨。孔子的德治主張不僅開創了儒家的德治傳統，而且奠定了此後二千餘年封建王道政治之模式。

孟子在孔子德政說的基礎上又提出了他的仁政理論，提出了「王道仁政」、「民貴君輕」、「富民養民」等思想，孟子主張以「仁義」治國，「施仁政於民」，繼承和進一步發揮了孔子的「德治」思想。孟子認為，「徒善不足以

〔註69〕　《春秋左傳詁·昭公二十年》。
〔註70〕　《論語譯注·為政第二》。
〔註71〕　《禮記集解·經解》。
〔註72〕　《論語譯注·為政》。
〔註73〕　《論語譯注·顏淵》。
〔註74〕　《論語譯注·堯曰》。
〔註75〕　《論語譯注·顏淵》。

爲政，徒法不足以自行」〔註76〕，道德與法律各有優劣，應該結合起來，並提出了德治應該以教爲本，實施行之有效的教化，「仁言不如仁聲之入人深也，善政不如善教之得民也。善政，民畏之；善教，民愛之。善政得民財，善教得民心」〔註77〕。孟子基於「仁政」基礎上，提出輔之以刑，則可以實現其所期望的「王道」。

荀子以天道觀、人性論爲基礎，提出了他的隆禮重法儒學政治理論，「隆禮貴義者，其國治；簡禮賤義者，其國亂」〔註78〕，「至道之大形，隆禮重法則國有常」〔註79〕。從這種隆禮重法思想出發，邏輯地引伸出了荀子的德刑關係構架：先德後刑，德主刑輔。「故厚德享以先之，明禮義以道之，致忠信以愛之，尙賢能以次之，爵服慶賞以申之，時其事、輕其任以調養之、長養之，如保赤子。政令以定，風俗以一。有離俗不順其上，則百姓莫不敦惡，莫不毒孽，若祓不祥，然後刑於是起矣。……然後百姓曉然皆知循上之法，象上之志而安樂之，於是有能化善、修身、正行、積禮義、尊道德，百姓莫不貴敬，莫不親譽，然後賞於是起矣。……雕雕焉縣貴爵重賞於其前，縣明刑大辱於其後，雖欲無化，能乎哉？」〔註80〕，這裡充分顯示了荀子注重教化的基本立場。同時，荀子主張德法並用，也非常重視法的作用，荀子認爲「治之經，禮與刑」，將道德教化與法律強制視爲治國安邦不可偏廢的兩大根本手段，「古者聖人以人之性惡，以爲偏險而不正，悖亂而不治，君上之勢以臨之，明禮義以化之，起法正以治之，重刑罰以禁之，使天下皆出於治，合於善也」〔註81〕。

（四）儒家意識形態的義利之辨

「義利之說，乃儒者第一義」〔註82〕，雖然不能如此肯定「義利問題」是儒家最重要的問題，但這也足以表明義利關係問題在中國傳統文化史上佔據著至關重要的地位。總體而言，儒家義利觀主要涉及是道義與利益的關係問題，同時它還涵蓋了公與私、精神與物質關係的基本立場和觀念。

〔註76〕《孟子譯注·離婁章句上》。
〔註77〕《孟子譯注·盡心章句上》。
〔註78〕《荀子集解·議兵》。
〔註79〕《荀子集解·君道》。
〔註80〕《荀子集解·議兵》。
〔註81〕《荀子集解·性惡》。
〔註82〕《朱子文集》，卷24。

　　孔子其在義利關係上整體是以「義」爲本，但兼顧「利」的存在。其強調：「君子以義爲質」〔註83〕、「君子以義爲上」〔註84〕，主張「以義制利」，強調「見利思義」〔註85〕、「不義而富且貴，於我如浮雲」〔註86〕。但孔子並未因此否定利的客觀存在性和相應的合理性，孔子非常清楚地表示，「富與貴，是人之所欲也；不以其道得之，不處也。貧與賤，是人之所惡也；不以其道得之，不去也」〔註87〕，「富而可求也，雖執鞭之士，吾亦爲之」〔註88〕，並由此提出了「因民之所利而利之」的仁政思想。

　　孟子繼承了孔子義利的思想，在《孟子‧梁惠王上》中談到，「何必言利，亦有仁義而矣」，說明了孟子重義輕利的典型性。在孟子看來，義利關係是基於其人道之本質「仁」而體現出來的，仁是一種精神境界，義是據此而表現的行爲，所以他說，「仁，人之安宅也；義，人之正路也。曠安宅而弗居，舍正路而不由，哀哉！」〔註89〕、「仁，人心也；義，人路也。舍其路而弗由，放其心而不知求，哀哉！」〔註90〕，體現出孟子將「義」視爲第一要義。不過孟子並非只言義而不談利，其將民之基本的物質利益與道德品質結合起來，認爲民的道德信仰是建立在一定的私有財產基礎上的，在客觀上肯定了利的重要性，他說，「若民，則無恒產，固無恒心」、「今也制民之產，仰不足以事父母，俯不足以蓄妻子；樂歲終身苦，凶年不免於死亡。此惟救死而恐不贍，奚假治禮儀哉？」〔註91〕。應該說孟子對義與利進行了雙重的肯定，但根本是義重於利，他的這段話最具代表性，「魚，我所欲也，熊掌，亦我所欲也；二者不可得兼，舍魚而取熊掌者也。生，亦我所欲也，義，亦我所欲也；二者不可得兼，舍生而取義者也」〔註92〕。

　　荀子從「性惡論」出發，認爲利與義一樣，都是人類生活實踐中不可或缺的內容，是人類生活重要的組成部分，求利和求義同樣具有合理性和正當

〔註83〕　《論語譯注‧衛靈公》。
〔註84〕　《論語譯注‧陽貨》。
〔註85〕　《論語譯注‧憲問》。
〔註86〕　《論語譯注‧述而》。
〔註87〕　《論語譯注‧里仁》。
〔註88〕　《論語譯注‧述而》。
〔註89〕　《孟子譯注‧離婁章句上》。
〔註90〕　《孟子譯注‧告子章句上》。
〔註91〕　《孟子譯注‧梁惠王章句上》。
〔註92〕　《孟子譯注‧告子章句上》。

性。荀子說，「義與利，人之所兩有也，雖堯舜不能去民之欲利，然而能使其欲利不克其好義也」〔註93〕。但是，荀子並沒有因此而將義利平等化，他始終認為義是最重要的，提出「先義而後利」〔註94〕、「義則不可須臾舍也。為之，人也；舍之，禽獸也」〔註95〕，並就義利的輕重問題荀子提出了其的理論基礎，「人生而有欲，欲而不得，則不能無求，求而無度量分界，則不能不爭，爭則亂，亂則窮。先王惡其亂也，故制禮義以分之，以養人之欲，給人之求」〔註96〕。荀子基於物質財富的有限性與人對物欲的無限性之間的矛盾，由此來解釋義的重要性。

可見，在儒家義利思想的先後次序選擇上，義先利後是基本的價值取向，利只有按照義的規定要求去獲取才有實際意義。

（五）儒家意識形態的經濟思想

儒家的經濟思想是基於其民本思想而發展豐富的，所以儒家的經濟思想是以維護社會秩序和保持社會穩定為出發點的，歸根結底是為其政治理想服務的。所以儒家論經濟者，都是在肯定民生問題的基礎上，強調「富民」之觀點，從而達到「富國安邦」的政治目的。

儒家民本思想體現在國家與民眾的財富關係上，就是提出了一系列「富民利民」、「藏富於民」的重要思想。孔子就曾經精闢地議論過君（即國）、民財富關係問題。他說，「百姓足，君孰與不足？百姓不足，君孰與足？」〔註97〕，基於百姓先足、先富的思想，主張「使民以時」，薄稅斂，反對統治階級實行苛政，認為「苛政猛於虎也」〔註98〕。

孟子的仁政學說，提出了在經濟上要保持小農生產的相對穩定，滿足農業家庭對土地的要求，並鮮明地提出了「制民之產」，他說，「無恒產而有恒心者，唯士為能。若民，則無恒產，因無恒心。苟無恒心，放辟，邪侈，無不為已。及陷於罪，然後從而刑之，是罔民也。焉有仁人在位，罔民而可為也？是故明君制民之產，必使仰足以事父母，俯足以畜妻子，樂歲終身飽，

〔註93〕《荀子集解·大略》。
〔註94〕《荀子集解·榮辱》。
〔註95〕《荀子集解·勸學》。
〔註96〕《荀子集解·禮論》。
〔註97〕《論語譯注·顏淵》。
〔註98〕《禮記·檀弓下》。

凶年免於死亡。然後驅而之善，故民之從之也輕」〔註99〕。孟子根據「制民之產」的思想提出了「井田制」的具體政治措施，「夫仁政，必自經界始，……方里而井，井九百畝，其中爲公田。八家皆私百畝，同養公田；公事畢，然後敢治私事」〔註100〕，從而實現孟子所倡導的「五畝之宅，樹牆下以桑，匹婦蠶之，則老者足以衣帛矣。五母雞，二母彘，無失其時，則老者足以無失肉矣。百畝之田，匹夫耕之，八口之家足以無饑矣」〔註101〕的人人有田耕、戶戶足飽暖的農業社會理想。

　　孟子之後的荀子進一步發展了富民利民思想，強調「下貧則上貧，下富則上富」，提出「足國之道，節用裕民，而善藏其餘。節用以禮，裕民以政。彼裕民故多餘，裕民則民富，民富則田肥爲易，田肥以易則實出百倍。……不知節用裕民則民貧，民貧則田瘠以穢，田瘠以穢則出實不半。上雖好取侵奪，猶將寡獲也」〔註102〕。

（六）儒家的社會理想

　　每一種政治思想體系都有基於自身基本政治原則、政治價值觀念以及政治終極目標的政治理想，是對理想化社會模式的憧憬、描繪和論證。同樣，儒家政治思想以自身的理論核心爲出發點，描繪了差等有序、仁和中讓、賢臣明君、道德中庸、天下爲公的「大道之行」的農業社會理想。

　　如果說封建社會的倫理秩序是以「禮」來構造其基本框架的話，儒家爲了彌補「禮之分」框架結構的嚴峻和冷酷，又在其中注入了「仁」這種人性化的道德因素。儒家相信，由孝順的子孫、仁愛的兄弟所構成的國家一定是個井井有條、安定祥和的社會，而這樣的社會才是儒家心目中的道德理想國。

　　《禮記‧禮運篇》有「大道既隱，天下爲家」的小康社會和「大道之行也，天下爲公，選賢與能，講信修睦。故人不獨親其親，不獨子其子，使老有所終，壯有所用，幼有所長，矜寡孤獨廢疾者，皆有所養；男有分，女有歸；貨惡其棄於地也，不必藏於己；力惡其不出於身也，不必爲己」的大同理想。

　　儒家的社會烏托邦，作爲一種社會理想在中國的封建農業社會中從來沒

〔註99〕　《孟子譯注‧梁惠王章句上》。
〔註100〕　《孟子譯注‧滕文公章句上》。
〔註101〕　《孟子‧盡心上》。
〔註102〕　《荀子集解‧富國》。

有實現過，具有一定的空想性質，然而這並不妨礙其的現實意義和社會價值，作為一種社會理想它不屬於過去，而是指向未來，從而使社會政治生活存在著一種終極信念。

三、董仲舒對儒家思想的系統性構建

董仲舒是孔子之後二千餘年間對中國政治思想影響最大的思想家之一。西漢學者劉向稱，「董仲舒有王佐之才，雖尹呂無以加」；劉歆亦云，「仲舒遭漢承秦滅學之後，六經離析，下帷發憤，潛心大業，令後學者有所統一，為群儒首」〔註103〕，可見其在儒學，在中國歷史中的重要地位。董仲舒以儒家思想為基礎，吸收融合了道、法、陰陽等多家思想，將先秦諸子學說中相互關聯、相通互補的積極元素進行系統性集中與強化，同時進一步將天與人結合起來，並使之系統化，與儒家思想相互融為一體，形成了以「天人感應」說為核心的儒家神學，從而實現了對先秦儒家思想的系統性發展。

（一）天道觀——天人感應

在天人關係上，董仲舒提出了「天人感應」的學說，認為天是萬物之始祖，宇宙中之至尊，是世間的最高主宰。日月星辰的運行，寒暑四時的更替，國家的興衰治亂，都是天的意志表現，董仲舒的天是有意志、有目的的人格神。他說，「天者，百神之君也，王者之所以最尊也」〔註104〕，並在繼承了先秦思孟學派和陰陽家鄒衍思想的基礎上，系統地發展了「天人合一」的理論，他將自然界的運動規律解釋為「天之志」，把陰陽、四時的不斷變化解釋為「天」的情感變化，把五行相生相剋的次序解釋為「天」安排的秩序，於是董仲舒依據其的天道觀，將儒家與陰陽家、墨家、道家等思想鎔鑄成了一個完整而精緻的體系，並由此以儒家思想為基礎推導出一系列的政治思想，最終重新構建了符合大一統農業社會的儒學體系。

（二）屈民伸君、屈君伸天

董仲舒從「天人感應」出發，力圖宣揚「君權神授」的觀點，將人間的君主和君權神聖化。他說，「古之造文者，三畫而連其中，謂之王。三畫者，

〔註103〕《漢書・董仲舒傳》。
〔註104〕鍾肇鵬：《春秋繁露校釋・郊義》，河北人民出版社2005年版。（以下引用同）

天、地與人也；而連其中者，通其道也。取天、地與人之中以爲貫而參通之，非王者孰能當」〔註105〕，「惟天子受命於天，天下受命於天子」〔註106〕。這樣，「天」和「君」就相通了，官民對皇帝的頂禮膜拜就成了人世間天經地義、順天應命的倫理準則，從而將「君」置於了人間至高無上的地位，爲絕對君權提供了堅實的理論基礎，從而達到其「屈民而伸君，屈君而伸天」的目的。但爲了防止君權權利不受限制，董仲舒又用天來制約皇權，提出了「天之生民，非爲王也，而天立王以爲民也。故其德足以安樂民者，天予之；其惡足以賊害民者，天守之」〔註107〕的災異譴告說，使皇權不至於無限膨脹，這樣就在封建社會的運行中，逐步形成了一種對皇權的制約機制，給最高皇權決策增添了理性成分，防止國家政策的隨意性和非理性，以便更好地代表政府集團的長遠利益和根本利益。

（三）三綱五常

三綱五常即：君爲臣綱、父爲子綱、夫爲妻綱和仁、義、禮、智、信。董仲舒以天人關係爲根據，把三綱五常進一步系統化，把儒家倫理貫穿到政治領域。他把父子夫婦之間的倫理親情作爲立論的基礎，以封建宗法制下的家庭制度作爲依託，以君親忠孝的聯結爲紐帶，從而實現國家、社會、家族等社會分層結構的有機整合。認爲這些綱常倫理的尊卑是象天則地永恒不變的，是「君臣、父子、夫婦之義，皆取諸陰陽之道；君爲陽，臣爲陰；父爲陽，子爲陰；夫爲陽，婦爲陰……王道之三綱，可求於天」〔註108〕，「故四時之行，父子之道也；天地之志，君臣之義；陰陽之義，聖人之法也」〔註109〕。董仲舒就是運用這套形而上學的理論來確立社會各利益階層的地位，來維護封建社會的統治秩序。

（四）德主刑輔

董仲舒對德與刑這兩個相互關係的論述，以及圍繞德刑問題提出的許多觀點，都基本沒有超出先秦儒家「爲政以德」的思想範圍，所不同的是他通

〔註105〕《春秋繁露校釋·王道通三》。
〔註106〕《春秋繁露校釋·爲人者天》。
〔註107〕《春秋繁露校釋·堯舜不擅移》。
〔註108〕《春秋繁露校釋·基義》。
〔註109〕《春秋繁露校釋·王道通》。

過「天人感應」學說，將陰陽家的思想摻進了德刑說，「天道之大者在陰陽。陽爲德，陰爲刑；刑主殺而德主生。是故陽常居大夏，而以生育養長爲事；陰常居大冬，而積於空虛不用之處。以此見天之任德不任刑也。……陽不得陰之助，亦不能獨成歲」〔註110〕。天有陰陽兩種屬性，陽的具體變現爲仁德，陰的具體表現爲刑殺，這樣雖然仁義道德是儒家思想中最重要的部分，但刑殺也成爲不可缺少的內容，變成了天意的一部分。

（五）性三品

　　董仲舒的人性論即不同於孟子的「性善論」，也不同於荀子的「性惡論」，而是提出了性三品論的觀點。董仲舒說，「聖人之性，不可名性；斗筲之性，又不可以名性。名性者，中民之性」〔註111〕。也就是說「聖人之性」情欲很少，不教而善；「斗筲之性」情欲很多，雖教也難以爲善；「中民之性」雖有情欲，但可以爲善，也可以爲惡。董仲舒認爲「中民之性」的善惡主要在於引導，而「聖人之性」與「斗筲之性」這兩類人的善惡則在天性。在董仲舒看來，生來就有「聖人之性」和「斗筲之性」的人都是極少數人，大多數老百姓都具備有教而善的「中人之性」。性三品說爲統治者對人民實行道德教化提供了理論依據。

（六）義利關係

　　董仲舒繼承了儒家重義輕利的思想，並把它發展爲「正其誼不謀其功，明其道不計其利」〔註112〕，完全把義利對立了起來，董仲舒這一貴義輕利的思想對後世儒家影響很大。雖然董仲舒也指出義利各有不同的意義，他說，「天之生人也，使人生義與利。利以養其體，義以養其心；心不得義不能樂，體不得利不能安。義者，心之養也；利者，體之養也」〔註113〕。但是他又認爲「體莫貴於心，故養莫重於義」〔註114〕、「不能義者，利敗之也」〔註115〕，董仲舒從心貴於體自然而然地推導出義重於利，並使之對立化，進一步凸顯出「義」的主導性。

〔註110〕《漢書・董仲舒傳》。
〔註111〕《春秋繁露校釋・實性》。
〔註112〕《漢書・董仲舒傳》。
〔註113〕《春秋繁露校釋・身之養重於義》。
〔註114〕同上註。
〔註115〕《春秋繁露校釋・玉杯》。

　　董仲舒在《天人三策》中明確地提到政治上官員不得經商以與民爭利的具體設計，嚴守義利之別，所以義利問題不簡單是一個理論問題，董仲舒也看到一些現實問題，但是存在不符合實際的問題，過分理想和空想。以下引用部分比較能反映出董仲舒的相關觀點。

　　夫天亦有所分予，予之齒者去其角，傅其翼者兩其足，是所受大者不得取小也。古之所予祿者，不食於力，不動於末，是亦受大者不得取小，與天同意者也。夫已受大，又取小，天不能足，而況人乎！此民之所以囂囂苦不足也。身寵而載高位，家溫而食厚祿，因乘富貴之資力，以與民爭利於下，民安能如之哉！是故眾其奴婢，多其牛羊，廣其田宅，博其產業，畜其積委，務此而亡已，以迫蹴民，民日削月浸，浸以大窮。富者奢侈羨溢，貧者窮急愁苦；窮急愁苦而不上救，則民不樂生；民不樂生，尚不避死，安能避罪！此刑罰之所以蕃而姦邪不可勝者也。故受祿之家，食祿而已，不與民爭業，然後利可均布，而民可家足。此上天之理，而亦太古之道，天子之所宜法以為制，大夫之所當循以為行也。故公儀子相魯，之其家見織帛，怒而出其妻，食於舍而茹葵，慍而拔其葵，曰：「吾已食祿，又奪園夫紅女利乎！」古之賢人君子在列位者皆如是，是故下高其行而從其教，民化其廉而不貪鄙。及至周室之衰，其卿大夫緩於誼而急於利，亡推讓之風而有爭田之訟。故詩人疾而刺之，曰：「節彼南山，惟石岩岩，赫赫師尹，民具爾瞻。」爾好誼，則民鄉仁而俗善；爾好利，則民好邪而俗敗。由是觀之，天子大夫者，下民之所視效，遠方之所四面而內望也。近者視而放之，遠者望而傚之，豈可以居賢人之位而為庶人行哉！夫皇皇求財利常恐乏匱者，庶人之意也；皇求仁義常恐不能化民者，大夫之意也。《易》曰：「負且乘，致寇至。」乘車者君子之位也，負擔著小人之事也，此言居君子之位而為庶人之行者，其患禍必至也。若居君子之位，當君子之行，則舍公儀休之相魯，亡可為者矣。（《漢書・董仲舒傳》）

第三節　西漢社會現實政治與儒家意識形態的契合與衝突

　　儒家思想自春秋時期孔子開創，至西漢武帝前期，經歷了春秋戰國、秦朝與西漢初期很長的一個歷史時期，雖然一直被視為顯學，但始終沒有成為

諸侯列國或者政府集團的官方哲學,而這個過程中法家和黃老思想都先後粉墨登場,盛極一時。但是西漢漢武帝時期儒家思想最終不可逆轉地登上政治舞臺,並影響中國社會達二千年之久,而且時至今日還在發揮著其對社會的影響和作用,我想這絕對不是由於偶然性的因素造成的,這其中一定存在著儒家思想得以為政府集團最終認可和接受的必然性,我們試圖從西漢社會的現實政治出發,針對儒家意識形態的契合與衝突來對這一歷史趨勢進行深入的分析。

一、春秋至秦漢中國統治格局的變遷

西周「分封制」大一統統治模式在經歷了四百年的時間之後,隨著諸侯國實力的增強,宗法土地所有關係的鬆弛與買賣的自由化,西周王室越來越衰微,以宗法血緣為依託的大一統統治秩序也在逐步地失去其約束力,中國進入了春秋戰國的群雄並立階段,事實上也說明了以宗法血緣為基礎建立的「分封制」大一統統治模式正在失去其歷史環境。進入春秋戰國時代後,在思想界,出現了「百家爭鳴,百花齊放」的繁榮格局,湧現出大批的思想家與哲學家,他們都在盡可能地提出自己的思想體系與政治方略,以實現自己的政治理想,同時也是在周室衰微,整個國家社會格局大變動時代提出了自己的政治解決方案,從而試圖解決社會現實問題。而在這個時期,各個諸侯國所面臨的主要問題與矛盾是國與國之間的戰爭與強弱問題,所以法家思想在整合與集中國家的財力與物力方面顯示了巨大的能力,秦國正是在法家思想的指導下,勵精圖治最終吞滅六國,一統天下。然而,在國家統一後,國與國之間的戰爭與衝突就結束了,取而代之的是大一統中央集權農業經濟社會內部的主要矛盾,而這一矛盾顯然不同於諸侯國時期社會環境下的主要矛盾,但是秦朝的統治者並沒有在新的國家社會環境下及時調整國家政治指導思想與政策方針,再加之統一格局不穩定,致使強大的秦朝僅僅不到十五年就為漢朝所取代。

在前面已經分析過,由於西漢初年的社會現實情況以及政府集團也在不斷地總結與摸索,黃老思想一時成為官方統治思想。然而,黃老思想由於其核心思想的原因,最終無法適應西漢大一統中央集權的政治需求,而必然淡出國家政治。那麼選擇一種什麼樣的思想來維繫西漢大一統中央集權國家以及適應相對封閉的農業經濟社會的需求,是西漢政權必須要解決的問題。針

對這樣一個重大的國家政治問題，漢武帝於建元元年（公元前140年），也就是他剛剛繼位不久，「詔丞相、御史、列侯、中二千石、二千石、諸侯相舉賢良方正直言極諫之士」〔註116〕。同時，漢武帝劉徹初次召見董仲舒時，就對他說，「今朕獲承宗廟。夙興以求，夜寐以思，若涉淵水，未知所濟」、「任大守重，夙夜不寧」。而後提出的問題是，「何行而可以章先帝之洪業，上參堯舜。下配三王？」、「欲聞大道之要，至論之極」、「子大夫其盡心，莫有所隱，朕將親覽焉」〔註117〕。由此可見，武帝當時所欲求解的，不僅僅是某些具體的政策措施，而是帶規律性普遍性的歷史哲學和指導戰略，也就是要尋找一個既能總結以往歷史教訓，又能解決現實問題，從而保證未來穩定和繁榮的長治久安之道。而事實上這也正反映出了政府集團在面對一個從未有過的大一統中央集權封閉的農業經濟社會，採取什麼樣的統治模式才是最優的問題。從歷史上來說，漢武帝最終通過「罷黜百家，獨尊儒術」確立了儒家思想在西漢社會的絕對統治地位，甚至也確立了中國長達二千多年的封建社會絕對統治的官方政治哲學。

二、西漢現實政治與儒家意識形態的契合

在第三章中我們已經具體分析過，由於在大一統相對封閉的農業經濟社會中，社會財富在勞動階層、政府集團和豪強集團之間的流動引發了諸多不平衡，為了保持社會穩定與政權穩固，政府集團的最終政治目標就是尋求「平衡」，從而杜絕或者延緩不平衡，進而導致了西漢社會產生了內在的政治需求，主要為：集權統治、民本理念、社會秩序、崇本抑末、德主刑輔、酷吏現象以及倡導尚儉等。

事實上，儒家在其以「仁」、「禮」為核心的思想體系發展過程中，在經歷了孔子、子思、孟子、荀子以及西漢的賈誼，特別是董仲舒的豐富與改進後，切實地契合了相對封閉的大一統農業經濟社會的需求。儒家所提倡的仁義道德，可以用來麻痺勞動階層的反抗意志，緩和階級矛盾；儒家所鼓吹的禮樂教化，可以用來維護封建等級秩序；儒家的大一統思想，可以用來服務於封建中央集權；儒家的天命論，尤其是漢儒所編造的天人感應目的論的神秘體系，可用來為封建統治提供神學依據，其所倡導的君權神授、封建等級、

〔註116〕《漢書・武帝紀》。
〔註117〕《漢書・董仲舒傳》。

三綱五常和忠孝思想有助於維護中央集權的統治。而這個時期在中國的範圍內再沒有另一種成體系的思想能夠比儒家思想更為適合政府集團的統治需求，從而儒家思想最終成為政府集團統治思想也就成為無可避免的結果。

（一）儒家倫理等級思想與集權、社會秩序現實政治的契合

由於農業經濟社會生產力水平低下，自然經濟占主導地位，商品經濟不發達，因而平等交換不普遍，平等意識沒有可以立足的經濟根基，這是傳統等級觀念產生的經濟根源，而客觀的中央集權政治模式也需要等級秩序的存在，以維繫社會的有效統治。在這一現實基礎上，西漢的現實政治與儒家倫理等級思想有機地契合在了一起。

1、統治秩序的契合

西漢漢武帝時期，中國真正實現了大一統中央集權的統治模式，前面已經分析過，隨著大一統分封制的統治模式逐步失去了其生命力，政府集團要選擇一種模式與豪強集團處理好他們既相互矛盾又相互依存的關係，就只能通過加強中央集權來實現對豪強集團的控制與脅迫，從而盡可能地平衡政府集團與豪強集團的不平衡。這樣，政府集團就需要將政治、軍事、經濟等國家大權集中到政府集團的最高代表──皇帝及其利益代表者的手中，從而盡可能地削弱豪強集團的實力與影響，如有需要可以直接地限制與打擊豪強集團。而這種中央集權的政治模式要順利實現其統治，客觀上需要建立起金字塔型嚴密高效的統治秩序，從皇帝、官吏到勞動階層嚴格的統治等級。對於這樣的現實政治需求，儒家由「禮」出發的倫理等級思想迎合了這樣一種需求，其核心「禮」的原則是「尊尊」、「親親」，「尊尊」為「忠」，「親親」為「孝」。即所謂「君君、臣臣、父父、子子」以及「忠、孝」的思想，在儒家思想中所劃分的社會等級與大一統中央集權的社會等級在根本上是契合的，同時對皇帝集權所客觀需要的「忠、孝」也是儒家思想的重要理論基礎，尤其是最終由董仲舒將「忠與孝」結合為一體，提出了「君為臣綱」、「父為子綱」、「夫為妻綱」的綱常學說，系統地提出了「三綱五常」的倫理等級秩序，以及「屈民以申君，屈君以申天」的思想，牢牢地將大一統中央集權統治模式所需要的社會秩序嚴格地界定下來，顯然儒家所倡導的嚴密、井然而等級鮮明的社會統治秩序是西漢大一統中央集權統治模式的客觀需要。

2、平衡與麻痺勞動階層

雖然勞動階層是社會財富的創造者，但是他們不是社會財富的支配者，在相對封閉的農業經濟社會中，由於社會經濟總量的有限格局，社會財富的絕大部分最終都流向了政府集團與豪強集團，並有向豪強集團集中的趨勢。勞動階層作為社會財富的根本來源和社會人口的絕大多數，他們既沒有政治地位，也沒有經濟地位，而且還長期處於貧困的邊緣，這顯然是一種嚴重的背離，雖然現實政治中需要社會等級的嚴格劃分，並且勞動階層只可能是社會最底端，那麼僅僅通過政治安排來實現這種劃分與背離，顯然是無法長期維繫的。如何使占社會絕大多數的勞動階層既能忍受政治上的沒有地位，又能安於經濟上的貧困，是政府集團必須要解決的問題，否則將會對其政權穩定帶來極大的威脅。而儒家的倫理等級思想恰恰契合了這樣的現實政治需求，從孔子、孟子到荀子都從理論上論證了社會等級劃分的合理性與合法性，並不斷強化「尊君忠君」的思想，而董仲舒更是將陰陽學與儒學的倫理思想結合起來，「君臣、父子、夫婦之義，皆取諸陰陽之道；君為陽，臣為陰；父為陽，子為陰；夫為陽，婦為陰……王道之三綱，可求於天」〔註118〕，「故四時之行，父子之道也；天地之志，君臣之義；陰陽之義，聖人之法也」〔註119〕，借助於陰陽學的思想將「三綱五常」及其精緻地體系化，使之合法化，從而為西漢現實政治的需要服務，使勞動階層從思想上接受儒家的倫理等級學說，進而完整地接受封建統治的等級秩序，在思想和精神層面接受政治地位低下以及經濟狀況窘迫的生活現實，達到對社會不平衡的心理平衡狀態。這樣，西漢社會中集權、社會秩序的政治需要與儒家的倫理等級思想完美地契合在一起，完成了對勞動階層的麻痺作用，以及作為政府集團的平衡之目的。

（二）儒家民本思想與民本理念現實政治的契合

現實政治中的民本理念，是基於勞動階層創造社會財富的根本性地位決定的，在鹽鐵會議中文學言，「是以古者尚力務本而種樹繁，躬耕趣時而衣食足，雖累凶年而人不病也。故衣食者民之本，稼穡者民之務也。二者修，則國富而民安也」〔註120〕，這足以說明勞動階層的重要地位。事實上，政府集

〔註118〕《春秋繁露校釋·基義》。
〔註119〕《春秋繁露校釋·王道通》。
〔註120〕《鹽鐵論譯注·力耕第二》。

團出於平衡勞動階層，以及維繫社會財富的穩定產出和社會政治穩固的需要，一方面通過思想上「民本」的建設與宣傳，體現出政府集團的溫情與關懷，達到麻痺勞動階層的目的；另一方面從現實政治需要，又必須「重民」、「養民」，使勞動階層保持持續的生產能力，盡可能地減少破產與土地兼併，實現社會財富的可持續生產與國家的安定繁榮。而儒家思想從孔子政治思想的核心「仁」出發，推出其中心內容「愛人」，進而形成了完整的民本思想體系，正如荀子用的「水」與「舟」的生動比喻，以及孟子所提出的使民有「恒產」的主張，董仲舒更是從陰陽相生相剋的理論角度出發，提出「夫木者農也，農者民也」，而「土者，君之官也」，「君大奢侈過度失禮，民叛矣。其民叛，其君窮矣，故曰木勝土」〔註121〕，便也從思想上確立了「民本」的思想體系。由此我們可以看到西漢現實政治的民本理念與儒家的民本思想在根本上是相互契合的，後面我們還會談到這種契合中也的確存在著一定的衝突，但在先秦諸子的主流思想中，再沒有那家思想體系在「民本」問題上像儒家思想這樣鮮明與契合西漢現實政治了，周桂鈿先生在《中國傳統政治哲學》中談到，「春秋戰國時期，思想界呈現出百家爭鳴的繁榮局面，建立起了民本論的基本理論框架。在當時的幾個大學派中，以孔子、孟子、荀子為代表的儒家是民本論的積極鼓吹者，法家則強調君主的權力和利益而反對以民為本，道家有關民本思想的論述則很少」〔註122〕。從本質上來說，政府集團借助於儒家的「民本」思想為工具，實現其社會現實政治中民本理念的需求，從而達到平衡勞動階層、限制豪強集團（土地兼併）以及保障財政來源的政治目的。

（三）儒家德刑觀與德主刑輔、酷吏現象現實政治的契合

「德」與「刑」一直是中國思想界爭論的重要概念，同時也是政府集團用以進行政治統治的主要手段。前面章節中已經分析過，有效地利用德與刑是政府集團實現統治與平衡的一個很重要環節。在西漢的現實政治中，勞動階層是社會財富的創造者，但卻沒有政治地位以及經濟地位，基於政府集團的「民本」政治理念，推導出來的是「愛民」、「重民」和「養民」的政治觀念，顯然在這樣的觀念之下，對勞動階層的統治手段如果用「刑」對待之，

〔註121〕《春秋繁露校釋‧五行相勝》。
〔註122〕周桂鈿：《中國傳統政治哲學》，河北人民出版社 2001 年版，第 296 頁。

其結果正如秦朝統一後所汲取的歷史教訓，秦朝採用了法家的思想，以嚴刑峻法來治天下，據史書記載，秦朝統治者「至於始皇，逐併天下，內興功作，外攘夷狄，收泰斗之賦，發呂左之戍男子力耕不足糧餉，女子紡織不足衣服，竭天下之資財以奉其政，猶未足一瞻其欲也」，「士民不附，卒錄之徒，還爲敵仇」〔註123〕。這樣的治國方針導致秦王朝後期人民怨聲載道，儘管秦朝統一了中國，還是很快在農民起義的浪潮中崩潰。所以，西漢政府集團基於其的現實政治，對於勞動階層來說主要以「德」、輔之以「刑」爲手段來「牧民」，從而平衡政府集團與勞動階層之間的矛盾，達到政府集團「民本」理念中重民與養民的意圖。而「刑」的客觀存在與合理利用，除了維持社會統治秩序外，對於打擊與平衡政府集團與豪強集團之間的矛盾也具有現實的意義，特別是「酷吏現象」對於豪強集團的針對性尤其明顯，從歷史進程來看，酷吏的確成爲政府集團打擊豪強集團的有效工具。而儒家思想的德刑觀，正是契合了西漢政府集團基於現實政治，對「德」與「刑」的運用初衷，在重德的基礎上與發展過程中明確地提出了「德主刑輔」的思想理論。首先，孔子繼承和發展了西周「禮治」和「明德愼罰」思想，「以仁釋禮」，將「仁」入「德」，突出了「德」的政治意義，極力提倡「德治」；而孟子則說「貴德而尊士，賢者在位，能者在職，……明其政刑，雖大國必畏之」〔註124〕；荀子以儒家學說爲基礎吸收了法治的思想，提出了隆禮重法政「至道之大形，隆禮重法則國有常」〔註125〕；而董仲舒的德主刑輔論就顯得更具有特色與系統性，他認爲「天道之大者在陰陽」〔註126〕，並由天道引申出來：陽爲德，陰爲刑，刑主殺而德主生。天親陽而疏陰，任德不任刑，「刑者德之輔，陰者陽之助也」〔註127〕。這樣儒家思想中就將「德主刑輔」的政治思想系統性地建立起來，並使之成爲與「天」相關的必然，這樣便有效地契合了西漢社會政府集團用以平衡各集團利益的現實政治需求。

（四）儒家義利之辯與崇本抑末、倡導尙儉現實政治的契合

對於處於大一統相對封閉的農業經濟社會，西漢政府集團出於現實政治的考慮，推進崇本抑末與倡導尙儉的政治主張是有客觀原因的。

〔註123〕《漢書・食貨志》。
〔註124〕《孟子譯注・公孫丑章句上》。
〔註125〕《荀子集解・君道》。
〔註126〕《漢書・董仲舒傳》。
〔註127〕《春秋繁露校釋・天辯在人》。

首先，前面已經分析過，在西漢社會，農業生產是整個社會財富的主要來源，手工業的發展受制於農業生產的規模與總量，由於沒有大規模的對外貿易，手工業的發展規模有限。農業生產成爲西漢社會的財富總量之根本，從現實政治上來說必須要「崇本」。

其次，在相對封閉的農業經濟模式下，本與末是相互增減的關係，如果末過盛則本必弱，在鹽鐵會議中文學說到「國有沃野之饒而民不足於食者，工商盛而本業荒也；有山海之貨而民不足於財者，不務民用而淫巧眾也」（註128），所以「抑末」根本目的還是爲了「崇本」；此外，「末」事實上也是我們前面分析的很重要的財富轉移途徑，小農家庭的相當部分財富都是通過「末」的手段被轉移集中到豪強大戶手中，所以「抑末」也是防止豪強集團過於迅速的壯大並且降低勞動階層財富流失的一個方式，雖然這樣可能造成商品經濟受到抑制。

再次，「崇本抑末」本身也是一種背離，「本」對社會財富生產來說是關鍵，但相對於「末」來說，利潤率低、受氣候等影響大而且周轉周期長，這就造成了事實上的對個體而言，「末」比「本」更容易創造財富，也必然會通過利益導向，致使人們更願意從事「末」而離棄「本」，這是與政府集團「崇本」的現實政治需求相背離的，如何平衡這種背離以達到政府集團的政治目的，顯然這不是僅僅通過政治強制力就能解決的，只有從理論的高度解決了「崇本抑末」問題，才能最終在社會實踐過程中有效執行。

還有，就是「尚儉」。勞動階層是社會財富的創造者，但是通過政府稅收、鹽鐵資源、權力對價和土地兼併等途徑，在社會總量經濟有限的情況下，勞動階層所能分配到的社會財富是非常有限的，一般來說只能滿足基本的生活需要，這些問題從前面西漢社會數據分析中我們就已經知道。這樣，出於社會現實政治需要的考慮，政府集團倡導「尚儉」的政治理念也是必然的，雖然這種「尚儉」更多地是針對勞動階層。而「尚儉」的要求與人與生俱來追逐利益的欲望又是相背離的，那麼如何平衡這種背離也是需要思想理論方面的支持。

所以，如何實現「崇本抑末」以及「尚儉」的現實政治的需要，以達到政府集團的政治目的，是政府集團必須要解決的問題，而通過行政管理的手段使之實現顯然是難以企及的，也許法家思想在秦統一後的失敗就是比較好

〔註128〕《鹽鐵論譯注·本議第一》。

的例證。那麼作為政府集團來說通過推行某種思想體系，從而使社會的所有階層能夠從精神層面接受這樣的政治理念是最為有效的方式，這樣儒家思想中關於「義利」問題的解答客觀上契合了西漢政府集團的現實政治需求。

儒家的重義輕利自然就要求人們在生活中通過反躬、內省、慎獨等方式自覺踐履這一道德原則，不斷加強德性修養，提升精神境界，成就道德人格，自覺地把物質利益、個人利益放在同精神價值、整體利益相比而居於的次要位置上。這種視道德修養高於一切的思想是儒家倫理的最大特色，對中華民族的性格、心理產生了廣泛而深刻的影響。使勞動階層能安於貧困，不因貧困而影響行仁的樂趣，達到了樂以忘憂的精神境界。從根本上說，政府集團借助於儒家對義利問題系統性的闡發，提倡「重義輕利」，使現實政治中的「崇本抑末」與「尚儉」需求得以由「義利」的思想理論而順利地貫穿下去。

儒家義利觀中以義為重的思想不僅指向勞動階層，從而要求他們心安理得地服從等級社會制度規範下的利益分配方式，同時它也要求政治集團能夠從國家社會長治久安的整體利益出發，以禮義為本，推行仁政，從而使社會生活穩定發展。

（五）董仲舒的儒學構建與西漢現實政治的契合

與其說董仲舒是西漢時期儒學的集大成者，到不如說董仲舒是一位通過對儒學的系統性構建，為儒學從一個民間學術最終登上政治舞臺發揮了重要作用的人物。董仲舒所構建的儒學政治思想就其本質而言，正如張岱年先生所說的，「是為專制主義服務的」，董仲舒的哲學基礎是「天人感應」學說，其哲學理論的核心是關於「天」的理論，其在繼承了先秦的思孟學派和陰陽家鄒衍思想的基礎上，同時雜糅了黃老道家、法家、墨家等諸子思想，以《公羊春秋》為主幹，以「究天人之際」、「通古今之變」為宗旨，對儒學進行了重新構建，創立了符合相對封閉農業經濟環境下大一統中央集權統治需要的儒學體系。

董仲舒對儒學重新構建中的一個突出特徵就是對儒家的核心思想「仁」進行了重新論證，將其神學化，認為「仁」的思想的終極歸宿就是「天」的意志，在論證了大一統合理性的基礎上，通過天人關係論證了君主的決定性作用，由此推導出皇帝為天在人間的代表，從而「屈民而申君，屈君而申天」，將皇帝推到了至高無上的地位，完成了中央集權的理論論證。然後，由「天」的意志，

通過陰陽五行化，以「三綱五常」為核心完成了封建倫理道德原則及規範的神學化，確立了宗法倫常的神聖地位，論證了封建等級制度的合理性、合法性與權威性，同時，也使得天、陰陽五行等神秘的學說由此具備了儒家仁學和倫理的內核。董仲舒在此基礎上，依據陰陽五行的邏輯提出了「天近陽而遠陰，大德而小刑」〔註129〕，要求政府集團為政要「德主刑輔」，將刑德關係也通過陰陽論證之，並固定下來。在這樣一個新的儒學體系下，董仲舒系統地解釋了儒學的各個重要理論思想，構建了一個非常精緻的天人儒學理論平臺，形成了「天人合一」的道德倫理體系。違反儒家的道德倫理，就是違反自然之理、違反宇宙秩序，不僅要受到倫理的譴責，也要受到天理的不容與報應。於是，在這樣一個抽象化的過程中，完成了對儒學的神學化和權威化。

事實上，董仲舒通過重構儒學體系，在其以「天」為核心的體系融合百家思想，對於將儒學思想進一步神學化與權威化，以適應大一統中央集權的統治需要發揮了重要的價值，對於平衡或調和西漢政府集團、豪強集團以及勞動階層三個利益團體的矛盾與衝突，系統性地解釋儒學的思想主張，鞏固政府集團統治的合理性，推遲封建王朝的滅亡周期也起到了巨大的作用。

三、西漢現實政治與儒家意識形態的衝突

西漢社會的現實政治需求是基於社會的生產生活模式與財富流動體系，由此而產生的社會管理模式，進而產生的社會現實政治的內在需求，是完全物質的、理性的因素形成的。而哲學思想的形成雖然是基於客觀的社會環境下發展起來的，但其本身往往是依據其核心思想的基礎，通過邏輯的理論推導，最終形成的完整的形而上的理論體系。它源自於現實的社會但又高於現實的社會，其中不乏大量理想的思想成分。儒家意識形態與西漢現實政治正是這樣一種辯證的關係，一方面儒家意識形態以「仁」為其理論核心，由此建立起其完整的哲學思想體系，並系統性地提出了儒家的政治哲學思想，而這一系統的政治哲學又與西漢的現實政治有機地契合在一起，從而通過理論與現實的結合牢固地建立起了中國大一統封建社會中央集權的統治模式；另一方面儒家意識形態作為一種形而上的哲學思想體系，其的建立與推導是基於根本的宇宙觀與認識論而產生的，並由此形成一個完整的理論體系，他與社會現實政治的出發點是不同的，這樣就必然存在著哲學思想中的理想主義

〔註129〕《春秋繁露校釋·陽尊陰卑》。

成分與社會政治現實的衝突問題。此外，任何一種思想理論難免會存在其理論體系的缺陷或者是理論難點，這樣也會造成這一體系與現實結合中的衝突問題。現實政治需求決定了社會的價值取向，而社會的價值取向所選擇的哲學思想體系又會反作用於社會現實政治，從而形成思想意識形態與社會現實政治的契合與衝突。儒家意識形態與西漢的現實政治也不可避免地存在著這樣的衝突，應該說這些衝突主要源自於三個方面：第一，西漢社會有限總量的社會財富流動導致了巨大的貧富差距與事實上的不平等，而這與人本質的追求物質的欲望是相背離的，儒家意識形態雖然從理論和精神層面來解決這樣的背離，但終究哲學理論和源自人的內生性的欲望是相衝突的；第二，儒家意識形態的政治理想與現實政治之間的衝突，由於這兩個主體的起點是不同的，儒家意識形態雖然基礎於社會，但根本上說源自於儒學的宇宙觀並由此產生的思想核心，而現實政治源自於物質的、理性的現實社會，這樣就決定了理想與現實衝突的必然性；第三，儒學的思想體系雖然是完整而嚴密的理論整體，但當他與現實社會結合後，便會曝露出這一理論體系自身中存在的缺陷與衝突，這本身也就引發了儒家意識形態與現實政治的衝突問題。那麼基於這樣三方面的原因，我們就儒家意識形態與西漢社會現實政治的主要衝突進行如下的分析。

（一）無法從根本上阻止社會財富流動趨勢

從全文的分析中我們可以看到，社會利益集團的形成與彼此之間的不平衡，究其根本上來說是由於社會財富的生產和流動模式引發的。西漢社會在基於相對封閉的農業經濟環境下，在社會財富總量有限的條件下，在逐步形成了大一統中央集權的過程中，社會財富由勞動階層創造出來，借助於政府稅收、鹽鐵資源、土地兼併、權力對價等財富轉移途徑，實現了在政府集團、豪強集團和勞動階層之間的分配與流動，並最終有向豪強集團集中的趨勢。西漢社會正是在這樣一種社會財富的流動模式中，產生了利益集團之間的不平衡以及諸多的社會問題，並由此產生了現實的政治需求。應該說，儒家思想很好地契合了西漢社會的現實政治需求，特別是儒家思想在經歷了董仲舒的重構之後，將儒學政治思想的各個環節進一步系統化與權威化，為西漢大一統的中央集權鞏固與統治奠定了理論上的基礎。然而，儒家思想不是一個可以治本的良藥，更像是一個用以治標的緩釋劑，儒學是以「仁」為核心的道德理想主義哲學體系，其更側重於通過對人們精神層面的薰陶與控制來平

衡現實政治中的不平衡，使這種不平衡得以合理合法化，從而穩定和延續政府集團的統治，但是儒家意識形態無法推導出具體的適合時代的經濟手段來改變現實社會中的財富流動趨勢，雖然其也提出了「井田制」的經濟主張，但這些想法隨著土地所有制和商品化的進程，顯然是過於理想化，是不合時宜的，最為典型的就是西漢後期的「王莽改制」，王莽按照儒家正統理論推導出來的經濟思想所進行的改革很快就被證明是一個嚴重的失敗，雖然他的出發點可能是好的，但理想與現實的差距卻如此的難以調和。儒家政治思想中也沒有找到有效限制土地兼併的解決辦法，其由「仁」出發所推導出來的民本思想固然嚴重地關切民生問題，但是這更多地只能影響政府集團和麻痺勞動階層，在儒家所一貫迴避的利益與欲望面前，其思想理論是難以對豪強集團形成有效約束的，這樣儒家意識形態的確從效果上延緩了西漢社會各利益集團的不平衡，同時從精神上使勞動階層對於這樣的不平衡產生了很大的忍受能力，但儒家意識形態無法從根本上解決西漢社會財富的流動趨勢，也就無法從根本上解決西漢社會的根本矛盾與問題，最終必然是當這種不平衡發展到一定程度時，必然產生一系列的社會系統性問題。事實上，西漢後期正是由於豪強集團實力的極度膨脹，最終導致了王莽理想化改革的失敗與西漢王朝的覆滅，而後起的東漢王朝卻也正是在豪強集團的支持下建立起來的，這也注定了東漢先天性的問題存在。客觀的說，社會財富的流動問題是由於地緣因素、生產模式、經濟結構、財富總量、統治模式等各種因素綜合作用的結果，在這些基本因素沒有根本改變的情況下，社會財富的流動方向與趨勢也很難發生變化，是不以某種哲學思想或者人的意志為轉移的，儒家意識形態同樣也無法解決這個問題。

（二）儒家道德理想與政治現實的衝突

從儒家整體的思想體系來看，儒家通過其對人類社會的認知以及宇宙觀的形成，力圖找到對現實社會問題的解決方法和對世界秩序的系統安排，正如《中庸》中所描述的「君子之道，本諸身，徵諸庶民，建諸天地而不悖，質諸鬼神而無疑，百世以俟聖人而不惑」，顯然這裡是存在著超時空終極理想化的成分，儒家由此提出了以堯、舜為理想人格代表的「大道之行」、「天下為公」、三代以德治國的烏托邦式理想社會。而儒家思想這樣一種道德理想社會的前提就是「德化」，是人類的道德完善，在人類的道德生活中存在著「實然」與「應然」的矛盾，「實然」代表了道德生活的真實存在，「應然」代表

了道德的目的指向性，「應然」本身就暗含了對「實然」的超越，從而指向理想境界，而這一理想境界延伸正是儒家所憧憬的理想社會。正如王國維所說的，「納上下於道德，而合天子諸侯卿大夫士庶民以成一道德之團體」〔註130〕，也就是說儒家所崇尚的理想社會是建立在道德完善的基礎之上的，是以「道德」為出發點的社會構建。而實現儒家的理想人格和理想社會的途徑也必然會走向全憑個人的內心體悟、反省的修養功夫。

而社會現實政治並非如此，社會現實政治需求是由社會管理需要而引發的，而社會管理需要在很大程度上又是由社會的財富流動導致的，社會的財富流動從根本上說是由於社會的各利益集團基於「利益」因素的博弈而形成的，這樣社會現實政治從其源頭上就存在著物質、利益、現實和理性的屬性，而不是基於儒家的「道德」因素產生的，這就無法避免地在內生性上決定了儒家道德理想與社會現實政治的衝突。牟宗三先生在肯定儒家思想絕對永恒價值的同時，也看到儒家的缺陷在於「能上昇不能下貫，能侔於天而不能侔於人；其侔於天者，必馴至遠離飄蕩而不能植根於大地」，以至於「蹈虛而飄蕩」、「高明之道不能客觀實現於歷史」〔註131〕，實際上牟宗三先生所道出的，正是儒家道德理想與社會現實政治之間的差距。

（三）儒學理論自身存在的問題與衝突

1、儒家「道德」與「欲望」的衝突

儒家的道德與個體的欲望之間的衝突，其實質就是「義利」問題，是道德行為與物質利益、功利之間的矛盾與衝突。儒家是講求「重義輕利」的，這實際上是符合有限經濟總量的社會現實和社會統治需求的。但對於義利問題而言，所謂的「義」或者說「道德」實際上是源自於精神層面的，是形而上的，而所謂的「利」是源自於物質的和社會現實需求的。儒家的「重義輕利」就必然導致了道德決定論的問題，其根源在於人性論中對人性欲望之「惡」缺乏正面的承認。

此外，儒家對義利問題的對立面分析相對比較充分，對義利問題的統一性分析卻不足，使得在理論上的「重義輕利」，在實踐中難以準確衡量；其次，對於利的區分也不清晰，很容易引起理論和理解上的混亂。

〔註130〕王國維：《王國維遺書》第一冊，上海古籍出版社1983年版，第468頁。
〔註131〕牟宗三：《道德的理想主義》，臺灣學生書局1978年版，第3頁。

2、道德關係中的權利與義務不對等

儒家是以倫理綱常建立起了封建社會嚴格的等級秩序，雖然在儒學的體系中，特別是孟子對於君臣關係的解析中，一定程度上看到了道德關係中權利與義務的對等性，但儒家更強調片面的義務關係，即從道德關係各主體之間的社會地位來詮釋一種不變的主從關係。在君臣關係中，更強調臣對君的無條件「忠」的義務；在父子關係中，更強調子對父的全心全意「孝」的義務；在夫妻關係中，更強調妻對夫絕對「順」的義務。儒家的這種道德關係的權利與義務不對等，是基於處於「主」地位的君、父、夫三者是有道德的理想人格，而現實生活中這樣的理想人很少甚至並不存在，這樣在儒家道德的社會實踐中往往就出現治下不治上、治人不治己的現象。

3、沒有對「民」進行區分

儒家思想中「民」是一個很重要的範疇，許多思想理論是基於「民」而提出來的，但是儒家的「民」更多的是與「官」相對的概念，將社會劃分為「民」與「官」兩個群體，民是占人口絕大多數的被統治者，雖然民的主體是勞動階層，但在儒家「民」的範疇中也包括了沒有政治權力的工商業主和非官僚的地主，也就是涵蓋了豪強集團的部分成分在「民」的概念中。這就使得儒家思想中關於「民」的政治理念，例如：民本思想等，往往指向不清，從而使「民」的概念成為豪強集團藉此得以保護自己利益的有利理論依據，這一問題在鹽鐵會議中就表現的比較突出，賢良文學就在鹽鐵會議中說到：「民人藏於家，諸侯藏於國，天子藏於海內。故民人以垣牆為藏閉，天子以四海為匭匱。……故權利深者，不在山海，在朝廷；一家害百家，在蕭牆，而不在胸邪也」〔註132〕，這其中就沒有將「民」進行區分，而是與天子、諸侯等統治階層對立的都是「民」，並且明確地提出「一家害百家，在蕭牆，而不在胸邪也」，在效果上就直接起到了保護豪強集團這一部分成分的作用。儒家對「民」定義的不明確，使得「民」的概念經常被豪強集團的部分成分所利用，藉此獲得保護，並據此逃避一些相關的責任，這就使得政府集團一方面由於與官僚豪強的相互政治依存關係而難以對其進行有效的限制與打擊，而在對於非官僚的豪強來說由於其存在著「民」的隱蔽性，從儒家的道德理論出發，對這部分豪強集團成分進行有效的限制與打擊也存在著難度。把「民」

〔註132〕《鹽鐵論譯注・禁耕第五》。

理想化，其實也把「官」理想化，所謂的「官」都是君子聖賢，這是儒家理想化特色。

第四節　鹽鐵會議的價值問題分析

在本章，我們通過對由社會財富流動等因素引發的西漢社會現實政治與儒家意識形態的關係分析中，感受到了西漢現實政治與儒家意識形態的契合與衝突，其中很多涉及到社會價值問題，而這一問題在鹽鐵會議中也屢有涉及，其中我們在本書第二章中已經進行過了歸納，鹽鐵會議中主要針對價值問題中的義利問題和道德與實效問題進行了爭論，以下我們將結合前面的分析成果對鹽鐵會議中涉及的價值問題進行深入的剖析：

一、鹽鐵之爭義利問題的分析

鹽鐵會議中關於義利問題的爭論，其主要焦點實際上就集中在政府集團應該是崇尚於義，還是要注重於利。

賢良文學堅持儒家的道德理想，堅定地秉持「重義而輕利」的原則，認為「貴何必財，亦仁義而已矣！」〔註133〕，提出「……古之君子，守道以立名，修身以俟時，不為窮變節，不為賤易志，惟仁之處，惟義之行。臨財苟得，見利反義，不義而富，無名而貴，仁者不為也。……」〔註134〕，由此，賢良文學根據儒家的義利觀建議政府集團，「諸生對冊，殊路同歸，指在崇禮義，退財利，復往古之道，匡當世之失，莫不云太平；雖未盡可宣用，宜若有可行者焉。執事闇於明禮，而喻於利末，沮事隳議，計慮籌策，以故至今未決。非儒無成事，公卿欲成利也」〔註135〕。

而大夫對賢良文學的「崇禮義，退財利」不屑一顧，大夫明確指出利的重要性，「司馬子言：『天下穰穰，皆為利往。』趙女不擇醜好，鄭嫗不擇遠近，商人不媿恥辱，戎士不愛死力，士不在親，事君不避其難，皆為利祿也。儒、墨內貪外矜，往來游說，棲棲然亦未為得也。故尊榮者士之願也，富貴者士之期也。……」〔註136〕，並指責賢良文學「抱枯竹，守空言，不知趨舍

〔註133〕《鹽鐵論譯注·貧富第十七》。
〔註134〕《鹽鐵論譯注·地廣第十六》。
〔註135〕《鹽鐵論譯注·利議第二十七》。
〔註136〕《鹽鐵論譯注·毀學第十八》。

之宜，時世之變，議論無所依，如膝癢而搔背，辯訟公門之下，訩訩不可勝聽，如品即口以成事」〔註 137〕。

事實上，賢良文學與大夫關於「義利」問題的爭論，正是體現出了儒家的道德理想與現實政治的衝突，也是儒學剛剛成爲官方哲學後，從形而上的思想理論落實到現實政治之中去所必然產生的問題。作爲政府集團來說，現實政治是這一利益團體首先必須要考慮的問題，而現實政治又是基於經濟利益產生的，所以政府集團不可能只空談義而不考慮利，特別是當國家處於財政緊張時期，利就相對於義要重要的多。西漢漢武帝時期發動的對匈奴戰爭，必須依靠大量的財力支持，財力的多少將可能直接導致戰爭的勝負，故而從社會現實政治角度出發在「義利」問題上，通常情況利比義更具有現實性。作爲官方哲學儒家的「義」，更多地是爲政府集團協調對勞動階層和豪強集團的統治服務的，讓勞動階層注重「義」而輕「利」，從而緩和財富不均的矛盾；讓豪強集團重義輕利，以緩和其土地兼併、財富集中的速度。所以，當賢良文學與大夫就政府集團的義利問題展開爭論時，這種衝突就必然發生了。

二、鹽鐵之爭道德與實效問題

相對與「義利」問題的衝突，道德與實效問題的衝突就更加凸顯出儒家的道德理想與社會現實政治之間的衝突。賢良文學都是一些飽讀儒家經典的學者，而以桑弘羊爲首的大夫則更多是久經官場統治的政治實踐者，在道德與實效問題上雙方的立場所展現的對立也是十分鮮明的。

賢良文學高舉「禮義」的道統觀念，「禮所以防淫，樂所以移風，禮興樂正則刑罰中。故堤防成而民無水菑，禮義立而民無亂患。故禮義壞，堤防決，所以治者，未之有也。孔子曰：『禮與其奢也寧儉，喪與其易也寧戚。』故禮之所爲作，非以害生傷業也，威儀節文，非以亂化傷俗也。治國謹其禮，危國謹其法。……」〔註 138〕，並提出以道德立天下的好處，「古者，政有德，則陰陽調，星辰理，風雨時。故行修於內，聲聞於外，爲善於下，福應於天。……方今之務，在除飢寒之患，罷鹽、鐵，退權利，分土地，趣本業，養桑麻，盡地力也。寡功節用，則民自富。如是，則水旱不能憂，凶年不能累也」〔註 139〕。

〔註 137〕《鹽鐵論譯注・利議第二十七》。
〔註 138〕《鹽鐵論譯注・論誹第二十四》。
〔註 139〕《鹽鐵論譯注・水旱第三十六》。

　　而從現實政治立場出發的大夫則認爲賢良文學的觀點「先王之道，軼久而難復，賢良、文學之言，深遠而難行。夫稱上聖之高行，道至德之美言，非當世之所能及也」〔註140〕。同時，賢良文學與大夫先後在商鞅問題、孔孟問題、孝的問題等許多方面展開了激烈的辯論，重點集中在大夫盛讚商鞅變法所帶來的實際效果，指責孔孟空談道德卻並沒有建功立業，認爲孝的問題在於內容而不是形式。而賢良文學則從道德標準角度出發，認爲「商鞅以重刑峭法爲秦國基，故二世而奪。……崇利而簡義，高力而尚功，非不廣壤進地也，然猶人之病水，益水而疾深，知其爲秦開帝業，不知其爲秦致亡道也」〔註141〕，同時對孔孟也是高度讚揚，解釋其沒有作爲主要是因爲時機不到。

　　道德與實效的問題，其實在根本上還是儒家道德理想與社會現實政治的衝突，由於社會現實政治需求是基於社會財富的流動或者說是利益而引發的，所以其必然帶有功利的屬性。而儒家道德是基於儒家「仁」的思想根源，由道德理性而推導出來的，所以必然帶有偏重精神層面色彩的屬性，而當這兩個不同出發點的思維從不同角度來論證同一事物時，就會產生不同的視角與結論。

〔註140〕　《鹽鐵論譯注・執務第三十九》。
〔註141〕　《鹽鐵論譯注・非鞅第七》。

第五章　鹽鐵之爭本質探討及其歷史意義與啟示

　　關於鹽鐵之爭本質的爭論就如鹽鐵會議本身一樣，角度多樣，觀點鮮明，卻又各有所據、各有不足。許多學界大家，諸如郭沫若、王利器、馬非百、馮友蘭、侯外廬等著名學者，都對《鹽鐵論》所反映的鹽鐵會議的性質進行過闡述，卻也都各有所持，足見鹽鐵會議爭論之複雜。本章試圖在前面幾章分析的基礎上，從歷史觀的角度，基於經濟哲學、政治哲學與文化哲學多維度相綜合之理論視角，系統地分析與探討鹽鐵會議爭論之本質。並由此在著眼於本書對鹽鐵會議系統性分析成果的基礎上，就鹽鐵之爭的歷史意義、對傳統政治難題的解讀以及傳統中國與亞細亞生產方式幾個方面進行綜合的論述。

第一節　鹽鐵之爭本質探討

　　在本書第一章中，我們曾詳細地闡述過目前學界對鹽鐵之爭所屬性質的各種意見，這其中的觀點歸納起來主要有政治鬥爭、儒法鬥爭、儒家內部鬥爭以及不當權派與當權派鬥爭，應該說這幾種觀點都有各自的理由與合理性。事實上，學界關於鹽鐵之爭本質的觀點出現眾多分歧，本身也說明了鹽鐵之爭所帶有的多樣性和複雜性，才引發了後學如此多的爭議。但也正如我們在第一章中所分析的那樣，對於學界關於鹽鐵之爭本質的探討並形成的這些觀點都難免會歸於一定的局限性。

我們應該看到，雖然鹽鐵之爭的內容涉及政治、經濟、文化和軍事等眾多領域，但雙方在爭論中都各自秉持自我的觀點，互不相讓，雖然難免有些環節存在著模糊其詞或邏輯混淆的情況，但整體上的確可以感受到彼此都是觀點鮮明，各有所依。從第一章的分析中，我們可以看到，辯論雙方所依據的似乎並非是我們嚴格意義上已經劃分清楚的儒家、法家等流派或者純粹的政治鬥爭。那麼究竟雙方各自所遵從的思想基礎是什麼，又何以彼此對立，而這種對立是否具有歷史的普遍性。在這裡我們將基於鹽鐵會議的時代背景，以及本書對其經濟、政治和意識形態領域的研究成果，進行系統的梳理、分析與總結，最終引出鹽鐵之爭的本質探討。

一、鹽鐵之爭幾個核心問題的再一次總結與梳理

第一個問題是經濟問題。在經濟問題上，文學賢良一方面的確看到了「本」的重要性，以及本末之間此消彼長的相關性，並從民富的角度出發主張「藏富於民」，他們要求放棄鹽鐵、酒肆政府專賣，廢止均輸、平準等相關經濟政策，他們認為這些行為是與民爭利，「今郡國有鹽、鐵、酒榷，均輸，與民爭利」，並提出了「願罷鹽、鐵、酒榷、均輸，所以進本退末，廣利農業，便也」〔註1〕的政治主張。事實上這樣的政治舉措時往往表現出文學賢良存在的理想主義色彩，而缺乏現實主義的考慮，文學賢良所謂的「藏富於民」並沒有區分是「勞動階層」還是「豪民」或者說「豪強集團」，是不加區分地照搬儒家思想中「民」的概念，而現實中能夠擔負鹽鐵開採及大規模製造的「民」只可能是「豪民」，至於藏富於勞動階層的想法也往往停留於理想狀態，即便政府集團放棄更多的財富利益「讓富於民」，使勞動階層財富有所增長，但最終依然可以通過財富轉移途徑再次歸集到豪強集團手中，所以文學賢良所提出來的基於儒家道德理想「藏富於民」的主張並不具有現實性，中國封建歷史上除了極短期的「盛世」有過「民富安康」的社會現象外，大多數情況並非如此。在本末問題上，文學賢良基於「本修則民愨」以及「末修則民淫」的觀點，從儒家「王道理想」出發，過於強調本的作用而忽視末的作用，不過從整體而言雖然其言辭有所偏激，但也的確有一定的合理性。而對於大夫來說，他們更關注的是通過「鹽鐵」政策（末）實現現實的國家財政開支需求，

〔註1〕 《鹽鐵論譯注‧本議第一》。

而又盡可能少傷害民眾，以防影響政治根基。對於「藏富於民」的思想，大夫們看到了豪強集團對社會穩定和政治統治的危害性，大夫們尖銳指出「……夫權利之處，必在深山窮澤之中，非豪民不能通其利。異時，鹽鐵未籠，布衣有胊邴，人君有吳王，皆鹽鐵初議也。吳王專山澤之饒，薄賦其民，賑贍窮乏，以成私威。私威積而逆節之心作。夫不蚤絕其源而憂其末，若決呂梁，沛然，其所傷必多矣」〔註2〕，他們從堅決維護中央集權和政治穩定的角度出發，力主限制並打擊豪強大戶，而實現這一目的的經濟手段就是鹽鐵官營，斷絕豪強集團財富轉移的途徑。在「本末」問題上，大夫們很注重「末」所產生的實效性，「農商交易，以利本末。山居澤處，蓬蒿墝埆，財物流通，有以均之。是以多者不獨衍，少者不獨饉」〔註3〕，可見在這些問題上，大夫們從執政的角度出發，表現出了強烈的現實主義精神。

　　第二個問題是政治問題。在政治問題中對於集權和分權的討論，文學賢良又以所謂的三代理想社會為藍本，不考慮時代的現實性以及歷史已然證明存在問題的諸侯分封制度，再次拋出了諸侯分封的理想，「古者，天子之立於天下之中，縣內方不過千里，諸侯列國，不及不食之地，禹貢至於五千里；民各供其君，諸侯各保其國，是以百姓均調，而繇役不勞也」〔註4〕，正如我們前文已經分析過的，中國封建統治模式由「分封大一統」到「郡縣大一統」是時代發展的必然，西漢初年的現實政治也一再表明了分封制度所帶來的對中央統治的巨大威脅，以及對社會安定的嚴重影響，這顯然是與現實政治狀況以及社會時代特質相背離的，這裡也確然地表現出了文學賢良對為儒家道德理想社會的憧憬。不過，在德治與刑治問題的爭論中，文學賢良雖然依舊從道德理想出發，提出了以德治為主的觀點，但並未否定刑治的作用，「古者，篤教以導民，明辟以正刑。刑之於治，猶策之於御也。良工不能無策而御、有策而勿用。聖人假法以成教，教成而刑不施。故威厲而不殺，刑設而不犯」〔註5〕，從國家長遠發展來說並非沒有道理；而對集權和分權問題，大夫完全從現實政治角度看清了分權問題所帶來的現實問題，堅決反對文學賢良帶有迂腐色彩的復古主義，明確地指出「今夫越之具區，楚之雲夢，宋之鉅野，

〔註2〕《鹽鐵論譯注・禁耕第五》。
〔註3〕《鹽鐵論譯注・通有第三》。
〔註4〕《鹽鐵論譯注・地廣第十六》。
〔註5〕《鹽鐵論譯注・後刑第三十四》。

齊之孟諸，有國之富而霸王之資也。人君統而守之則強，不禁則亡。齊以其腸胃予人，家強而不制，枝大而折幹，以專巨海之富而擅魚鹽之利也。勢足以使眾，恩足以恤下，是以齊國內倍而外附。權移於臣，政墜於家，公室卑而田宗強，轉轂遊海者蓋三千乘，失之於本而末不可救」〔註6〕，反對地方勢力的膨脹，防止「枝大而折幹」，維護中央集權的政治統治。至於德刑問題，大夫則從現實實效性的角度出發，也依據於現實政治實施過程中的政治實踐經驗，更注重刑治的簡單與高效性，提出「文學言王者立法，曠若大路。今馳道不小也，而民公犯之，以其罰罪之輕也。千仞之高，人不輕淩，千鈞之重，人不輕舉。……盜傷與殺同罪，所以累其心而責其意也。……故輕之為重，淺之為深，有緣而然。法之微者，固非眾人之所知也」〔註7〕的刑德觀點，同時大夫還由刑德問題出發對漢儒刑德的陰陽論提出了質疑，「金生於巳，刑罰小加，故薺麥夏死。易曰：『履霜，堅冰至。』秋始降霜，草木隕零，合冬行誅，萬物畢藏。春夏生長，利以行仁。秋冬殺藏，利以施刑。故非其時而樹，雖生不成。秋冬行德，是謂逆天道。月令：『涼風至，殺氣動，蜻蛚鳴，衣裘成。天子行微刑，始貙蔞，以順天令。』文學同四時，合陰陽，尚德而除刑。如此，則鷹隼不鷙，猛獸不攫，秋不蒐獮，冬不田狩者也」〔註8〕，從這個角度來說也充分表現了大夫的現實主義精神。

第三個問題是軍事問題。應該說文學賢良這一次比較深刻地看到了匈奴戰爭所帶來的負面影響，看到了匈奴的游牧特性及根除其危害之困難，也看到了長久用兵持續消耗的嚴重後果，指出「且數戰則民勞，久師則兵弊，此百姓所疾苦，而拘儒之所憂也」〔註9〕，「今百姓所以囂囂，中外不寧者，咎在匈奴。內無室宇之守，外無田疇之積，隨美草甘水而驅牧，匈奴不變業，而中國以騷動矣。風合而雲解，就之則亡，擊之則散，未可一世而舉也」〔註10〕，然而文學賢良在提出關於解決匈奴問題的政治措施時，又再一次體現了其道德性和理想化的特質，拋出了「畜仁義以風之，廣德行以懷之。是以近者親附而遠者悅服。故善克者不戰，善戰者不師，善師者不陣。修之於廟堂，

〔註6〕 《鹽鐵論譯注·刺權第九》。
〔註7〕 《鹽鐵論譯注·刑德第五十五》。
〔註8〕 《鹽鐵論譯注·論災第五十四》。
〔註9〕 《鹽鐵論譯注·復古第六》。
〔註10〕 《鹽鐵論譯注·備胡第三十八》。

而折衝還師。王者行仁政，無敵於天下」〔註11〕迂腐的理想主義觀點，在前文的論述中我們會發現這種政治企圖顯然是無法實現的。而大夫在匈奴問題上也存在一定的錯誤認識和較強的功利主義色彩，並有導致「窮兵黷武」的政策傾向。不過大夫對匈奴問題的出發點是基於現實政治考慮的，「是以聖王懷四方獨苦，興師推卻胡、越，遠寇安災，散中國肥饒之餘，以調邊境，邊境強，則中國安，中國安則晏然無事」〔註12〕，企圖通過戰爭一舉根除匈奴，從而最終實現剪除邊境威脅，達到一勞永逸的目的。應該說，大夫的這種考慮也是有局限性和片面性的，但我們也能從中感受到大夫從現實政治角度去力圖解決問題的意圖。

　　第四個問題是價值問題。事實上價值問題也是各種問題根源的碰撞。在義利問題上文學賢良堅持從儒家的道德思想出發，「重義而輕利」，提出「孔子云：『富而可求，雖執鞭之事，吾亦為之；如不可求，從吾所好。』君子求義，非苟富也。……君子遭時則富且貴，不遇，退而樂道。不以利累己，故不違義而妄取。隱居修節，不欲妨行，故不毀名而趨勢。雖付之以韓、魏之家，非其志，則不居也。富貴不能榮，謗毀不能傷也。……故貴何必財，亦仁義而已矣！」〔註13〕，實際上就是儒家最為傳統的義利觀。大夫則從現實主義出發，雖然正如我們前面分析過的，對於政府集團來說，強調「重義輕利」是有利於平衡勞動階層現實經濟上的不平等，維繫封建王朝的統治根基，但對於政府集團自身來說，「利」卻有非常強的重要性，從封建社會的財富流動來說，政府集團本來就處於相對於豪強集團的劣勢地位，而政府一旦財富匱乏就會導致財政緊張和政治困難，以至於不得不加大對勞動階層的壓榨而影響封建統治，所以基於政府集團自身的利益問題，在「義利」問題上，大夫明確表示了「利」的重要，「司馬子言：『天下穰穰，皆為利往。』趙女不擇醜好，鄭嫗不擇遠近，商人不媿恥辱，戎士不愛死力，士不在親，事君不避其難，皆為利祿也。儒、墨內貪外矜，往來游說，棲棲然亦未為得也。故尊榮者士之願也，富貴者士之期也」〔註14〕。至於道德與實效的問題就更為明顯的表現出了文學賢良的唯德論事，以及大夫的注重事物實效的特點，其

〔註11〕《鹽鐵論譯注・本議第一》。
〔註12〕《鹽鐵論譯注・地廣第十六》。
〔註13〕《鹽鐵論譯注・貧富第十七》。
〔註14〕《鹽鐵論譯注・毀學第十八》。

實質還是對義利問題另一個角度的闡發，賢良文學與大夫在鹽鐵會議的很多議題都涉及到了這個問題，比較典型的有「商鞅問題」、「孔孟問題」和「孝的問題」等。

從上面幾個問題的總結與梳理過程中，我們可以看到，文學賢良在爭論中堅持儒家道德理想的原則，雖然他們來自於民間，瞭解民間的現實與疾苦，但是他們在解決問題的時候並沒有實際的統治經驗，而更多的以儒家道德理想推導出來的政治方略為依據提出自己的主張。而大夫們則更多地以政府集團的現實利益為主旨，基於實際的政治統治經驗，對辯論中所涉及的問題進行現實性的闡發。不過，我們也應該看到，雖然文學賢良與大夫激辯於堂，各不想讓，甚至相互攻擊，但是雙方在「尊君」、「強本」、「孝」、「綱常」等問題上並沒有什麼根本分歧，而且保持了一致性。即便在「本末」、「德刑」、「義利」等爭論比較集中的問題上，很多時候也只是出發點、側重點和審視角度上的分歧，是「此消彼長」的問題，而不是「非此即彼」的問題。

二、鹽鐵之爭本質探討

從鹽鐵之爭幾個核心問題的總結與梳理過程中，我們已經明顯感覺到了發生於西漢時期的文學賢良與大夫之間的爭論，更表現為「儒家道德理想」與「社會政治現實」間的衝突問題。

事實上，通過本書前幾章的分析我們已經很清晰地看到，鹽鐵會議所涉及到的是西漢相對封閉的農業經濟大一統中央集權下的區域經濟體，這樣我們就從這個區域經濟體的社會財富流動為出發點，結合西漢社會的主體社會階層進行系統性的分析，並發現了社會財富有最終流向豪強集團的趨勢，而且這一趨勢表現為不可逆的特性，於是這一社會財富流動模式就決定了西漢社會各階層主體之間的相互關係與彼此的內在矛盾，也決定了政府集團現實的政治需求。很明顯，基於「仁」為核心的儒家政治思想相比較其他的諸子思想，更契合於不同於西周及春秋戰國時期的「郡縣大一統」中央集權封建社會的客觀政治需求，特別是在經歷了西漢大儒董仲舒「天人感應」的重新構建後，把西漢現實的政治需求與兼容並蓄了諸子思想之長的儒家思想緊密地結合起來，這種結合對整體西漢社會的鞏固和發展是有利的，雖然他無法從根本上也不可能從根本上解決社會財富的流動趨勢問題。然而，基於現實政治與形而上儒家道德理想的結合，由於源頭與最終目標上的差異，就必然

會引發彼此之間的衝突，這一衝突也必然會在現實的社會歷史進程中折射出來，而恰逢於漢武帝「罷黜百家，獨尊儒術」之後，儒學在中國歷史上第一次走上政治舞臺之際，此時發起「鹽鐵會議」便深深地烙上了這一衝突的歷史印記，而隨後發生的充滿儒家道德理想主義的「王莽改制」也為「鹽鐵會議」的這一烙印進行了詮釋。

　　基於以上分析之綜合，文學賢良一直從儒家的道德倫理出發，由此表現出了政治上的儒家理想主義特點，我們可以稱之為「道德理想主義」；大夫則始終從政治現實主義出發，注重政治的實效性，我們可以稱之為「政治現實主義」。由此，我們認為「鹽鐵會議」究其爭論的本質是在儒家思想文化環境下的「道德理想主義」與「政治現實主義」之爭。這兩者之間並沒有絕對的孰優孰劣之分，應該說他們都是社會政治中不可或缺的要素。從以上的分析中我們可以看到「道德理想主義」有其的合理性以及社會的指引性，但缺乏現實主義精神；而「政治現實主義」雖然具有明顯的實效性與現實性，卻也存在著局限性和片面性。這兩種思維觀念同屬於一個主體社會的兩個方面，同時存在卻又彼此交融、彼此衝突，其實這也是作為形而上的哲學理論與源自於形而下的政治現實結合在一起後所難免出現的衝突，特別是在中國客觀存在著社會財富總量有限而貧富差距難以調節的環境下，作為形而上的儒家思想試圖通過精神層面的效用來協調現實物質差距所帶來的不平衡，所以他們的結合本身就存在著「道德」與「現實」的融合與衝突，中國傳統的封建社會似乎一直上演著「鹽鐵論」，也就是「道德理想主義」和「政治現實主義」之間矛盾的對立統一。通過本書對鹽鐵會議經濟上、政治上、價值上所爭論問題的系統性分析與研究，我們認為鹽鐵會議所體現出來的最本質衝突在於「儒家道德理想主義」和「社會政治現實主義」之間的矛盾。

第二節　鹽鐵之爭的歷史意義

　　鹽鐵會議爭論雙方語言文字達十餘萬字，所議問題幾乎涵蓋了西漢武帝時期國家的政治、經濟、文化、軍事、外交、思想等許多重要領域，涉及到具體的財政政策、外交方針、治國方法、國家安全，以及人民負擔等內政外交的諸多方面，實為中國歷史長河中罕見的政治大辯論，也正是由於鹽鐵之爭的特殊性，以及其所展現內容的多樣性與複雜性，自古以來，西漢鹽鐵之

爭就受到廣泛的關注與評議。自《鹽鐵論》的作者桓寬將鹽鐵會議整理成文並加以評注後，後續學者相繼從會議的整體或者其中的某個角度闡述自己的見解與觀點，並在其他文獻中亦大量引用《鹽鐵論》之章句。而在近現代更是有諸多大家或以專著、或於專著中列出專章對《鹽鐵論》從不同角度加以評價，這其中就有郭沫若、王利器、馬非百、馮友蘭、侯外廬等著名學者，足見鹽鐵之爭在歷史及學術上的重要性。然而，鹽鐵之爭雖然倍受關注，但對於鹽鐵之爭在歷史上最終的定位以及其歷史意義卻始終說法不一，通常基於對鹽鐵之爭某個角度的認知來解讀其在歷史中的價值，筆者認為或多或少都流於片面，我們在前幾章已經系統地分析過，並認為鹽鐵之爭實質是「道德理想主義」與「政治現實主義」之間的一次碰撞與融合，正是由於鹽鐵之爭的這一實質，以及其發生的特殊歷史背景，決定了其在中國歷史上的重要價值與意義。

一、鹽鐵之爭是中國歷史演進過程中承前啟後的一次大辯論

從可以考據的歷史時間來看，發生的各種辯論很多，但諸如鹽鐵之爭如此展開的，並以官方要員與民間儒生就國家各種政治經濟問題全方位辯論的公開會議，縱觀歷史，恐怕僅此一例。然而，當我們翻開歷史長卷審視這樣一個獨特的案例時，就不難發現鹽鐵之爭的發生與包含的衝突是歷史進程的必然，並因此成為中國歷史上一個極其重要的標的與符號而炫然於中。正如我們前面已經討論的，就西漢來說，是在經歷了西周「禮崩樂壞」，分封大一統走向末路，進而春秋戰國諸侯爭霸，社會思潮也為之一新，出現了百家爭鳴的局面，社會經濟也由於土地私有制的出現，以及諸侯國相互貿易的繁榮，而呈現出一個嶄新的局面，商人文化也悄然興起，而這一切都試圖從政治、經濟和文化上尋求和摸索出一種全新的大一統政治格局，這就是秦始皇統一天下後的郡縣大一統格局。然而這種轉變是需要不斷的嘗試與修訂的，秦王朝在政治上實現了中央集權的郡縣大一統後，助其一統天下的法家意識形態並不能肩負起中央集權下官方哲學的政治使命，再加之一種新事物出現的脆弱性和其他多方原因之綜合，秦王朝遭遇了迅速覆滅的命運。於是，由此而誕生的西漢王朝就肩負起如何完善農業經濟社會中郡縣大一統中央集權政治格局的歷史使命，應該說西漢王朝在經歷了黃老的「休養生息」、「七國之亂」等一系列嘗試與修正之後，終於在漢武帝時期確立了「罷黜百家，獨尊儒術」

的正統格局，形成了強大的中央集權郡縣大一統的西漢王朝，幾乎從各方面爲日後二千年中國封建王朝的統治模式奠定了基礎。

　　而鹽鐵會議發生的時間正值漢武帝之後的昭帝時期，也正是基於從西周以來的社會格局變動發展的大背景下，以及漢武帝確立了以儒家統治思想爲官方意識形態核心的小背景下，由鹽鐵之爭爲源起，進而針對國家政治、經濟與文化中存在的各種衝突與問題，在崇尚儒家「道德理想主義」的民間學者，以及根植於「政治現實主義」的執政者之間，展開的一次極富歷史意義和現實意義的全面性大辯論。雙方爭論的問題所涉及到的核心內容，事實上貫穿於整個傳統中國社會，在儒學確定爲官方哲學的中國歷史進程中，起到了承前啓後的重大歷史作用。

二、鹽鐵之爭所展現出來的儒家道德理想主義與政治現實主義之間的矛盾與融合貫穿了整個中國封建王朝歷史

　　在漢武帝剛剛確立儒家正統且唯一的官方意識形態之後，儒家作爲一種眞正意義上剛剛走上政治舞臺的官方意識形態，與現實的政治經濟結合與交融後，既展現了其適應相對封閉的農業大一統中央集權客觀政治需求的強大生命力，但也表現出了儒家的道德理想主義與執政的政治現實主義之間的矛盾，而這種矛盾最終激發成爲一次曠世的大辯論，其中所涉及的問題，諸如本末問題、官營私營問題、集權分權問題、軍事問題和義利問題，幾乎也是後來兩千年中國封建社會共性的問題，這些問題在後續歷史中都依然存在，並反覆呈現，所面對的焦點與格局也幾乎一致。

　　雖然鹽鐵會議之後的歷史依然不乏鹽鐵之爭中所表現出來的衝突與矛盾，但再也沒有諸如鹽鐵會議這般的正面交鋒與當堂雄辯之盛況。基於鹽鐵會議的結果以及後續的發展，諸如賢良文學的重用、王莽的改制等一系列政治事件，基本確定了儒家道德理想主義在社會輿論與政治血統上的權威性，以及政治現實主義在統治手段上的必要性和對儒家道德理想主義的依附性，這兩者之間的膠著、共存、依附與衝突延續於中國兩千年的歷史。

三、鹽鐵會議的辯論也暴露出了儒家思想在經濟層面缺乏理論建設的系統性不足

　　儒家思想是基於孔子的「仁」與「禮」爲核心而系統性發展起來的，

由此推導出來「重義輕利」的道德體系，並在經過董仲舒的「天人感應」之構建後形成了一套完整的道德價值系統，但是儒學的這樣一個學說體系，重視社會的整體和諧與個體道德精神層面的深入挖掘，卻忽視物質和經濟層面的理論構建，事實上也難以構建。雖然儒家也有「富民」、「重本抑末」和「黜奢崇儉」的經濟思想，但這些思想都是基於其之根本的「仁」而推導出來的，並不是基於經濟之根本的「利」進行推導的，這樣由「仁」推導出來的經濟思想也必然歸於「仁」，使得「富民」等儒家經濟思想無法系統性地推導出具體的經濟解決手段，也無法從根本上解決相對封閉農業大一統中央集權的經濟循環問題之根結。但客觀地說，儒家思想的確比較於中國傳統的其他思想更有利於維繫中央集權的政治統治與延緩社會矛盾的激化，延長封建統治周期。正是由於儒學思想在經濟理論構建中的不足，使得在鹽鐵會議上，當儒學面對大夫基於社會現實狀況而實行的平準、均輸、鹽鐵專賣等經濟舉措時，賢良文學們只能從儒家的「重義輕利」道德原則爲出發點進行反駁，卻很難提出具體的經濟手段與有效的解決辦法。儒學在理論構建上於經濟層面的缺失，客觀上也造成了中國歷代封建王朝經濟最終依附於政治的現實。

第三節　中國傳統社會政治難題的解讀

通過對鹽鐵之爭所涉及的社會政治經濟問題的系統性分析，使得我們得以基於中國古代相對封閉的農業經濟大一統中央集權的社會模式，以社會財富總量等因素爲基礎的研究對象，取道於對社會財富總量有限性以及社會財富流動趨勢性的研究，推導出中國傳統社會的政治需求，並據此分析與社會意識形態的契合關係，從而於這樣一個分析視角，來解答鹽鐵之爭所涉及到的各種問題，由此也得到鹽鐵之爭的本質結論。

在本書的整個分析過程中，通過對政府集團、豪強集團以及勞動階層三個社會階層的關係分析，基本解釋了「中國傳統社會的主要矛盾並非只是地主階級和勞動人民的矛盾」這樣一個問題，而通過對政治需求的分析也解釋了「中國傳統社會中酷吏現象」的問題。在本節內容中，我們借助於對鹽鐵會議政治經濟問題的分析視角，對中國傳統社會通常的社會政治問題進行解讀。

一、傳統中國很難出現資本主義

在談及鹽鐵會議時，有些學者就會指責由於賢良文學對桑弘羊經濟政策的攻擊，導致了商品經濟思想在中國受到遏制，影響了中國資本主義萌芽的產生；也有學者指責由於桑弘羊的鹽鐵專賣等政策，致使國家直接干涉經濟，影響了自由經濟的發展，貽害中國二千年。更有學者，對於明代出現的類資本主義生產關係最終沒能引領中國走向資本主義社會模式而扼腕歎息，往往把原因歸結爲一些偶然的因素或者階段性的因素。

事實上，雖然自從中國出現了以自給自足的小農經濟爲特徵的農業經濟社會，以及土地私有制的形成與不斷完善之後，商品經濟就一直存在於傳統中國社會，並得到了一定的發展。同時，在局部地區和局部時間可能會存在類似資本主義生產方式的現象。但在筆者看來，基於中國傳統的、相對封閉的、農業經濟社會的、大一統中央集權的格局下，中國傳統社會是不可能出現資本主義生產關係的，具體分析如下：

（一）商品經濟是政府集團、豪強集團（地主）與勞動階層的內在需求

中國自秦漢以來形成的大一統中央集權穩定的國家政治環境，以及通過便捷的交通、統一貨幣、統一度量衡、統一文字等系統性的構建，客觀上爲工商業的迅速發展和繁榮提供了便利，促成了更大範圍內的經濟交流與商品流通，正如《史記・貨殖列傳》中記載「海內爲一，開關梁，弛山澤之禁，是以富商大賈周流天下，交易之物莫不通得其所欲」。此外，政府集團的軍需、皇家消費等行爲通常情況下也是以購買的經濟行爲來實現，客觀上也促成了商品經濟的發展，並形成了中國特有的皇室經濟。

傳統中國社會自給自足的小農業家庭，由於其在人身依附關係上很弱，有相對較強的人身自由，所以無論從生產和生活來說都具有很大的自主性，也決定了其從三個方面必須與商品經濟的市場緊密聯繫。一是，雖然中國傳統經濟結構是自給自足的小農經濟，但是諸如鐵農具、鹽等特殊必需品是無法自行生產解決的，只能依靠商品交換得以實現；二是，自給自足的小農經濟模式也使得中國農民在正常年景有更多的剩餘農產品投入市場，所謂「農有餘粟，女有餘布」〔註 15〕，這就使得小農經濟家庭得以用剩餘農產品換取生活所需的手工業品和其他商品；三是，封建國家稅賦的因素驅使小農家庭

〔註 15〕《孟子譯注・滕文公章句上》。

不得不進入商品市場，一個因素是封建國家稅賦往往存在貨幣形態的稅賦形式，致使小農家庭不得不通過市場獲得貨幣；另一個因素是過重的稅賦導致小農家庭不堪重負，往往捨本逐末而進入商品市場，《漢書》記載農民「已奉穀租，又出稿稅，鄉部私求，不可勝狀，故民棄本逐末。耕者不能半。貧民雖賜之田。猶賤賣以賈」。

對於封建地主和豪強集團來說，由於政治統治權歸於集權的政府集團，豪強集團一般不能強迫勞動階層為其無償提供勞役、手工業品和奢侈消費品，他們只能較多地依靠市場行為購買所需要的產品與服務，所謂「里有千金之家，嫁女娶婦、死喪生慶、疾病醫禱、燕飲齋饋、魚肉果蔬椒桂之物，與之為市者眾矣」〔註16〕，反映了中國封建社會豪強集團的這一需求。同時，在傳統中國，豪強集團一般大多居住在城市，這樣就使得他們與商品經濟的聯繫就更為緊密，如清代城居地主的生活是「自薪炭、蔬菜、雞豚、魚蝦……之屬，親戚人情應酬宴會之事，種種皆取辦於錢」〔註17〕。此外，中國封建地主制社會，土地可自由買賣，這種土地所有權的特點也使地主經濟更易與商品經濟發生較多聯繫。

正是因為在中國傳統社會中，政府集團、勞動階層和豪強集團都或多或少地要通過商品經濟的環境來獲取生活所需或者服務，而且是不可或缺的，雖然這一商品經濟規模是始終依附於自給自足的農業生產總量的，是有限規模的商品經濟。但不可否認的是，中國傳統社會中的這一商品經濟形態的確是形成了一個覆蓋全國，並「周流天下」的統一的商品經濟市場，價值規律同樣在這一有限的統一商品市場中發揮相應的作用，呈現出有限商品經濟的格局與早期形態，所以我們可以將中國傳統社會中的商品經濟形態暫且稱之為「前市場經濟」。我們可以看到，所謂的「前市場經濟」表現出了對基礎經濟的依附性、交換商品種類和交換商品規模的有限性與相對穩定性、整體規模的不可擴張性以及價值規律的有效性等特徵。

（二）中國的商品經濟始終依附於有限的農業經濟總量

傳統的中國不是沒有商品經濟，也不是沒有市場經濟，而是在中國特有的經濟環境下，商品經濟無論是在規模上還是在屬性上都是依附於農業經濟

〔註16〕〔清〕唐甄：《潛書‧富民》，中國文史出版社1999年版。
〔註17〕〔清〕張英：《恒產瑣言》，成都志古堂1915年版。

的總量而存在。這個問題我們實際上已經在有限經濟總量的探討中有過分析，由於中國自古以來處於一個相對封閉的地緣環境中，沒有大規模的國際貿易，使得社會財富總量決定於源自土地的農業經濟規模，就必然導致商品經濟內在需求的有限性，自給自足的自然經濟雖然爲市場提供了一定的商品與勞動，同時也形成了一定的商品需求，但總量非常有限，這就使得中國傳統社會的商品經濟規模不可能很大，其總量必然受制於農業經濟總量，這樣也就形成不了大規模的商品市場與商品需求，再加之由於交通與信息的限制，傳統中國的商品市場往往也都帶有區域性的特性，這樣就進一步降低了對商品的需求總量，在社會有限商品需求的情況下，工商業擴大再生產的空間就極其有限，也很難形成大規模集約化的生產形式，這也就是爲何豪強集團在攫取了大量社會財富後不進行商業買賣或手工業生產的擴大再生產，而是更多地將財富投資到了收益穩定性高的土地的重要原因。所以，即便在局部地區或局部時間出現了類資本主義的生產模式，只要在中國相對封閉、農業經濟主體和大一統中央集權等要素沒有根本改變的條件下，很難形成歐洲的資本主義生產方式。這裡需要提到的是在明清時期，中國出現了以紡織品和陶瓷等商品爲代表的帶有資本主義萌芽性質的規模龐大的手工業作坊，但是我們同時需要關注的是這個時期中國出現了大規模的海上對外貿易，梁方仲先生經過研究指出：從萬曆元年至崇禎十七年（1573～1644 年）的 72 年間，因海外貿易而流入中國的白銀，「至少遠超過一萬萬元以上」〔註18〕，折合銀兩達七八千萬兩。從明朝到 19 世紀 30 年代，中國對西方國家貿易的白銀入超達 5 億兩以上〔註19〕，外國學者對這一時期中國對西方國家貿易的白銀入超情況進行研究，其數量則要更多。以上種種研究成果表明，明清時期的中國經濟並不是獨立於世界市場之外的，而是當時世界市場中的不可或缺的一部分〔註20〕。所以，明清時期的資本主義萌芽是與大規模海上貿易的出現爲前提的，或者說通過海上貿易產生了巨大的商品需求，從而在不受制於農業經濟總量的條件下，帶動了傳統中國資本主義萌芽現象的產生。

〔註18〕梁方仲：《明代國際貿易與銀的輸出入》，《梁方仲經濟史話文集》，中華書局 1989 年版，第 179 頁。

〔註19〕莊國土：《18 世紀白銀流入中國數量估算》，《中國錢幣》1995 年第 3 期。

〔註20〕曹守亮：《比較方法與中國資本主義萌芽問題研究》，《浙江社會科學》2006 年第 1 期。

（三）傳統的儒家意識形態與政治制度也限制了商品經濟的發展

商品經濟能否有效滋生與發展是屬於經濟基礎的範疇，從根性來說是由社會經濟模式決定的，並不可能是某種社會意識形態或者政治結構這樣的上層建築所能決定的，但客觀上說，上層建築的形成與存在的確又反作用於經濟基礎，從而強化某一經濟模式的穩定與牢固。

在前面的研究中我們知道，中國傳統社會的商品經濟具有兩重性，一方面商品經濟是中國傳統社會的必要補充，也是中國傳統社會的必然存在，使社會物資得以流通，社會各得所需，加強了效率；但另一方面商品經濟對中國傳統社會又有破壞和瓦解的作用，商品經濟畸形繁榮就會導致農業經濟的萎縮和社會財富總量的下降，同時會加大土地兼併和社會流民，危及封建國家的統治。所以從政府集團的角度來說，在制定商品經濟政策時往往是利用其有用性而抑制其瓦解性，也就是說既允許商品經濟一定程度的存在和發展，卻又不允許其超出封建制度所能容納的限度和範圍，表現出明顯的抑商傾向。而中國的儒家思想推導出來的「重義輕利」，進而「重農輕商」的思想顯然是符合了政府集團的這一需求。這樣，傳統中國社會就從精神思想上和制度上形成了「重本抑末」完整成熟的體系，力圖使中國傳統社會的商品經濟穩定在有限的空間之內。

綜上所述，中國傳統社會在相對封閉、農業經濟、大一統中央集權等因素無法消除的情況下，就無法改變社會財富總量有限性的客觀事實，進而就在根本上無法形成資本主義生產關係產生的社會環境，再加之儒家意識形態的牢固樹立以及與社會政治經濟的充分契合，就從根本上決定了中國封建社會經濟關係的穩定性。

二、儒家道德理想與封建現實政治的契合與衝突

儒家道德理想與封建現實政治的契合與衝突，不僅僅是西漢社會的問題，它幾乎貫穿了中國自秦漢以後的整個封建社會全過程。

首先是契合問題。在本書的第三章已經論述過，基於相對封閉的農業經濟大一統中央集權的中國傳統社會，有限經濟總量和社會財富的流動最終決定了中央集權政府集團的政治需求，而在當時中國，本土內生的以及舶來的政治思想中，儒家思想無疑是最爲契合這一社會政治需求的思想體系，這也是儒家思想最終成爲大一統中央集權統治思想的根本。儒家的「尊尊」、「親

親」，並由此而來的「三綱五常」的倫理思想，契合了「集權」的政治需求；儒家的「民本」思想，則契合了勞動階層爲社會財富之根本的政治理念；儒家的「義利」觀，也契合了崇本抑末的政治需求以及平衡勞動階層與政府集團及豪強集團巨大落差的現實。特別是宋明理學以後，儒學更加追求對心性的探討，「存天理、滅人欲」，更加追求「內聖」的境界，同時也更加崇尚「義」而輕「利」，這樣在實際上進一步加大對勞動階層的精神痲痺，進一步平衡社會財富的分配不公帶來的不平衡，進而進一步加強封建專制的統治秩序。

　　其次是衝突問題。徐復觀先生就認爲，儒家道德政治理想與中國專制政治現實之間，存在著長期的緊張關係，形成了困擾中國政治的一個基本矛盾，「（儒家）政治的理念，民才是主體；而政治的現實，則君又是主體。這種二重的主體性，便是無可調和對立」﹝註21﹞。徐先生在此以二重主體性的矛盾凸現了歷史上儒家的道德政治理想——天下爲公與中國的現實政治——專制政治之間緊張、背離的關係。事實上，儒家道德理想與現實政治之間的衝突是不是有徐先生說的那麼緊張可暫且不論，但他們彼此之間的衝突與背離是一定存在的。儒家道德理想是基於「仁」這種純意識形態性推導出來的理論體系，其本身就帶有理想主義成分以及與現實問題的距離。而政治現實主義是基於物質的經濟基礎客觀地推導出來的現實政治需求，在道德理想與政治現實兩者之間由於各自的源頭不同，其各自推導出來的路徑就必然存在差異，那麼將這樣兩個源頭、方向與路徑有差異的東西結合在一起，除了有其契合的地方外，存在衝突也是必然的。諸如，儒家的「民本」思想，其目的是爲了是國富民強，人民過上富足安康的生活，國家之政治根本應該是爲民；而政治上的「民本」理念是依附於專制格局下的，爲民更多的是基於勞動階層是財富創造者之原因，但民的地位遠沒有儒家所憧憬的高，在財富分配上勞動階層始終處於最基本的生活水平上，用以維繫農業社會再生產，這顯然與儒家的道德理想是背離的。儒家的「義利」思想，其本質上無論對被統治階級還是對統治階級都是要求「義」而去「利」，但是在政治現實中，「義利」觀更多的是用來痲痺勞動階層，維繫社會穩定，迎合政治需求，而政治現實之根本依然是講「利」的，只是這種「利」是掩蓋在了「義」的外衣之下。

　　總之，儒家的道德理想與政治現實主義之間是相互契合併相互衝突的對立統一體，但契合是主流的，正是由於這樣一種契合，才使得中國的儒家思

﹝註21﹞黃克劍、林少敏：《徐復觀集》，群言出版社 1993 年版，第 123 頁。

想與中國的封建社會得以長期同存並相互交融二千餘年,而且其穩定性如果不是鴉片戰爭的爆發,還沒有出現要割裂的迹象。不過他們相互之間衝突也是客觀存在的,這也就是中國歷史上眾多的儒生為之痛苦以及許多背離現象發生之根源。

三、王朝周期性更替與儒家道統的一貫性

縱觀中國古代政治史,可以看到一種非常引人注目的現象,這就是王朝的興盛與衰亡呈現交替重複的規律。自公元前 221 年秦王朝實現大一統到 1911 年清王朝滅亡,中國歷史上先後共存在過 62 個正式的王朝,統治時間平均 60 年左右。而實際上大略可以看作統一王朝的只有 11 個,即秦、西漢、新、東漢、西晉、隋、唐、北宋、元、明、清,平均統治時間為 146 年。自西漢之後,東漢、唐、北宋、明、清等王朝統治的時代,都是大體能夠實現社會穩定、創造文化輝煌的時代,存在時間分別都在 200 年左右,或者 200 多年〔註22〕。

何以中國古代歷史上出現如此諸多的政權交替興衰,並呈現規律性的特徵,而這其中,儒家統治思想卻幾乎始終如一的存在著,表現出其道統的一貫性,雖然其中也出現過理論上的變化與發展過程。基於對王朝衰亡歷史因素的分析,許多史學的論著一般認為,歷朝政治危局發生的基本類型,古代王朝覆滅的諸種因素,可以歸納為這樣幾種情形:統治階級內部的黨爭及地方勢力的割據、外族的入侵、嚴重的自然災害、以及由諸種因素引起的大規模民眾武裝抗爭等等。不過,在筆者看來,這些因素都是現象層面的總結,而並非本質層面的挖掘。事實上,其本質根源便在自於我們前面已經分析過的,中國相對封閉的農業經濟大一統中央集權下,社會財富的有限性以及社會財富流動的不可逆性。由於社會財富流動的不可逆性,使得在傳統社會中,社會財富最終會流向豪強集團手中,這樣就會導致土地兼併現象的大範圍發生,並進一步加大社會財富向豪強集團的流動。同時,也由於社會財富的有限性,豪強集團社會財富的增加又必然導致政府集團以及勞動階層社會財富的減少,特別是勞動階層就會出現大面積的破產。這樣,當這樣一種社會財富流動的偏離發展到一定程度時,就必然導致嚴重社會問題的出現,並最終導致封建王朝的覆滅。一個舊王朝的覆滅過程,就會導致原有豪強集團的較

〔註22〕 王子今:《中國古代王朝盛衰興亡的「周期率」》,《理論學刊》2002 年第 1 期。

大程度地被消滅，人口出現大量減少，新的豪強集團迅速產生以及土地資源的再次分配，流失的部分農民又重新獲得生產資料，而新的豪強集團也開始了新的資本積累，社會財富也又一次的開始了新的又是重複的流動過程，這樣王朝呈現出周期性的規律。至於最終導致王朝覆滅的形式可能是多樣的，可能是天災、民變或者外族入侵等，就好比一個已經患了癌症的病人，隨著病情的加重，身體的抵抗能力日益減弱，最終導致病人死亡的並不是癌症病毒本身，而有可能是由於癌症而引發的其他疾病。當然，對於一些王朝的覆滅確實存在著客觀的其他因素，但這並不能影響我們對中國傳統王朝變更的一般性分析。

至於儒家道統並不隨著歷史王朝的變更而改變其的統治思想地位，從而保持一貫的穩定性與持續性，很重要的原因就是，雖然王朝在不斷變更，但相對封閉的農業經濟大一統中央集權的政治經濟格局並沒有任何變化，所以適應於這樣一種經濟基礎的儒家意識形態就不會失去他的統治思想地位。這樣就出現了在經濟環境、政治體制以及統治思想幾個重要元素不變的格局下，封建王朝卻呈現出周期性更迭的現象。

四、儒學在傳統中國的最終沒落之探討

以儒學為主體的中國文化是人類古文化中唯一從未中斷延續至今的一種文化體系。自漢武帝「罷黜百家，獨尊儒術」以後，儒學便具有了民間與官方的雙重性，成為社會上下都認同的最正宗的思想體系，作為一種系統的哲學理論和傳統中國官方的統治哲學，影響了幅員遼闊、人口稠密的泱泱大國二千餘年。至明中葉以前，中國的經濟、科技、文教的發展水平都居世界前列，並在不少方面推動了世界文明的發展。但是在進入近代以後，儒學迅速地歸於沒落，很多學者也從不同角度對儒學在中國之沒落進行了論述。在此，我們基於本書對鹽鐵之爭的分析，就儒學進行簡單的回顧並提出對其最終沒落提出觀點。

（一）儒學的回顧

儒學自春秋晚期孔子創立以來，由最初的一種民間學說發展到儒術獨尊的官方哲學，最後成為封建制度的精神支柱、封建社會的統治思想。傳統儒學，作為一種以宗法血緣關係為基礎的封建社會意識形態，其的整個發展歷

程，可以大致劃分爲以下幾個階段：先秦，中國儒學的奠基時代；兩漢，儒家經學的獨尊時代；魏晉隋唐，儒、道、佛的鬥爭與交融；宋明，儒學發展的宋明理學階段；清代，中國傳統儒學的總結與沒落。在這近二千餘年的過程中，儒學於中國之作用得到了充分的發揮，成了中華民族文化的核心與脊梁，鑄就了中華民族的性格與精神，形成了禮儀之邦的傳統，創造了光彩奪目的燦爛文化，促進了中國社會的進步和文明的發展。直到 1820 年，中國仍是世界上最大的經濟強國，排在英國、法國、美國前面〔註 23〕。這樣一個偉大成就的取得不能不說與儒學密切相關，在一定程度上可以說是儒學促就了中華民族的輝煌。

但是，鴉片戰爭以後，隨著中國淪爲半殖民地半封建社會，西學的傳入與衝擊，傳統儒學思想已經無法再維繫其的統治地位，並在五四時期受到了猛烈抨擊，作爲封建宗法社會精神支柱的儒家思想似乎在一夜之間坍塌了。

（二）傳統儒學沒落之探討

基於我們前文的分析，我們認爲傳統儒家思想在鴉片戰爭以後走向沒落應該是必然的結果。結合本書已經進行的研究，傳統儒家思想之所以能在西漢時期最終替代法家思想和黃老思想而走向政治舞臺，最根本的原因就在於由儒家思想之內核推導出來的「民本」、「德刑」、「義利」、「倫常」等政治思想契合了相對封閉的農業經濟大一統中央集權的封建統治需求。而當鴉片戰爭之後，中國的國門被強行打開，整個社會格局爲之一變。一方面源自於外因，由於經濟上的落後與現實上的落差，西方新文化對中華之傳統文化形成了強烈的衝擊；另一方面也源自於儒學之內因，由於國門開啓，國際貿易迅速發展，國內之經濟格局也大不同於相對封閉時期的傳統中國。同時，隨著英國工業革命的出現，近現代科技的迅猛發展，社會生產力有了質的飛躍，社會財富呈現多樣化格局，經濟總量也呈現跳躍式發展。這一切都不是已經完善於相對封閉環境下的、自給自足農業經濟形態下的、大一統中央集權政治條件下的傳統儒學所能解答和適應的，由此經濟環境之變動所導致的政治文化格局也必然需要調整和改變，傳統儒學在新世界與社會背景下、在已全然不同的經濟與政治格局下，最終退出中國之政治舞臺而走向沒落也是必然之途。

〔註 23〕 經合組織：《世界經濟 200 年》的研究報告，德國《世界報》1995 年 12 月 12 日。

第四節　傳統中國與亞細亞生產方式

　　亞細亞生產方式理論在馬克思主義歷史理論中佔有十分重要的地位，是馬克思東方社會理論中的一個核心概念，其整個東方社會理論體系是以亞細亞生產方式的理論爲基石建構起來的，馬克思的這一理論對於研究古代世界史，尤其是研究古代東方史和古代中國史有著特殊的指導意義。

　　十九世紀中葉，馬克思在《〈政治經濟學批判〉序言》中總結人類歷史發展一般進程時指出，「大體說來，亞細亞的、古代的、封建的和現代資產階級的生產方式可以看作是經濟的社會形態演進的幾個時代」〔註24〕。自從馬克思提出「亞細亞生產方式」這一概念以來，他本人並沒有對亞細亞生產方式做出更多的解釋與使用，以致於在將近一個半世紀的時間裏，整個學界對這個概念內涵的闡發以及亞細亞生產方式的性質等問題，一直眾說紛紜，莫衷一是，爭論不斷，甚至已經被稱之爲社會科學界的「哥德巴赫猜想」，也有人稱之爲「司芬克斯之謎」。自 20 世紀初以來，學界對亞細亞生產方式理論的研究出現過四次高潮〔註25〕，迄今爲止，關於亞細亞生產方式理論的討論仍是熱門話題，關於亞細亞生產方式的爭論點非常多，主要集中在亞細亞生產方式的概念、亞細亞生產方式代表的歷史階段、中國是否是亞細亞生產方式等等，本節並不試圖討論亞細亞生產方式全方面問題，重點於在初步理清亞細亞生產方式基本特徵的前提下，依據由鹽鐵之爭所闡發的中國封建社會基本政治經濟框架爲基礎，就馬克思的亞細亞生產方式與封建中國超穩定性問題進行系統分析。

一、亞細亞生產方式的基本特徵

（一）關於亞細亞生產方式相關特徵的描述

1、馬克思關於亞細亞生產方式的描述

　　19 世紀 50 年代，馬克思根據弗朗斯瓦·貝爾尼埃在《莫臥兒帝國遊記》中的材料，在給恩格斯的信中指出，「貝爾尼埃完全正確地看到，東方（他指的是土耳其、波斯、印度斯坦）一切現象的基礎是不存在土地私有制。這甚

〔註24〕《馬克思恩格斯選集》第 2 卷，第 33 頁。
〔註25〕朱政惠：《1978 年以來亞細亞生產方式問題研究的若干思考》,《史學理論研究》1995 年第 3 期。

至是瞭解東方天國的一把眞正的鑰匙」〔註26〕。恩格斯在給馬克思的回信中，表示同意這種看法。他說「不存在土地私有制，的確是瞭解東方天國的一把鑰匙。這是東方全部政治史和宗教史的基礎」〔註27〕，接著恩格斯又繼續分析「但是東方各民族爲什麼沒有達到土地私有制，甚至沒有達到封建的土地所有制呢？我認爲，這主要是由於氣候和土壤的性質，特別是由於大沙漠地帶，這個地帶從撒哈拉經過阿拉伯、波斯、印度和韃靼直到亞洲高原的最高地區，在這裡，農業的第一個條件是人工灌溉，而這是村莊、省或中央政府的事。在東方，政府總共只有三個部門：財政、軍事和公共工程」〔註28〕，「在東方，由於文明程度太低，幅員太大，不能產生自願的聯合，因而需要中央集權的政府進行干預。所以亞洲的一切政府都不能不執行一種經濟職能，即舉辦公共工程的職能」〔註29〕。

馬克思指出，「如果不是私有土地的所有者，而像在亞洲那樣，國家既作爲土地所有者，同時又作爲主權者而同直接生產者相對立，那麼，地租和賦稅就合爲一體……。在這裡，國家就是最高的地主，在這裡，主權就是全國範圍內集中的土地所有權。但因此那時也就沒有私有土地的所有權，雖然存在著對土地的私人的和共同的佔有權和使用權」〔註30〕，「在大多數亞細亞的基本形式中，凌駕於所有這一切小的共同體之上的總合的統一體表現爲更高的所有者或唯一的所有者，實際的公社卻只不過表現爲世襲的佔有者」〔註31〕。事實上，我們知道在馬克思所說的東方社會，或者說包括中國社會在內，土地歷來是同國家主權相聯繫的，私人（包括封建地主）擁有土地，實際上只是一種對土地佔有、使用與具體支配的權利，它固然可以給佔有者取得財富提供條件，但這只是一種相對所有權；在這個社會中所發生的土地買賣實際上是土地佔有、使用與具體支配的讓渡，它並不能否定國家對土地的絕對所有權。

關於專制與政府的存在，恩格斯認爲由於單個公社或個體的孤立性，基於它們彼此發生聯繫的需要，以及管理灌溉渠道、交通工具等公共工程的需

〔註26〕《馬克思恩格斯全集》第 28 卷，第 256 頁。
〔註27〕同上註，第 260 頁。
〔註28〕同上註，第 260～263 頁。
〔註29〕《馬克思恩格斯全集》第 12 卷，第 139～140 頁。
〔註30〕《馬克思恩格斯全集》第 25 卷，第 891 頁。
〔註31〕《馬克思恩格斯全集》第 46 卷，第 473 頁。

要，便產生了高居於各個小公社之上的君主專制政府或者說中央集權的政府。他說，「在這種情況下，那些通過勞動而實際佔有的公共條件，如在亞細亞各民族中起過非常重要作用的灌溉渠道，以及交通工具等等，就表現為更高的統一體，即高居於各小公社之上的專制政府的事業」〔註32〕。

　　馬克思認為，造成東方社會長期停滯的直接原因是東方社會農業和手工業相結合的自給自足的自然經濟結構。他說「這些自給自足的公社不斷地按照同一形式把自己再生產出來。當它們偶然遭到破壞時，會在同一地點以同一名稱再建立起來，這種公社的簡單的生產機體，為揭示下面這個秘密提供了一把鑰匙：亞洲各國不斷瓦解，不斷重建和經常改朝換代，與此截然相反，亞洲的社會卻沒有變化。這種社會的基本經濟要素的結構，不為政治領域中的風暴所觸動」〔註33〕。東方社會結構中這種自給自足的農村公社能夠不斷地按照同一形式把自身生產出來，這種農村公社缺乏自我發展的緊迫要求和強大動力，分工和交換都缺乏真正的社會化發展，這種發展被社會結構的機制嚴重地束縛和抑制，因而造成了東方社會這種自然經濟結構的長期停滯不前。所以馬克思針對與這種自給自足的公社還指出「這些田園風味的農村公社不管初看起來怎樣無害於人，卻始終是東方專制制度的牢固基礎；它們使人的頭腦局限在極小的範圍內，成為迷信的馴服工具，成為傳統規則的奴隸，表現不出任何偉大和歷史的首創精神」〔註34〕。

　　馬克思在談及對於亞細亞生產方式超穩定性的特點的前提指出，「亞細亞形式必然保持得最頑強也最持久，這取決於亞細亞形式的前提：即單個人對公社來說不是獨立的；生產範圍僅限於自給自足，農業和手工業結合在一起」〔註35〕。馬克思認為東方社會結構中這種所謂的「亞細亞」特點，決定了東方社會不可能走西方資本主義的發展道路，這種沒有內在的發展動力的社會，只有西方資本主義入侵才能動搖它的基礎，使亞洲社會發生真正的革命。

2、國內學者關於亞細亞生產方式特徵的描述

　　在國內關於亞細亞生產方式的研究主要是從三個方面展開的，即亞細亞生產方式概念科學與否、亞細亞生產方式的內容和性質以及亞細亞生產方式

〔註32〕《馬克思恩格斯全集》第 46 卷，第 474 頁。
〔註33〕同上註，第 396～397 頁。
〔註34〕《馬克思恩格斯選集》第 2 卷，第 67 頁。
〔註35〕《馬克思恩格斯全集》第 46 卷，第 484 頁。

的特徵。這裡我們著重於國內學者關於亞細亞生產方式特徵的理解與運用。

國內學者吳澤認爲，按照馬克思在《資本主義生產以前各種形式》一文及其他有關著作中的論述，亞細亞生產方式有如下幾個特徵：不存在土地私有制，實行專制國家的土地國有制和公社的土地佔有制；農村公社長期存在，農業和手工業相結合併成爲社會生產和生活的基本組織；政治上實行的是專制主義政權體制；具備這種生產方式的國家，還有管理公共灌漑工程等的職能。顯然，亞細亞生產方式的這種本質內容和特徵，驗諸古代東方國家的歷史，是的確存在的。古代東方的奴隸國家，不論是古埃及、巴比倫，還是古印度和中國，都在不同程度上具備有上述諸特點〔註36〕。

國內學者江丹林認爲，馬克思對亞細亞生產方式的研究是東方社會理論研究或說東方社會理論形成的深化階段。因此，在歸納亞細亞生產方式的基本特徵的基礎上，他描述了馬克思亞細亞生產方式理論研究的歷史進程，即19世紀50年代馬克思提出的非西方社會的三個特點：土地公有、自給自足、閉關自守以及高度集中的中央專制政府。

國內學者武志軍認爲「在馬克思看來，亞細亞所有制是原始所有制的一種形式，由亞細亞生產方式導致了亞洲各國社會結構的超穩定性」，這種超穩定性的特點在於：封閉性、平衡性、中央集權性以及單一的國有化，「而且這種超穩定性必須要以頻繁的或大或小的社會振蕩爲代價，也就是說亞細亞生產方式的這種超穩定的結構從長遠來看，對社會不僅不利甚至是極端有害的」。從這一觀點出發，武志軍批評了國際上流行的觀點：亞細亞生產方式是實現眞正穩定的基礎。他認爲，亞細亞生產方式作爲農業文明的產物，與工業化有許多難以協調的方面。而且「由於沒有帶來經濟和社會高速發展，亞細亞生產方式這種超穩定結構也就不會帶來眞正和長久的穩定」〔註37〕。

總體而言，國內學者對亞細亞生產方式的特徵的認識大體上可以概括爲如下幾個方面：土地國有制、農村公社、自然經濟和中央專制。

（二）對亞細亞生產方式的理解

馬克思終其一生沒有給「亞細亞生產方式」下過明確的定義，但是通過上面資料的分析，馬克思關於「亞細亞生產方式」的基本思想還是大體明確的。

〔註36〕吳澤：《東方經濟社會形態史論》，上海人民出版社1993年版，第312頁。
〔註37〕高天瓊、徐信華：《國內關於「亞細亞生產方式」的討論述略》，《湖北大學學報》2005年第3期。

「亞細亞生產方式」是馬克思描述東方社會結構的基本範疇。在西方殖民者到來之前，東方社會存在著土地公有、自給自足、小農業和家庭手工業結合在一起的社會經濟結構，社會基本單位是具有封閉性、落後性和頑強生命力的村社組織，居於整個社會經濟結構之上的社會政治結構是高度集權的君主專制主義。馬克思將這種土地公有、農村公社和專制主義「三位一體」的東方社會結構稱爲「亞細亞生產方式」。馬克思認爲，亞細亞生產方式是土地所有制的公有制或者公有制向私有制過渡過程中的一種形式下的一種社會模式，中國、印度、俄國都是從這種形式中發展起來的。而亞細亞生產方式帶來的最令人吃驚的莫過於導致了社會結構的超穩定性。

結合馬克思關於亞細亞生產方式涉及的內容，以及學者們對馬克思所說的亞細亞生產方式的爭論與分析，我們大概可以形成這樣一種亞細亞生產方式的特徵：土地公有、自給自足、封閉性以及專制主義。那麼，由於亞細亞生產方式的這些特性，就導致了這一社會結構的超穩定性。而這樣一種超穩定性並非嚴格意義上的不變，而是指亞細亞生產方式的國家雖然不斷瓦解、不斷重建和經常改朝換代，然而社會結構卻沒有變化。這種超穩定結構是通過封閉性和靜態的形式實現的。它可能在各個歷史階段都存在不會被後來的社會經濟形態取代。

二、亞細亞生產方式理論的不足、分析與補充

（一）亞細亞生產方式理論的爭議與不足

亞細亞生產方式之所以被稱之爲社會科學領域的「哥德巴赫猜想」，我想除了這一社會結構分析的複雜性外，很重要的一個原因就是馬克思只是提出了亞細亞生產方式的一個概念，以及後續對這一社會結構非系統性的認識研究，並沒有形成完整系統的理論。對於馬克思的「亞細亞生產方式」學說，其側重點應該是古代東方文明中不同於古代西方文明的一種特殊的經濟形態或社會形態。至於對於這樣一種形態，由於馬克思從未到過亞洲，對亞洲或東方的研究主要是依據殖民官員的報告或報導，通過這些資料，對亞洲或東方的生產方式形成了一個相對清晰的認識，所以馬克思關於亞細亞生產方式的論述相比較於他的其他幾種經濟形態來說應該說是比較粗略和籠統的一個。同時，馬克思對「亞細亞生產方式」的提出，對這一概念從未下過明確的、判斷性的定義，很多闡發是基於後人的理解，往往帶有自己的主觀性意

志，加之馬克思關於亞細亞生產方式的信息也是殘缺的、不完整的，使後人在試圖對這一生產方式進行定性分析時缺乏足夠的依據。應該說「亞細亞生產方式」是馬克思在科學不發達、資料掌握不充分的情況下，用印度社會為摹本說明原始的生產方式的理論，是一種並不是很成熟的理論。歸納起來原因有三：資料不充分；用比較歷史研究法加以抽象的產物；形成這一理論的目的在於說明歷史上最初的生產方式。正是由於馬克思關於亞細亞生產方式理論存在於如此複雜的因素的影響，使得有關亞細亞生產方式問題的爭論才會持續半個世紀而仍無定論，從而使得現有亞細亞生產方式理論的研究還不能形成成熟、穩定、科學的體系，因此各種結論的論證都給人一種力不從心的感覺，定性分析時缺乏足夠的依據。

在馬克思在談到亞細亞生產方式時，具體提到的東方諸國是印度、中國、俄國、埃及、波斯、土耳其等。但是這些國家顯然並不都在各個方面完全吻合於馬克思關於亞細亞社會的總模式。例如，印度在政治方面與之不符，由於它所處的特殊地理位置（三面環海，一面依山），使其自古以來就很少受到侵擾，再加上氣候濕潤，雨量充足，所以相對來說缺乏高度中央集權的官僚體制；中國的不同點在於經濟方面，其土地制度更帶有地主色彩，土地公有性不明顯；而俄國的不同則在於缺乏馬恩所說的水利灌溉的特點，其經濟和政治的集權是由於其他原因造成（比如受到蒙古民族的入侵）〔註 38〕。對於這些差異，亞細亞生產方式理論並沒有給出系統的答案。特別是馬克思關於亞洲不存在土地私有制的論斷，主要是依據西方著作家對印度莫臥兒帝國時期土地問題的描述所作出的，而這些描述似乎並不準確，早在公元前 2700～1500 年印度哈拉巴文化時期，就產生了土地私有制的萌芽。實際上，莫臥兒帝國時期帶有土地公有制向土地私有制轉化的一些特徵，並不是純粹的公有制〔註 39〕。此外，由馬克思的土地公有、農村公社和專制主義這樣幾個亞細亞生產方式為要素，直接推導出社會結構的超穩定性，雖然有其合理性的一方面，但感覺論證並不充分，是否這些條件就是充分條件，從條件推導到超穩定性是否還有中間環節，以及這種推導是否是必然的關係，超穩定性最終

<hr>

〔註 38〕柴豔萍:《亞細亞生產方式對東方社會的深刻影響》,《華北電力大學學報》2000年第 4 期。

〔註 39〕徐少兵:《馬克思的歷史分期思想與「亞細亞生產方式」》,《陝西師範大學學報》1997 年第 3 期。

被打破的條件是什麼，難道只有受到資本主義方式的入侵才能解決嗎。帶著這些問題與思索，我們試圖以中國的傳統社會政治經濟模式爲標的，對馬克思的亞細亞生產方式進行研究與分析。

（二）亞細亞生產方式的分析與補充

　　基於對馬克思所描述的亞細亞生產方式的特徵，我們注意到其中所包含的幾個要素：土地公有、自給自足、封閉性以及專制主義，這與我們在鹽鐵會議研究中對中國傳統政治經濟環境中所涉及的相對封閉、農業經濟、大一統、中央集權幾個要素幾乎完全的近似。至於土地公有問題，國內的學者也已經有大致比較一致的解釋，中國歷史上歷來不存在眞正意義上的土地私有，皇帝是所有土地的最終所有者，《詩經・小雅・北山》有詩云「溥天之下，莫非王土；率土之濱，莫非王臣」，所以在中國私人佔有土地（包括豪強集團在內），實際上只是一種對土地佔有、使用與具體支配的權利，它固然可以給佔有者取得財富提供條件，但是這只是一種相對所有權；土地買賣實際上是土地佔有、使用與具體支配的讓渡，它並不能否定國家對土地絕對的所有權。不管這種土地公有的解釋有沒有生搬硬套的嫌疑，總體而言馬克思所描述的亞細亞生產方式的基本特徵，的確與中國傳統的相對封閉農業經濟大一統中央集權的社會形態比較吻合。這樣，基於我們對相對封閉、農業經濟、大一統、中央集權的社會經濟模式，由此而引發的社會政治模式與社會意識形態的分析，我們確然也能夠得到「超穩定性」社會的結論。

　　正如我們在本章第三節中國傳統社會及政治難題解讀中關於「王朝周期性更替與儒家道統的一貫性」的分析思路，在中國傳統社會中，在相對封閉的環境下，社會財富只能進行內循環；自給自足的農業經濟又使得社會財富總量處於相對有限的狀態下；大一統中央集權的形成是自給自足農業社會的客觀需要，同時也形成了政府集團、豪強集團與勞動階層這樣三個社會階層，於是有限的社會財富就在這三個階層之間進行分配與流動，並最終有流向豪強集團的趨勢，並且具有不可逆的特徵。勞動階層始終處於基本的生活線附近，土地是其創造財富的根本依靠，而政府稅收、土地兼併、鹽鐵資源、權力對價等財富轉移途徑最終導致了社會階層的不均衡與主要矛盾，而這種不均衡與主要矛盾就導致了作爲統治階級的政府集團在肩負統治職能、管理職能與經濟職能的責任下，形成了以「平衡」爲社會管理與政治目標的社會政

治需求，當這一社會政治需求與也同樣產生於同樣的政治經濟環境下的儒家思想意識形態有效地契合到一起的時候，就最終形成了以「民本思想」、「重義輕利」、「三綱五常」、「德主刑輔」、「重農抑商」、「崇儉抑奢」等為特點的「超穩定性」的農業社會結構。這裡需要特別注意的是，儒家意識形態在這一所謂的「超穩定性」農業社會中不可或缺的作用，儒家意識形態是統治階級通過精神層面「義利觀」等觀念的強化，極力打壓物質的、功利的思想，全力弘揚精神的、倫理的、境界的思想，藉以平衡勞動階層在社會財富分配中巨大不平衡的現實，並結合綱常倫理的社會關係思想，使基於封閉環境、自給自足農業經濟、大一統、中央集權形成的生產秩序、財富流動模式、社會秩序和統治模式得以有效地固化下來，形成了所謂的超穩定性的中國傳統農業社會結構。然而在這一穩定環境下，還有一個因素必須著重考慮，就是土地兼併，由於在中國傳統農業社會中，土地成為該經濟體系中社會財富最主要的創造源泉，使得土地成為豪強集團最根本的追逐對象，「以末致富，以本守之」，這樣就在客觀上造成了與社會財富流動趨勢相一致的土地兼併趨勢，並成為最終打破政府集團統治平衡不可逆的根本因素，雖然政府集團已經試圖將這一趨勢的影響降低到最小。於是，在這一主要因素的影響下（當然還有其他因素與偶然因素），在引發不平衡的打破後，又由於重新分配了土地資源而進入新的相對平衡，形成了中國傳統社會王朝的周期性變遷的主要內因。然而，自給自足的農業生產秩序、社會財富的流動模式、社會關係秩序和政府統治模式以及契合這一傳統政治經濟環境的儒家意識形態卻絲毫不受這一內部動態平衡周期性運動的影響，呈現出「超穩定性」。

在這裡，我們借助於由傳統中國農業經濟基礎以及內外部環境因素決定的經濟、政治與意識形態模式推導出社會的「超穩定性」結構，從某一個路徑上較為系統地了馬克思所說的土地公有、氏族公社和專制主義等因素到「超穩定性」的邏輯推導，在一定程度上也是對亞細亞生產方式理論在這一環節上的補充。

三、傳統中國與亞細亞生產方式

通過分析，我們看到，基於經濟的、政治的和意識形態的維度，將相對封閉、自給自足農業經濟、大一統、中央集權這樣幾個傳統社會的特質性因素有效地結合在一起，並由此邏輯地推導出這一傳統農業社會結構所謂的「超

穩定性」。那麼我們不得不基於傳統中國的政治經濟與文化環境探討一下這麼
幾個問題：傳統中國與亞細亞生產方式之辨析、引發「超穩定性」改變途徑
之思考。

（一）傳統中國與亞細亞生產方式之辨析

　　在將傳統中國與馬克思所描述的亞細亞生產方式進行比較時，我們從亞
細亞生產方式特徵的描述可以比較容易將傳統中國與之對接上，特別是國內
研究亞細亞生產方式的學者對馬克思及恩格斯關於亞細亞生產方式可能意思
並不清晰或者並不完整的闡述，而把很多因素中國化。例如，馬克思、恩格
斯在亞細亞生產方式特徵的描述中更多的是提出土地公有、氏族公社或者村
社制度以及專制主義，這裡的「土地公有」是否就能與「溥天之下，莫非王
土」的中國土地模式劃等號，以及馬克思所指的氏族公社是否也能與自給自
足的農業家庭單位劃等號，依然是存在一定的商榷餘地，雖然彼此之間的確
有很多的相似之處。此外，傳統中國的確存在者所謂的「前市場經濟」，並且
具有一定的規模，與「前市場經濟」相聯繫的還有相對發達的繁榮城市，這
在馬克思關於亞細亞生產方式的構建思考中並沒有表現出這樣的思維反映，
在他的「超穩定性」構想中也沒有論及；還有一個很重要的環節就是意識形
態因素，在亞細亞生產方式中並沒有體現出來，而事實上在我們的分析中可
以發現，儒家意識形態的形成與發展對傳統中國社會結構的「超穩定性」產
生了相當重要的作用，而有類似「超穩定性」社會結構的印度也形成了與其
種姓制度相關聯的宗教，俄國也將改造後的東正教作爲其的社會意識形態。

　　由於馬克思的亞細亞生產方式並沒有系統化，所以就存在這樣兩種的可
能，一個是傳統中國並不是純粹的亞細亞生產方式，而僅僅是類亞細亞生產
方式的社會，它有著與馬克思所說的亞細亞生產方式類似的基本初始因素，
卻也有不同與這些因素的其他因素和發展路徑，同樣也形成了「超穩定性」
社會結構，不過實現路徑只能說類似，但並不同於我們所理解的馬克思描述
的亞細亞生產方式；還有一個就是傳統中國屬於亞細亞生產方式，並且是亞
細亞生產方式系統理論中的一個典型模式，但不是所有模式，只是各模式之
間存在著初始與現實的某些共性，也存在著差異以及實現路徑的不同，但最
終都表現出社會的「超穩定性」結構，這就需要對馬克思亞細亞生產方式的
系統化和理論化進行更進一步的補充和完善。

（二）引發「超穩定性」改變途徑之思考

　　在馬克思看來，基於亞細亞生產方式的東方社會結構的「超穩定性」幾乎是不可變更的，除非存在高於這一東方文明形態的文明打破東方社會結構的「超穩定性」，而這種打破往往是以侵入的形式表現出來的。馬克思把這樣的侵入以亞細亞的觀點來審視，認爲是歷史的進步，例如對於資本主義英國對印度的殖民統治，馬克思指出「英國在印度要完成雙重的使命：一個是破壞性的使命，即消滅舊的亞洲式的社會；另一個是建設性的使命，即在亞洲爲西方式的社會奠定物質基礎」。

　　馬克思的分析得出結論：亞洲社會的這種穩定結構，自身不可能產生一個根本的革命。西方對亞洲的殖民侵略，對亞洲革命充當了歷史不自覺的工具。中國和印度是當時亞洲舉足輕重的國家，在中國由於西方的入侵，「迫使天朝帝國與地上世界接觸……英國引起了中國革命」，這樣一個帝國終於要在這樣一場殊生地決鬥中死去。在印度，英國人用蒸汽和科學破壞傳統經濟基礎的同時，又用火和劍把空前的政治統一強加於它。馬克思指出，「是重建印度復興的首要條件。並說，雖然在印度人民未擺脫英國殖民地枷鎖之前是不會收到英國人播下的新的社會因素所結的果實的。但是，無論如何我們都可以滿懷信心地期待……這個巨大而誘人的國家將得到重建」〔註40〕。

　　在這裡，我們姑且把傳統中國是否是馬克思意義上的亞細亞生產方式擱置起來，就傳統中國「超穩定性」社會結構的最終被打破進行一個探討。不可否認的是，傳統中國的確保持了長期的「超穩定性」，並最終由於 1840 年鴉片戰爭的爆發，使中國淪爲半殖民地半封建社會，進而徹底打破了傳統中國的「超穩定性」社會結構，導致了中國走出封建社會，進入了現代化社會發展的進程，從這個角度來說，中國的歷史實際的確是吻合了馬克思關於亞細亞生產方式理論的論斷。然而我們不能夠忽視的一個重要因素是，就全球來說，公元 1500 年是世界歷史的一個分界點，在 1500 年以前，世界是孤立的，西歐被孤立在歐亞大陸的西端，中國則仍然在遠東地區保持著其古老的生產方式。隨著 1500 年以後全球的聯繫越來越緊密，西方的資本主義在其不斷加快的海外殖民事業中蓬勃發展起來，而中國的資本主義萌芽也在這塊古老的土地上破土而出了〔註41〕。明清時期，中國就出現了資本主義萌芽的特

〔註40〕《馬克思恩格斯選集》第 1 卷，第 772 頁。

〔註41〕章鳳嵐：《中、歐商人對資本主義萌芽推動作用的比較研究》，《安徽商貿職業技術學院學報》2007 年第 3 期。

徵，到了清末年間，中國的資本主義萌芽雖然發展緩慢，但的確還在行進著，如江南的絲織業，當時已經出現有上百織機的大戶。另外造紙業、冶煉業、製茶業等許多行業，不但有雇傭工人的情況，甚至還出現了包買商人。只不過這些資本主義萌芽，在當時社會經濟中所佔比重相對比較小，自給自足的自然經濟依然是社會經濟的主流。我們注意到，16 世紀至 18 世紀，西班牙、英國、荷蘭、美國等殖民主義國家和中國貿易，帶來大量銀幣向中國換取絲綢、瓷器、茶葉，從而導致長達 280 年的白銀大規模流入中國的過程。據歷史學家估算，從明朝到 19 世紀 30 年代，中國對西方國家貿易的白銀入超達 5 億兩以上〔註 42〕，而根據學者巴雷特提供的數據，即從 1493 年到 1800 年，全世界約 85%的白銀都產自美洲，那麼世界白銀產量的 43%至 57%可能都留在了中國〔註 43〕。而很有意思的是，這些流入中國的白銀卻不再流出，一位曾長期生活在菲律賓的西班牙傳教士，在其 1630 年的著作中寫道，「中國可說是世界上最強盛的國家，我們甚至可以稱它為全世界的寶藏，因為銀子流到那裡以後便不再流出，有如永久被監禁在牢獄中那樣……」，1597 年菲律賓總督在給菲利普二世的信中不無憂慮地說，「所有的銀幣都流到中國去，一年又一年的留在那裡，而且事實上長期留在那裡」〔註 44〕。從這些數據與現象描述中我們可以知道，自公元 1500 後，整個世界格局發生巨大變化，特別是工業革命之後，海上貿易呈現全球化方向，傳統中國不論願意還是不願意，都由原來的相對封閉的地緣環境轉向被動的開放，正如我們已經分析的，當傳統中國這樣一個相對封閉的環境一旦多少地打開，就會觸及傳統中國的根本經濟格局，傳統的相對封閉的有限經濟總量格局將呈現逐步被打破的趨勢，而社會財富的流動也出現了海外流入的新路徑，商人階層成為最大的贏家，擁有大量的資本，並且也直接導致了商人階層社會地位的實質性提高，商人被列入史籍，纂為族譜、傳記、墓誌銘之人數，遠非前代可比。由於海外貿易的發展，新的經濟血液或多或少地衝擊著傳統中國的經濟、政治與社會格局，甚至包括儒家意識形態在這一過程中也出現不同程度的變遷，邱溶、

〔註 42〕莊國土：《18 世紀白銀流入中國數量估算》，《中國錢幣》1995 年第 3 期。

〔註 43〕Barrett, Ward, 1990, "World Bullion Flows, 1450～1800", Rise of the Merchant Empires：Long-Distance Trade in the Early Modern World, 1350～1750, edited by James D. Traey, Cambridge：Cambridge University Press, pp.224～254。

〔註 44〕全漢昇：《明清間美洲白銀的輸入中國》，《香港中文大學文化研究所學報》1969 年，第 66～67 頁。

趙南星、黃宗羲等思想家時，已經形成「工商皆本」的思想〔註 45〕，應該說無論中國資本主義萌芽程度之深淺如何，如果沒有引發「鴉片戰爭」而任這一趨勢延續下去，筆者認為傳統中國社會隨著對外貿易的不斷擴大，以及其在社會經濟中所佔比例的提升，社會各階層新生力量的出現以及各方力量對比的博弈，中國傳統的超穩定結構出現內生性解體、變動與革新，從而自我進入資本主義階段只是時間長短的問題，儘管延續了近二千年的自給自足的「超穩定性」社會結構確實形成了很大的障礙。

依據以上的分析，我們認為馬克思所說的亞細亞生產方式的「超穩定性」，以及對於這種「超穩定性」自身不可能產生一個根本的革命說法，顯然並不完全適用於傳統中國社會，這裡面很重要的一個原因在於傳統中國自給自足的經濟格局下，確實地存在著我們所定義的「前市場經濟」現象，也就是有限同時也是統一的商品經濟市場，這一商品經濟市場能夠相對容易地通過對外貿易與全球商品經濟市場對接起來，雖然這個由量變到質變的歷程可能會很艱難，但卻無法影響其呈現出在根本上改變傳統中國經濟格局的可能性。這樣，馬克思所描述的亞細亞生產方式「超穩定性」，於傳統中國來說，應該同時存在著由封閉環境轉向開放環境引發的自我革新的打破，或者直接的外界入侵的打破兩種路徑。

結合以上所分析，如果我們將馬克思的亞細亞生產方式理論確定化與狹義化的情況下，顯然傳統中國並不是真正意義上的亞細亞生產方式，雖然存在著某些該生產方式的特質。但如果我們把亞細亞生產方式廣義化，理解為東方社會存在著相對封閉、農業經濟、大一統、強意識形態、專制主義、超穩定結構等要素的共性，同時也由於相對不同的經濟、政治與文化格局產生的共性基礎上的差異性，並可能導致幾種特徵明顯的發展路徑與社會形態，那麼就需要在研究傳統中國的同時，通過對印度、俄國、土耳其等存在亞細亞生產方式初步特徵的地區與國家進行全方位的比較分析，從而真正建立系統而完善的亞細亞生產方式理論體系。

〔註45〕 吳晗、費孝通：《皇權與紳權》，天津人民出版社 1988 年版，第 24 頁。

參考文獻

一、《鹽鐵論》原著及資料集

1. 王利器、王貞珉：《鹽鐵論譯注》，天津古籍出版社 1983 版。
2. 馬非百：《鹽鐵論簡注》，中華書局 1984 年版。
3. 郭沫若：《沫若文集・鹽鐵論讀本》第八卷，人民出版社 1984 年版。

二、外文文獻

1. Arnold Toynbee, A Study of History, Thames and Hudson, 1988.
2. L.S.Stavrianos, A Global History：From Prehistory to the 21st Century, Peking University Press, 999.
3. Barrett, Ward, 1990, "World Bullion Flows, 1450〜1800", Rise of the Merchant Empires：Long-Distance Trade in the Early Modern World, 1350〜1750, edited by James D. Traey, Cambridge：Cambridge University Press, pp.224〜254.
4. Aghion, P・and J・Tirole, Formal and Real Authority in Organizations, Journal of Political Economy, 1997.
5. Greif, A., Game Theory and Economic History, Stanford University Working Paper, 1996.
6. Young, P・, 「Individual Strategy and Social Structure」, Princeton University Press, 1998.
7. J.K.Fairbank, Chinese Thought and Institutions, Chicago University Press, 1958.
8. Cambridge History of China, vol.1, The Ch′in and Han Empires, Cambridge U.P., 1986.
9. H.H.Dubs, The History of the Forms Han Dynasty, 3 vol., Baltimore, Waverly Press, 1955.

10. E.Gale, Discourse on Salt and Iron, a Debate on State Control of Commerce and Industy in Ancient China, Leidenk, Brill, suite in Journal of the North China Branch of the Royal Asiatic Society, 1934.

11. Chang Chun-Shu, The Colonists and Their Settlements on the Chu-Yen Frontier,《清華學報》》新二號,第 161～215 頁.

12. N.L.Swann, Food and Money in Ancient China, Princeton University Press, 1950.

13. Y.S.Yu, Trade and Expansion in Han China, Berkeley-Los Angeles, University of California Press, 1967.

三、古籍資料

1. 楊伯峻:《論語譯注》,中華書局 1980 年版。

2. 〔清〕王先謙撰,沈嘯寰、王星賢點校:《荀子集解》,中華書局 1988 年版。

3. 楊伯峻:《孟子譯注》,中華書局 2005 年版。

4. 〔清〕孫希旦撰,沈嘯寰、王星賢點校:《禮記集解》,中華書局 1989 年版。

5. 〔漢〕司馬遷:《史記》,中華書局 1982 年版。

6. 程俊英、蔣見元:《詩經注析》,中華書局 1991 年版。

7. 蔣禮鴻:《商君書錐指》,中華書局 1986 年版。

8. 〔清〕孫星衍撰,陳抗、盛東鈴點校:《尚書今古文注疏》,中華書局 1986 年版。

9. 〔漢〕班固撰,顏師古注:《漢書》,中華書局 2000 年版。

10. 鍾肇鵬:《春秋繁露校釋》,河北人民出版社 2005 年版。

11. 〔漢〕范曄:《後漢書》,中華書局 1901 年版。

12. 〔清〕洪亮吉撰,李解民點校:《春秋左傳詁》,中華書局 1987 年版。

13. 〔宋〕司馬光編著,〔元〕胡三省音注:《資治通鑑》,中華書局 1956 年版。

14. 何寧:《淮南子集釋》,中華書局 1998 年版。

15. 〔漢〕劉向撰,向宗魯校證:《說苑校證》,中華書局 1987 年版。

16. 〔漢〕劉向:《新序》,上海古籍出版社 2003 年版。

17. 馬非百:《管子輕重篇新詮》(全二冊),中華書局 1979 年版。

18. 張雙棣譯注:《呂氏春秋》,中華書局 2007 年版。

19. 〔漢〕賈誼撰,閻振益、鍾夏校注:《新書校注》,中華書局 2000 年版。

20. 吳雲、李春臺:《賈誼集校注》,中州古籍出版社 1989 年版。

21. 王利器:《新語校注》,中華書局 1986 年版。

22.〔清〕唐甄:《潛書》,中國文史出版社 1999 年版。

23.〔清〕張英:《恒產瑣言》,成都志古堂,1915 年版。

24. 徐元誥撰,王樹民、沈長雲點校:《國語集解》,中華書局 2002 年版。

25. 王國維:《王國維遺書》影印本,上海古籍出版社 1983 年版。

四、中文著作及外文譯著

1. 馬克思、恩格斯:《馬克思恩科斯全集》,人民出版社 1998 年版

2. 馬克思、恩格斯:《馬克思恩科斯選集》,人民出版社 1995 年版。

3. 馬克思:《剩餘價值學說史》,三聯出版社 1949 年版。

4. 列寧:《列寧全集》第 23 卷,人民出版社 1984 年版。

5. 孫中山:《孫中山全集》,中華書局 1985 年版。

6. 翦伯贊:《中國史綱》(第二卷)秦漢史,重慶大呼出版公司 1946 年版。

7. 蕭公權:《中國政治思想史》第 1、2 冊,遼寧教育出版社 1998 年版。

8. 任繼愈:《中國哲學發展史》,人民出版社 1985 年版。

9. 馮友蘭:《中國哲學史新編》第 3 冊,人民出版社 1992 年版。

10. 馮友蘭:《中國哲學簡史》,新世界出版社 2004 年版。

11. 牟宗三:《道德的理想主義》,臺灣學生書局 1978 年版。

12. 牟宗三:《政道與治道》,廣西師範大學出版社 2006 年版。

13. 黃克劍、林少敏:《徐復觀集》,群言出版社 1993 年版。

14. 徐復觀:《兩漢思想史》,華東師範大學出版社 2001 年版。

15. 金春峰:《漢代思想史》,中國社會科學出版社 1997 年版。

16. 侯外廬、趙紀彬、杜國庫、邱漢生:《中國思想通史》,人民出版社 1992 年版。

17. 周桂鈿:《中國傳統政治哲學》,河北人民出版社 2001 年版。

18. 周桂鈿:《秦漢思想史》,河北人民出版社 2000 年版。

19. 白壽彝:《中國通史》,上海人民出版社 1989 年版。

20. 呂思勉:《秦漢史》,上海古籍出版社 2005 年版。

21. 林劍鳴:《秦漢史》,上海人民出版社 1987 年版。

22. 高敏:《秦漢史論集》,中州古籍出版社 1982 年版。

23. 梁方仲:《中國歷代戶口、田地、田賦統計》,上海人民出版社 1985 年版。

24. 梁方仲:《梁方仲經濟史話文集》,中華書局 1989 年版。

25. 馬乘風:《中國經濟史》,商務印書館 1937 年版。

26. 傅築夫:《中國封建社會經濟史》(第二卷),人民出版社 1982 年版。

27. 胡寄窗：《中國經濟思想史》，上海財經大學出版社 1998 年版。

28. 寧可：《中國經濟通史》，經濟日報出版社 2000 年版。

29. 趙靖：《中國經濟思想通史》，北京大學出版社 2002 年版。

30. 馬伯煌：《中國經濟政策思想史》，雲南人民出版社 1993 年版。

31. 吳慧：《中國古代商業史》（第二冊），中國商業出版社 1982 年版。

32. 謝天祐：《秦漢經濟政策與經濟思想史稿》，華東師範大學出版社 1989 年版。

33. 黃今言：《漢代自耕農經濟的初步探析》，秦漢經濟史論考，中國社會科學出版社 2000 年版。

34. 岡崎哲二：《經濟史上的教訓》，新華出版社 2004 年版。

35. 李劍農：《先秦兩漢經濟史稿》，中華書局 1962 年版。

36. 許倬云：《漢代農業》，廣西師範大學出版社 2005 年版。

37. 余英時：《漢代貿易與擴張》，上海古籍出版社 2005 年版。

38. 徐漢昌：《鹽鐵論研究》，臺北文史哲出版社 1983 年版。

39. 柳春藩：《秦漢封國食邑賜爵制》，遼寧人民出版社 1984 年版。

40. 葛劍雄：《西漢人口地理》，人民出版社 1986 年版。

41. 周長山：《漢代城市研究》，人民出版社 2001 年版。

42. 張守軍：《中國古代的賦稅與勞役》，天津教育出版社 1991 年版。

43. 馬大英：《漢代財政史》，中國財政經濟出版社 1983 年版。

44. 陳直：《兩漢經濟史料論叢》，陝西人民出版社 1958 年版。

45. 賀昌群：《論兩漢土地佔有形態的發展》，上海人民出版社 1956 年版。

46. 朱紹侯：《秦漢土地制度與階級關係》，中州古籍出版社 1985 年版。

47. 林德宏，張相輪：《東方的智慧》，江蘇科學技術出版社 1993 年版。

48. 黃今言：《秦漢商品經濟研究》，人民出版社 2005 年版。

49. 林甘泉：《秦漢的自然經濟與商品經濟》，中國秦漢史研究會編，中國秦漢史論叢（第七輯），巴蜀書社 1986 年版。

50. 鄧雲特：《中國救荒史》，商務印書館 1993 年版。

51. 吳澤：《東方經濟社會形態史論》，上海人民出版社 1993 年版。

52. 金光濤、劉青峰：《興盛與危機：論中國封建社會的超穩定結構》，人民出版社 1984 年版。

53. 錢劍夫：《秦漢賦役制度考略》，湖北人民出版社 1984 年版。

54. 吳晗、費孝通：《皇權與紳權》，天津人民出版社 1988 年版。

55. 楊一民：《漢代豪強經濟的歷史地位》，歷史研究編輯部編，中國封建地主階級研究，中國社會科學出版社 1988 年版。

56. 王彥輝：《漢代豪民研究》，東北師範大學出版社 2001 年版。

57. 馬彪：《秦漢豪族社會研究》，中國書店 2002 年版。

58. 張家山二四七號漢墓竹簡整理小組編：《張家山漢墓竹簡二四七號墓釋文修訂本》，文物出版社 2006 年版。

59. 中國農業遺產研究室編：《中國農學史》上冊，科學出版社 1959 年版。

五、中文報刊及論文

1. 束景南、余全介：《鹽鐵會議的本質》，《中國礦業大學學報》2005 年第 4 期。

2. 柳維本：《西漢豪強地主的形成和地位》，《遼寧師範大學學報》1984 年第 5 期。

3. 曹東方：《試論漢代豪強地主的歷史浮沉》，《北華大學學報》1997 年第 4 期。

4. 賈丹：《民本思想與以民爲本》，《天中學刊》2005 年第 1 期。

5. 丁光勳：《兩漢時期的災荒與荒政》，《歷史教學問題》1993 年第 3 期。

6. 黃啓標：《試論春秋戰國時期商品經濟對社會等級結構變化的影響》，《廣西教育學院學報》1997 年第 2 期。

7. 劉玉明：《荀子的社會等級觀》，《山東社會科學》1992 年第 3 期。

8. 皮偉兵：《論先秦儒家構建等級秩序的宗法血緣基礎》，《求索》2007 年第 1 期。

9. 賴作卿、王曾金：《從封建社會生產力看「重農抑商」的合理性》，《中國農史》1995 年第 14 卷第 2 期。

10. 張三夕：《中國古代吏治精神探微》，《寶雞師院學報》1988 年第 3 期。

11. 周乾容：《對鹽鐵論的重新評價》，《天津師大學報》》1993 年第 6 期。

12. 鄧文鋒：《武帝時代黃老之學的興衰》，《學術論衡》2004 年第 4 期。

13. 邢培順：《論桓寬〈鹽鐵論〉的創作》，《濱州學院學報》2005 年第 21 卷第 1 期。

14. 劉九偉：《重評桓寬及其〈鹽鐵論〉》，《天中學刊》2004 年第 19 卷第 6 期。

15. 傅允生：《西漢鹽鐵會議與本末之爭再認識》，《浙江社會科學》2000 年第 5 期。

16. 張林海、殷勤：《〈鹽鐵論〉刑德之爭及其當代意義》，《中州學刊》2004 年第 3 期。

17. 徐泉南：《重評「鹽鐵會議」》，《青海社會科學》1990 年第 5 期。

18. 謝天祐:《〈鹽鐵論〉論戰雙方經濟思想辨析》,《中國史研究》1982 年第 1 期。

19. 張烈:《評鹽鐵會議》,《歷史研究》1977 年第 6 期。

20. 丁毅:《鹽鐵會議論戰性質辨析》,《天津師大學報》1994 年第 4 期。

21. 陳乃華:《鹽鐵專賣與西漢中後期社會危機》,《山東師大學報》2000 年第 2 期。

22. 趙夢涵:《桑弘羊財政工商調控論》,《文史哲》2001 年第 5 期。

23. 楊華星、繆坤和:《試論鹽鐵會議及西漢後期的鹽鐵政策》,《鹽業史研究》2007 年第 1 期。

24. 吳象圖:《試論漢武帝時期的財經政策——讀〈鹽鐵論〉的一些體會》,《中山大學學報》》1976 年。

25. 姚秀彥:《鹽鐵論——漢代的財經論戰及其意義》,《歷史月刊》1999 年第 7 期。

26. 韓復智:《兩漢經濟問題的癥結》,臺灣《思與言》1967 年第 5 卷第 4 期。

27. 白玉貴:《略論桑弘羊的政治思想》,《求是學刊》1989 年第 4 期。

28. 高婷婷:《漢代儒生義利觀新探——以鹽鐵會議賢良文學的義利觀為代表》,《江南社會學院學報》2003 年第 5 卷第 4 期。

29. 鄭先興:《論〈鹽鐵論〉的史學思想》,《南都學壇》1998 年第 5 期。

30. 胡火金:《中國古代農業社會經濟與農業文化的構建》,《農業考古》2003 年第 3 期。

31. 俞啟定:《析〈鹽鐵論〉中有關教育價值觀方面的論爭》,《河北師範大學學報》2006 年第 2 期。

32. 尚新麗:《西漢人口研究》,鄭州大學中國古代史博士論文 2003 年。

33. 何茲全:《戰國秦漢時代的交換經濟和自然經濟、自由民小農和依附性佃農》,《史學理論研究》2001 年第 3 期。

34. 卜逢賢、惠富平:《中國農業災害歷史演變趨勢的初步分析》,《農業考古》1997 年第 3 期。

35. 寧可:《有關漢代農業生產的幾個數字》,《首都師範大學學報》1980 年第 3 期。

36. 王子今:《中國古代王朝盛衰興亡的「周期率」》,《理論學刊》2002 年第 1 期。

37. 高天瓊、徐信華:《國內關於「亞細亞生產方式」的討論述略》,湖北大學學報 2005 年第 3 期。

38. 柴豔萍:《亞細亞生產方式對東方社會的深刻影響》,《華北電力大學學報》2000 年第 4 期。

39. 徐少兵：《馬克思的歷史分期思想與「亞細亞生產方式」》，《陝西師範大學學報》1997 年第 3 期。

40. 章鳳嵐：《中、歐商人對資本主義萌芽推動作用的比較研究》，《安徽商貿職業技術學院學報》2007 年第 3 期。

41. 莊國土：《18 世紀白銀流入中國數量估算》，《中國錢幣》1995 年第 3 期。

42. 全漢昇：《明清間美洲白銀的輸入中國》，《香港中文大學文化研究所學報》1969 年第 66～67 頁。

43. 朱政惠：《1978 年以來亞細亞生產方式問題研究的若干思考》，《史學理論研究》1995 年第 3 期。

44. 經合組織：《世界經濟 200 年》的研究報告，德國《世界報》1995 年 12 月 12 日。

45. 曹守亮：《比較方法與中國資本主義萌芽問題研究》，《浙江社會科學》2006 年第 1 期。

46. 黃今言、陳曉鳴：《漢朝邊防軍的規模及其養兵費用之探討》，《中國經濟史研究》1997 年第 1 期。

47. 溫樂平：《秦漢商品經濟與農民生活消費的變化》，《中國社會經濟史研究》2005 年第 2 期。

48. 黃釗：《〈淮南子〉——漢初黃老之治的理論總結》，《武漢大學學報》1990 年第 4 期。

49. 丁原明：《從原始道家到黃老之學的邏輯發展》，《山東大學學報》1996 年第 3 期。

50. 於斌：《道家思想與漢初政治》，《唐都學刊》2006 年 3 月第 22 卷第 2 期。

51. 劉仲一：《法家思想與秦朝的速亡》，《求是學刊》1998 年第 3 期。

52. 林永強：《漢初道家思想指導地位的確立》，《黑龍江農墾師專學報》2003 年第 1 期。

53. 劉中建：《漢初黃老行政管理思想簡論》，《聊城大學學報》2003 年第 2 期。

54. 梁宗華：《漢初社會對黃老之學的選擇和應用》，《管子學刊》1995 年第 2 期。

55. 侯富芳：《漢初行「黃老政治」原因再探》，《青海師範大學學報》2003 年第 5 期。

56. 高旺、賴賤明：《簡析漢初採用道家思想治國的原因》，《北京聯合大學學報》2006 年第 4 卷第 2 期。

57. 於東新：《略論漢初的黃老之學與儒學》，《廊坊師範學院學報》200 年第 23 卷第 6 期。

58. 黃萍華：《論西漢從「黃老無爲」到「獨尊儒術」的轉變》，《龍岩師專學報》2000 年第 18 卷第 4 期。

59. 鮑新山：《評漢初黃老思想的消極影響》，《青海社會科學》1998 年第 5 期。

60. 陳志強：《試論漢初的統治思想——黃老哲學》，《青海民族學院學報（社會科學版）》1998 年第 4 期。

61. 汪濤：《試論西漢初年的黃老之學》，《重慶師院學報哲社版》1998 年第 2 期。

62. 葛荃：《傳統儒學的政治價值結構與中國社會轉型析論》，《山東大學學報》2007 年第 6 期。

63. 潭久華：《西漢初年的統治思想及其產生的原因》，《黔東南民族師專學報》2000 年第 18 卷第 4 期。

64. 孫景壇：《西漢初期的「黃老之治」新探》，《歷史學研究》2007 年第 4 期。

65. 鮑新山：《西漢前期黃老思想與儒家學說的興衰沉浮》，《西北第二民族學院學報》2000 年第 4 期。

66. 商國君：《西漢前期儒家思想述論——黃老思想和儒家思想的盛衰興替》，《陝西師範大學成人教育學院學報》1999 年第 16 卷第 1 期。

67. 江林昌：《由「焚書坑儒」到「崇尚黃老」再到「獨尊儒術」——秦漢之際的學術思想與帝國文明》，《浙江社會科學》2007 年第 1 期。

68. 張有新：《從傳統文化中的「大一統」思想看祖國統一的歷史必然》，《中州統戰》1995 年第 3 期。

69. 李憲堂：《大一統秩序下的華夷之辨、天朝想像與海禁政策》，《齊魯學刊》2005 年第 4 期。

70. 陳啓云：《地理與人文動態互應考析之一：中西地理環境的比較》，《蘭州大學學報》2007 年第 35 卷第 2 期。

71. 任爽：《地域衝突與中國古代文化大一統局面的形成》，《求是學刊》1993 年第 4 期。

72. 陳啓云：《封建與大一統之間：關於中國傳統政體的理論和史實》，《史學經緯》南開大學歷史學院（天津 30007）。

73. 丁德科：《老子的大一統思想》，《西北大學學報（哲學社會科學版）》2001 年第 31 卷第 1 期。

74. 晉文：《略論漢代的「〈春秋〉大一統」理論》，《徐州師範大學學報》2001 年第 27 卷第 4 期。

75. 白珍：《略論中國古代大一統的歷史傳統》，《西南民族學院學報》1999 年第 2 期。

76. 萬昌華：《論郡縣制度的嬗變與實質》，《齊魯學刊》2002 年第 5 期。

77. 王澤偉、范楚平：《秦漢郡縣制對我國政治制度文明建設的啓示》，《理論探索》2004 年第 4 期。

78. 於汝波：《儒家大一統思想簡議》，《齊魯學刊》1995 年第 1 期。

79. 周慶智：《試析先秦「大一統」民族觀》，《雲南社會科學》1992 年第 5 期。

80. 啓良：《我國早期國家大一統政治的特點及其成因分析——兼與世界其他文明古國比較》，《學習與探索》1998 年第 1 期。

81. 陳喜波、韓光輝：《中國古代「大一統思想的演變及其影響」》，《中共中央黨校學報》2005 年第 9 卷第 3 期。

82. 譚永灼：《中華大一統觀念的形成及發展過程》，《湖湘論壇》1999 年第 2 期。

83. 李增洪：《中西古代「大一統」理念之比較》，《首都師範大學學報（社會科學版）》2002 年第 5 期。

84. 陳明光：《財政考慮與漢代所謂重農抑商政策》，《東南學術》1994 年第 4 期。

85. 范忠信、秦惠民、趙曉耕：《論中國古代法中「重農抑商」傳統的成因》，《中國人民大學學報》1996 年第 5 期。

86. 林夕：《淺析「重農抑商」思想的形成與發展》，《晉陽學刊》1989 年第 2 期。

87. 錢海亞：《董仲舒的倫理思想及其特點》，《南通師範學院學報》2004 年第 20 卷第 1 期。。

88. 張一農：《爲「崇本抑末」傳統管理思想正名》，《河北財經學院學報》1994 年第 4 期。

89. 楊勇、范方志：《中國古代「重農抑商」思想成因探析》，《四川職業技術學院學報》2004 年第 14 卷第 4 期。

90. 胡鳴煥：《重農抑商政策的必然性和進步性》，《中國農史》1997 年第 16 卷第 2 期。

91. 王玉金：《從南陽漢畫看漢代的等級制度》，《南都學壇》1993 年第 1 期。

92. 王文濤：《從喪葬福利看漢代社會的等級性特徵》，《河北師範大學學報》2007 年第 30 卷第 4 期。

93. 王勝國：《試論儒學的等級思想對中國古代法制的影響》，《河北法學》2002 年第 20 卷第 6 期。

94. 賴華明：《西漢商人社會地位的演進》，《四川師範大學學報》1992 年第 6 期。

95. 何茲全：《戰國秦漢商品經濟及其與社會生產、社會結構變遷的關係》,《中國經濟史研究》2001 年第 2 期。

96. 何春環、何尊沛：《〈史記・酷吏列傳〉之我見》,《貴州社會科學》2003 年第 1 期。

97. 倪愫襄：《「尚儉」與「尚奢」之辯》,《武漢大學學報》2005 年第 1 期。

98. 尹占群：《截面系統模式與西漢經濟「拋物線」》,《鹽城師專學報》1998 年第 2 期。

99. 胡懋仁：《論經濟基礎、上層建築與社會基本矛盾》,《中國人民大學學報》2006 年第 1 期。

100. 張傳開：《馬恩關於經濟基礎與上層建築範疇的確立及其系統化》,《安徽師大學報》1995 年第 23 卷第 2 期。

101. 杜志清：《馬克思恩格斯關於經濟基礎和上層建築學說的闡發過程》,《河北學刊》1986 年第 62 期。

102. 竇連榮：《西漢的土地兼併與限田政策》,《寧夏大學學報》1984 年第 3 期。

103. 張崑崙：《應當深入研究經濟基礎、上層建築關係的四個問題》,《宜春學院學報》2003 年第 25 卷第 1 期。

104. 陳興國：《中國傳統農業循環經濟思想及啟示》,《中共四川省委省級機關黨校學報》2007 年第 2 期。

105. 高旗：《從政治效益觀看西漢時期的漢匈關係》,《雲南社會科學》1998 年第 4 期。

106. 冀陰：《關於西漢對匈奴政策之研究》,《西南民族學院學報》1994 年第 5 期。

107. 高榮：《論武帝以前的漢匈關係》,《西北第二民族學院學報》2007 年第 4 期。

108. 吳元坤、於淑英：《西漢與匈奴和親政策述評》,《浙江萬里學院學報》2007 年第 20 卷第 6 期。

109. 唐凱麟、陳科華：《「輕重之辨」——〈鹽鐵論〉的經濟倫理思想意蘊》,《船山學刊》2004 年第 3 期。

110. 趙興勝：《國營與民營之爭：中國經濟現代化理論的早期探索》,《文史哲》2005 年第 1 期。

111. 張京華：《論秦漢政治思想之嬗替》,《洛陽工學院學報》2001 年第 19 卷第 2 期。

112. 傅文、陳壽燦：《從〈鹽鐵論〉看儒家的重本抑末傾向》,《江西社會科學》2005 年第 5 期。

113. 高婷婷：《漢代儒生義利觀新探——以鹽鐵會議賢良文學的義利觀爲代表》，《江南社會學院學報》2003 年第 5 卷第 4 期。

114. 鄭先興：《論「鹽鐵論」史學思想》，《南都學壇》1998 年第 18 卷第 5 期。

115. 滕福海：《董仲舒與「罷黜百家」》，《廣西大學學報》2007 年第 29 卷第 5 期。

116. 聶鑫：《鹽鐵問題的困境——思想與制度的歷史考辯》，《法律科學》2007 年第 1 期。

117. 王偉：《鹽鐵會議儒法關於王朝指導思想的對立及其原因》，《求索》2007 年第 7 期。

118. 林文勳：《中國古代專賣制度與重農抑商政策辨析》，《思想戰線》2003 年第 29 卷第 3 期。

119. 陳金花：《論西漢前期統治思想的變化及其原因》，《渭南師範學院學報》2006 年第 21 卷第 4 期。

120. 王平川：《德刑之辯述評——德治與法治關係的歷史考察及其現實啓示》，《陝西教育學院學報》2001 年第 17 卷第 2 期。

121. 錢躍飛：《關於「德主刑輔」的幾點思考》，《華北電力大學學報》2003 年第 2 期。

122. 渠長根：《論「德主刑輔」及其影響》，《求是學刊》1997 年第 3 期。

123. 田大治：《論漢代的德主刑輔制度》，《平原大學學報》2004 年第 21 卷第 1 期。

124. 陳新崗：《論漢代諸子的「德治」與「法治」思想》，《東嶽論叢》2002 年第 23 卷第 4 期。

125. 戴者春：《試論我國古代「禮法並用、德主刑輔」的治國方略》，《黑龍江社會科學》2001 年第 5 期。

126. 張文英：《董仲舒對德治思想的發展與改造》，《華南農業大學學報（社會科學版）》2007 年第 6 卷第 4 期。

127. 鄭明璋：《董仲舒對前代天人合一思想的超越》，《阜陽師範學院學報（社會科學版）》2007 年第 3 期。

128. 賴美琴：《董仲舒社會穩定思想初探》，《學術研究》2001 年第 5 期。

129. 歐式雄：《董仲舒天人感應神學目的論探源》，《歷史教學問題》2004 年第 5 期。

130. 孫洪濤：《董仲舒政治思想管窺》，《河北大學學報》1997 年第 22 卷第 4 期。

131. 高春菊：《董仲舒政治思想中的社會和諧觀念》，《衡水學院學報》2006 年第 8 卷第 4 期。

132. 衛立浩：《董仲舒政治哲學研究》,《西藏民族學院學報》2007 年第 28 卷第 6 期。

133. 王兵、張霄：《儒學發展史上的兩面旗幟──董仲舒、朱熹倫理思想比較研究》,《徐州教育學院學報》2005 年第 20 卷第 1 期。

134. 慈雲生：《在中國思想史的轉折點上──略論董仲舒對儒學意識形態化所起的關鍵作用》,《遼寧行政學院學報》2007 年第 9 期。

135. 張強：《道德倫理的政治化與秦漢統治術》,《北京大學學報》2003 年第 40 卷第 2 期。

136. 謝乃和、殷衛濱：《黃老思想與漢初黃老政治》,《克山師專學報》2002 年第 1 期。

137. 李桂英、劉中立：《淺析儒家德治思想中的合理內核》,《長春大學學報》2002 年第 12 卷第 6 期。

138. 洪煜：《漢初儒學的歷史命運》,《史學月刊》1998 年第 6 期。

139. 王惠英、張應二：《儒家倫理對西漢經濟思想的影響》,《徐州教育學院學報》2007 年第 22 卷第 2 期。

140. 張剛：《儒家政治模式論》,《玉谿師範學院學報》2004 年第 20 卷第 7 期。

141. 楊高男、彭群頤：《原始儒家倫理政治的結構性原理》,《湖南農業大學學報》2007 年第 8 卷第 3 期。

142. 姜湧：《孟子的民本主義政治哲學》,《廣東社會科學》2005 年第 3 期。

143. 王波：《儒家民本思想與封建專制政治之契合與衝突》,《雲南社會科學》2004 年第 4 期。

144. 樊婧：《先秦儒家義利觀的基本精神及其得失》,《山西師大學報》2000 年第 27 卷第 1 期。

145. 張彥修：《孟子對孔子「仁」的推演、事迹的述評與聖化》,《河南大學學報》2007 年第 47 卷第 3 期。

146. 董立章：《略論中國資本主義萌芽於宋》,《華南師範大學學報》2001 年第 3 期。

147. 徐志新：《影響資本主義在中國發展之因素探析》,《現代財經》2007 年第 6 期第 27 卷。

148. 山西省考古所：《山西平陸棗園村壁畫漢墓》,《考古》1959 年第 9 期,第 463 頁,圖版 104。

後 記

　　凱恩斯說過這樣一句話，「這個世界就掌握在哲學家和經濟學家的手中」。當我還在大學時代，我就牢牢地記住了這句也許會影響我一生的話。事實上我的確在受著它的影響，在經歷了證券市場的跌宕起伏，在結束了經濟領域的研究生學業後，我一直尋求著在紛繁蕪雜現象背後的眞實，尋求著思索中的路徑與解答，尋求著內在自我的一種突破，最終我選擇了南開，選擇了哲學。

　　記得剛剛步入南開大學哲學系師從韓強教授時，我還只是一個有著一定經濟學基礎的「哲學愛好者」，對思維與哲學的嚮往，對經世致用的探求，聯同哲學功底的缺乏，理論視野的不足，以及理想與現實的迷茫，交融在一起，困擾、推動並再塑著自我。三年的南開生活，我提高了自身的人文素養，開啓了思維路徑，開闊了理論視野，提升了人生境界。這一切都源自我步入了南開學府，走進了引導與培養我的哲學系，遇到了許多關心我的老師：方克立先生、李翔海老師、周德豐老師、喬清舉老師，還有白雪老師與管曉科老師……，感謝他們在學業上的教導、德業上的染化。

　　我的博士生導師韓強教授以及同樣關心與悉心指導我的嚴正教授，在論文選題、資料搜索、提綱設計、語言潤色、格式規範等方面都一絲不苟地要求著我、指點著我，既有鼓勵的話語，也有嚴厲的批評，這一切都飽含了對我無私的關懷與殷切的期待。忘不了韓老師與嚴老師定期與我們的聚會、座談與討論，每一次的解惑與啓迪都使我受益匪淺；忘不了韓老師的叮嚀與教誨，關心與幫助著我在論文行進中的每一個環節；也忘不了嚴老師爲了我的開題報告討論至深夜，並不斷地指正著我行文的方向。他們在爲人上的正直、

謙和與寬容，在爲學上的嚴謹、執著與睿智，都使我受益終生。師恩之重，我一生難以回報！

　　感謝我勤勞、善良、達觀、智慧的父母，感謝我的女友鄭徽女士，他們在我三年的南開生活中付出了太多、太多，沒有他們無私的奉獻與支持，我無法順利完成我的學業。感謝我的同門王小丁和尹家濤、師哥張九海、師姐張春林、師弟徐晨、師弟喬亞軍與趙中國以及所有關心我的好朋友，你們是我一生的財富！

　　懷著對良師益友們的深深留戀，我即將結束三年的博士學業離開培育我的南開園。我是愛南開的，南開「允公允能，日新月異」的精神將永遠激勵著我自強不息，我將背負著老師們對我的期望，襲承著南開對我的薰陶，沿著我已然選擇的道路繼續行進！

朱義明

2008 年 3 月 30 日凌晨